KB220225

모호한 삶 앞에서

일러두기 ———

1. 본문에 인용한 성경은 대한성서공회에서 펴낸 새번역판을 따랐습니다. 개역개정판을 인용한 경우에는 따로 표기하였습니다.
2. 이 책에 실린 저작물은 해당 저작권자의 허락을 받아 게재하였으나 부득이하게 저자와 연락이 닿지 않아 허락받지 못한 저작물도 있습니다. 관련 저작물에 대해서는 출판사로 연락 주시기 바랍니다.

김기석

모호한 삶 앞에서

비아토르
viator

목차

3부_ 길 없는 곳에서 누군가의 길이 되길

4부_ 푯대를 향해 뚜벅뚜벅

모호한 삶의 길에서 방황하는 이들에게

짙은 안개 속을 걷는 것 같은 나날이다. 이제 해가 떠오르고 시간이 조금 지나면 안개가 걷히리라 기대해 보지만, 안개는 도무지 걷힐 생각이 없는 것 같다. 하루 이틀, 한 달 두 달, 시간이 흐르며 안개가 삶의 일부분이 된 느낌이다. 어떤 상황에든 적응하며 사는 인간의 끈질김이 스스로 대견하다는 생각이 들기도 하지만, 왠지 길을 잃어버린 것 같다는 막막함이 우리를 확고히 사로잡는다. 지향해야 할 목표가 뚜렷이 보일 때는 제아무리 숨 가쁜 상황이 연거푸 닥쳐와도 암담하지는 않았다. 왜 사는지 아는 사람은 어떻게든 살 수 있다지 않던가.

'나는 존재한다'는 말은 '나는 ~이다'라는 서술어로 번역될 때만 현실성을 갖는다. 어떤 이는 인간은 누군가의 요구에 응답함으로 인간다워진다고 말한다. 물론, 그 요구를 언제나 흔쾌히 받아들일 수 있는 것은 아니다. '요구받는다'는 사실 자체가 부담이다. 요구받는 순간 우리는 더 이상 편안하고 안일한 자리에 머물 수 없다.

'요구받음'은 책임적 존재가 되라는 부름이다. 책임을 진다는 것은 복잡한 일에 연루될 수도 있음을 받아들이는 것이다. 예루살렘에서 여리고로 내려가던 제사장과 레위 사람은 강도를 만나 죽음의 위기에 내몰린 사람을 못 본 척했다. 복잡한 일에 연루되고 싶지 않았기 때문이다. 적어도 내가 그를 곤경에 빠뜨린 것은 아니라는 슬픈 자기 위안 속에 머물며 그들은 현장에서 벗어났다. 그러나 성경은 그런 삶이 인간의 인간다움을 방기한 일이라고 가르친다.

사뮈엘 베케트의 희곡《고도를 기다리며》에서 장님이 된 포조는 짐에 걸려 넘어진 후 살려 달라고 외친다. 에스트라공과 블라디미르는 그 외침을 애써 외면하면서 자기들의 의무는 기다리는 것이라고 말한다. 괜히 포조를 돕다가 무슨 봉변을 당할지 모른다며 주저한다. 하지만 블라디미르는 그 애절한 외침을 차마 떨쳐버릴 수가 없어 망설이다가 에스트라공에게 제안한다. "기회가 왔으니 그동안에 무엇이든 하자"고. 물론 포조의 외침이 그들을 향한 것이라고는 말할 수 없다. 문제는 그 자리에 두 사람 말고는 아무도 없다는 사실이다. 블라디미르는 이윽고 말한다.

> 방금 들은 살려달라는 소리는 인류 전체에게 한 말일 거야. 하지만 지금 이 자리엔 우리 둘뿐이니 싫건 좋건 그 인간이 우리란 말이다. 그러니 너무 늦기 전에 그 기회를 이용해야 해. 불행히도 인간으로 태어난 바에야 이번 한 번만이라도 의젓하게 인간이란

종족의 대표가 돼보자는 거다. 네 생각은 어떠냐?"[1]

어느 순간 우리는 인간이란 종족의 대표가 되어야 한다. '이번 한 번만이라도'라는 블라디미르의 말 속에 '인간 됨'의 길이 있다. 가시덤불과 엉겅퀴, 지칭개, 개망초가 우거져 길조차 보이지 않는 푸서리 같은 현실이지만, 어둑한 숲 저편, 음산한 냉기가 감도는 저편 어딘가에서 들려오는 신음을 외면하지 않는 것이야말로 인간의 소명이다.

민족, 종교, 젠더, 이념, 피부색, 문화의 차이를 차별의 근거로 삼는 이들이 있다. 누군가를 배제하고 혐오함으로 자기 정당성을 확보하려는 이들이 있다. "배제는 존재하는 것을 존재하지 않는 것처럼 여기는 것이다. 혐오는 존재하지 않는 것처럼 여기던 것이 존재를 나타낼 때의 반응이다."[2] 한마디로 배제와 혐오는 존재 부정의 몸짓이고, 하나님의 창조를 무화시키려는 무모한 열정이다.

삶은 모호하다. 선과 악, 미와 추, 밝음과 어둠, 진실과 거짓, 앎과 무지, 거룩함과 속됨은 무 자르듯 가를 수 있는 것이 아니다. 둘은 서로 뒤엉켜 있는 경우가 많다. 예수의 비유 가운데 나오는 밭주인이 밀밭에 자라는 가라지를 뽑지 말라 이른 것은 행여 가라지를 뽑다가 밀까지 뽑을까 염려되었기 때문이다. '발본색원'이라는 말처럼 무서운 말이 없다. 당장 힘을 가진 이들이 자기들의 눈 밖에 난 이들 혹은 동화되기를 거절하는 이들을 제거하는 구실로 작용할 때가 많기 때문이다. 젊을 때는 옳고 그름에 대한 기준이 분명했다. 그래서 푸접없이 사람들을 대하기도 했다. 나이가 들고 보니 삶이 그렇게 단순하지 않다는 사실을 점점 실감한다. 아는 것보다 모르는 게 더 많다. 입을 완전히 다물고 살고 싶을 때가 많다. 사람들이 열을 올리며 옳고 그름을 논할 때 짓쩍은 웃음을 짓고 마는 것은 그 때문이다.

코로나19는 세상을 완전히 바꿔 놓았다. 이전에 당연하게 누리던 일상을 회복할 수 있을까? 언제든지 그리운 이들을 만나 이야기를 나누고 온기를 나누던 그 시절, 가끔은 답답한 일상에서 벗어나 이국적인 정취에 젖어 들기도 했던 그 시절이 다시 돌아올까? 피아노 앞에 모여 맘껏 찬양을 바치고, 친교의 식탁에 둘러앉아 으밀아밀 이야기 나누던 때가 언제 회복될까? 많은 이들이 과거로의 회귀는 불가능하다고 말한다. 다행히 코로나19가 지나간다 해도 또 다른 감염병이 찾아올 거라는 음울한 예측이 많다.

인수 감염병도 문제지만 인간의 생존을 가장 크게 위협하는 것은 기후 붕괴 현실이다. 지구 곳곳에서 벌어지고 있는 대규모 재난은 인간의 통제를 거부하고 있다. 녹아내리는 빙하, 빈발하는 대형 산불, 가뭄과 홍수, 땅 꺼짐, 바다 생태계의 급속한 변화는 우리의 생태 시계가 자정에 가까워지고 있음을 보여 준다. 해결의 길이 있을까? 할 수 없다고 하여 아무것도 하지 않고 우두커니 있을 수는 없다. 해결의 길이 없는 것처럼 보이지만 지금 마땅히 해야 할 일을 시작하는 것이 믿음이다.

코로나19는 우리가 지금 얼마나 큰 위기 가운데 있는지를 전 세계인에게 일깨워 주었다. 비상 나팔은 이미 울렸다. 지금은 우리가 경쟁의 벌판에서 질주하느라 잃어버렸던 소중한 가치들을 다시 꼭 붙들어야 할 때다. 하나님이 창조하신 세상의 아름다움에 눈길을 주고 그 신비에 경탄할 수 있을 때, 우리 마음에 드리운 욕망의 그림자는 옅어질 것이다. 연대는 사람들을 고립으로 내모는 세상에 대한 가장 큰 저항이다. 거칠고 새된 목소리가 우리 귓전을 어지럽히지만 숫접고 듬쑥하여 모든 이들을 품어 주는 큰 정신이 그리운 때다.

이 글이 모호한 삶의 길에서 방황하는 이들에게 작은 위로가 되면 좋겠다. 출판계가 매우 어려운 상황이다. 그럼에도 이 책을 굳이 낼 생각을 품은 비아토르 김도완 대표의 마음을 알다가도 모르겠다. 부디 그의 꿈대로 이 책이 당도하는 곳마다 선한 생각과 믿음이 싹틀 수 있기를 빈다.

1부

얼음을 녹이는 봄볕이 되어

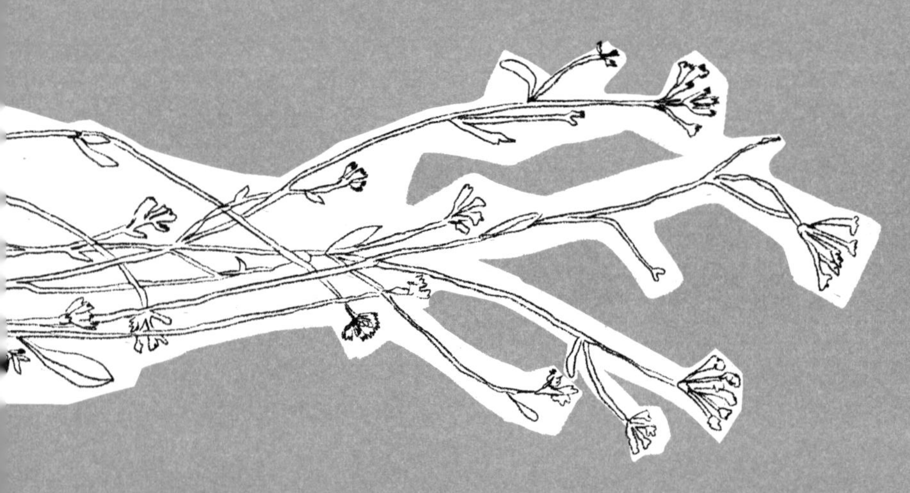

거칠고 냉랭한 세상이지만 그 속에 온기를 불어넣는 이들,
사람들 마음속 얼음을 녹이는 봄볕이 되는 이들이 되십시오.
겨울 한복판에 우뚝 서는 봄처럼,
우리는 입춘의 사람이 되라는 부름을 받았습니다.

폐허 속에서 다시 부를 노래

뭔가 불길하고 속상하고 암담하다는 느낌을 떨쳐 버리기 힘든 나날입니다. 여러분도 똑같을 겁니다. 주님의 교회가 무너지고 있습니다. 마치 하나님께서 촛불을 옮기신 것 같은 느낌이 들기도 합니다. 코로나19는 그동안 숨겨져 있던 한국 교회의 민낯을 만천하에 드러내고 있습니다. 참담합니다. 그렇게 아름다운 예수께서 그렇게도 추하게 소비되는 현실에 망연자실하지 않을 수 없습니다. 오도된 믿음은 무신론보다 위험합니다. 이성이 작동하지 않고, 상식이 통용되지 않으니 말입니다.

광신은 반사회적 행태로 나타납니다. 감염병이 확산일로에 있는 상황에서 자가 격리 지침을 어기는 것은 물론이고, 확진자로 판정되어도 의료 당국의 판단을 믿을 수 없다고 탈출을 시도하는 이들이 여럿 나왔습니다. 보건소 직원에게 몸을 비비며 침을 뱉은 이도 있습니다. 보건소에서 하는 코로나 검사 결과가 조작이라고 강변하는 이들도 많습니다. 대면 예배를 잠시 중단해 달라는 요구를 교회에 대한 박해라며 거절하는 이들이 있습니다. 모든 것을 음모론의 시각에서 바라보는 이들은 자기들만이 세상이 작동하는 원리를 훤히 꿰뚫고 있다고 믿는 경향이 있습니다. 거대한 음모가 진행되고 있는데 모두가 속고 있다는 것이지요.

제 귀에는 환청처럼 조종弔鐘 소리가 들립니다. 그리스도의 몸인 교회가 무너지고 있는 것 같은 충격 때문입니다. 니코스 카잔차키스의 소설 《성자 프란체스코》에 나오는 일화가 떠오릅니다. 성 프란체스코는 꿈에 눈물을 흘리고 있는 다미아노 성인을 만납니다. 당황한 프란체스코는 "어찌 된 일입니까? 당신은 천국에 계시잖아요, 그렇죠? 그럼 천국에도 눈물이 있다는 말입니까?" 하고 묻습니다. 성인은 고개를 끄덕이며 "그래, 천국에도 눈물이 있다네. 하지만 그것은 아직도 지상에서 헤매고 있는 사람들을 위한 눈물이지. 나는 자네가 포근한 침대 위에 누워서 평화롭게 자는 모습을 보고 딱하다는 생각이 들었다네. 왜 잠만 자는가, 프란체스코! 부끄러운 줄 알게! 교회가 위험에 처해 있다네." 자기가 대체 뭘 할 수 있었겠냐는 프란체스코에게 다미아노는 "손을 뻗치게. 자네의 어깨로 교회를 받쳐서 그것이 쓰러지지 않도록 하게"라고 말합니다.[1)]

무너지고 있는 교회를 우리가 어깨로 떠받쳐 일으켜 세울 수 있을까요? 꼭 해야 할 일이지만 쉽게 뛰어들 수도 없습니다. 그렇다고 우두커니 앉아 한탄만 하고 있을 수도 없습니다.

벼랑 끝에 선 듯한 느낌

조금 뜬금없는 이야기처럼 들릴지 모르겠습니다만, 스탠퍼드 대학병원 신경외과 의사 폴 칼라니티의 책《숨결이 바람 될 때》에 나오는 한 대목이 자꾸만 울혈처럼 제 가슴에 남아 있습니다. 그는 미국 최고의 의사 중 하나로 손꼽히며 여러 대학에서 교수 자리를 제안받았습니다. 가히 인생의 절정기라 할 수 있는 때에 뜻밖에도 암이라는 진단을 받았고, 완치될 가능성이 희박하다는 사실을 알았습니다. 그때의 심정을 그는 이렇게 기록하고 있습니다.

> 내 인생의 한 장이 끝난 것처럼 보였다. 어쩌면 책 전체가 끝나가고 있는지도 몰랐다. 나는 사람들이 삶의 과도기를 잘 넘기도록 도와주는 목자의 자격을 반납하고, 길을 잃고 방황하는 양이 되었다. 내 병은 삶을 변화시킨 게 아니라 산산조각 내버렸다. 형형한 빛이 정말로 중요한 것을 비춰주는 에피퍼니의 순간이 찾아온 것이 아니라, 누군가가 내 앞길에 폭탄을 떨어뜨린 것 같은 기분이었다. 이제 다른 길로 돌아가야 할 터였다.[2]

산산이 조각난 느낌, 앞길에 폭탄이 떨어진 것 같은 느낌, 이건 어쩌면 벼랑 끝에 선 느낌일 겁니다. 그도 죽음을 앞둔 이들이 겪는다는 슬픔의 5단계를 다 거칩니다. 부정, 분노, 협상, 우울, 수용. 처음에는 현실을 받아들이기가 어려워 '이건 아닐 거야'라고 부정합니다. 그러다가 자기에게 닥쳐온 현실이 부당하다고 느껴 분노합니다. 시간이 좀 지나면 이런저런 길을 모색하며 병과 협상을 시도하다가 결국에는 우울함에 빠집니다. 그러다가 마침내 질병 혹은 죽음을 자기 운명으로 받아들입니다. 모두가 같은 과정을 겪는 것은 아니지만 폴 칼라니티는 이 과정을 역순으로 겪었다고 말합니다. 그는 자기의 암 투병기를 담은 책을 쓰다가 세상을 떠났습니다. 그의 아내 루시는 남편이 남긴 글의 에필로그를 통해 "폴에게 벌어진 일은 비극적이었지만, 폴은 비극이 아니었다"[3]라고 말합니다. 그는 자기 삶의 이야기를 세상에 남김으로써 절망하는 많은 영혼에게 희망의 빛이 되었습니다.

꼭 이런 심정입니다. 지금 우리는 무너진 교회의 잔해를 보고 있는 것 같은 느낌에 사로잡혀 있습니다. 교인들을 혐오하는 말이 난무하고, 어느 식당에서는 기독교인의 출입을 금한다는 팻말을 붙이는 현실입니다. 미국 미시시피주에서는 집합 금지 명령을 따를 생각이 없다고 천명한 교회에 누군가가 불을 질러 잿더미로 만들었습니다. 영적인 어휘가 붕괴된 현장에 남은 것은 종교적 언어의 파편입니다. 구원, 은혜, 용서, 화해, 치유, 기도라는 단어가 예전과 다름없이 사용되지만, 구원의 능력도 은혜의 감격도 용서의 따뜻함도 화해의 기쁨도 모르는 이들이 너무 많습니다. 거짓 교사들에게 속아 넘어갔기 때문입니다. 유다서는 거짓 교사들의 위험성을 지적하며 그들을 가리켜 '애찬을 망치는 암초', '바람에 밀려다니면서 비를 내리지 않는 구름', '가을이 되어도 열매 하나 없이 죽고 또 죽어서 뿌리째 뽑힌 나무', '자기들의 수치를 거품처럼 뿜어 올리는 거친 바다 물결', '길 잃고 떠도는 별들'이라고 말합니다(유 1:12-13). 그들은 어둠 속에 있는 자들입니다.

지금 교회는 위기에 처해 있습니다. 대면 예배를 드릴 수 없기 때문이 아니라 복음의 본질이 훼손되었기 때문입니다. 예수를 믿는다는 것은 성령께서 우리 마음에 불어넣어 주신 숨결을 따라 예수의 꿈을 가슴에 품고 살아가는 것입니다. 예수를 경배의 대상으로 삼을 뿐 '예수적' 존재가 되려는 노력을 게을리할 때 우리는 실천적 무신론자가 될 수밖에 없습니다. 예수님을 진실하게 믿으면 그분을 사랑하지 않을 수 없고, 그분을 진실하게 사랑하면 그분을 닮을 수밖에 없습니다. 김교신 선생은 '불초 신자'라는 말을 썼습니다. 불초不肖란 어버이의 덕망을 닮지 못함을 뜻합니다. 불초 신자, 얼마나 기가 막힌 일입니까? 참담하다고 말하는 것만으로는 사태를 해결할 수 없습니다. 다시 시작해야 합니다.

파수꾼을 세우시는 하나님

에스겔 33장은 이스라엘에 대한 심판(4-24장)과 열국에 대한 심판(25-32장)에 이어 이스라엘의 회복이라는 주제를 제시하는 첫 단락입니다. 무너진 이스라엘의 회복은 그 백성의 덕성이나 공로가 아니라 전적으로 하나님의 은혜라는 게 에스겔의 메시지입니다. 물론, 회복은 무너짐을 전제로 합니다. 낡은 것은 무너져야 하고, 더러운 것은 정화되어야 합니다. 앞서 에스겔은 우상숭배에 빠진 이스라엘에 대한 하나님의 심판을 예고하면서 "그 때에야 비로소 너희는 내가 주인 줄 알게 될 것이다"라는 구절을 23번이나 반복했습니다. 하나님을 믿는다고 하면서도 그분을 경외하지도 않고, 그분의 이름을 함부로 부르는 사람들에 대한 심판은 엄중하게 집행될 것입니다. 우리라고 예외는 아닙니다. 하나님의 이름이 우리로 인하여 모욕당하는 현실이 고통스럽습니다. 하나님은 그런 낡은 것들을 스스로 무너뜨리십니다.

에스겔은 처음 소명을 받았을 때의 심정을 이렇게 고백합니다. "나는 괴롭고 분통이 터지는 심정에 잠겨 있었는데, 주님의 손이 나를 무겁게 짓눌렀다"(겔 3:14). 예언자는 하나님의 마음과 통하는 사람입니다. 괴롭고 분통이 터지는 심정은 에스겔의 마음이기도 하지만 그 시대를 바라보는 하나님의 마음이기도 한 것입니다. 하나님은 당신께 등을 돌린 백성들을 심판하시지만, 그들을 아주 버리지는 않으십니다. 그래서 에스겔을 파수꾼으로 세워 경고의 말을 하게 합니다. 악인들에게 그 길에서 돌이키라고 말하는 것이 에스겔의 소명입니다.

주님께서 나에게 말씀하셨다. "사람아, 너는 네 민족의 자손 모두에게 전하여라. 너는 그들에게 말하여라. 만일 내가 어떤 나라에 전쟁이 이르게 할 때에, 그 나라 백성이 자기들 가운데서 한 사람을 뽑아서, 파수꾼으로 세웠다고 하자. 이 파수꾼은 자기 나라로 적군이 접근하여 오는 것을 보고 나팔을 불어, 자기 백성에게 경고를 하였는데도 어떤 사람이 그 나팔 소리를 분명히 듣고서도 경고를 무시해서, 적군이 이르러 그를 덮치면, 그가 죽은 것은 자기 탓이다. 그는 나팔 소리를 듣고서도 그 경고를 무시하였으니, 죽어도 자기 탓인 것이다. 그러나 파수꾼의 나팔 소리를 듣고서 경고를 받아들인 사람은 자기의 목숨을 건질 것이다. 그러나 만일 그 파수꾼이, 적군이 가까이 오는 것을 보고서도 나팔을 불지 않아서, 그 백성이 경고를 받지 못하고, 적군이 이르러 그들 가운데 어떤 사람을 덮쳤다면, 죽은 사람은 자신의 죄 때문에 죽은 것이지만, 그 사람이 죽은 책임은 내가 파수꾼에게 묻겠다"(겔 33:1-6).

에스겔 33장은 그의 두 번째 소명 이야기입니다. 파수꾼의 이미지가 그대로 사용되고 있습니다. 파수꾼은 적의 동태를 살피다가 적이 다가오면 백성들에게 알리는 책임을 맡은 사람입니다. GOP를 담당하는 부대의 군목으로 재직할 당시 저는 가끔 철책선에서 근무하는 병사들을 찾아가 격려하곤 했습니다. 나직한 목소리로 저와 이야기를 나누면서도 초병들의 눈은 전방을 주시하고 있었습니다. 조그마한 움직임이라도 놓치지 않으려고 신경을 곤두세우고 있었습니다. 파수꾼이란 그런 존재입니다.

적이 다가올 때 파수꾼은 나팔을 불어 백성들에게 경고해야 했습니다. '적'으로 번역된 '헤레브*chereb*'는 사실 '칼'이라는 뜻입니다. 칼이 다가온다는 것은 파괴가 임박했음을 뜻합니다. 나팔 곧 '쇼파르*showphar*'는 양의 뿔을 잘라 만든 것입니다. 나팔은 위험을 경고할 때도 불었고, 백성들을 한자리에 불러 모을 때도 불었고, 대속죄일에도 불었습니다. 위험을 미리 알아채고 경고의 나팔을 제때 부는 것이 파수꾼의 의무입니다. 경고의 나팔을 불었는데도 사람들이 무시했다면, 그들은 자기들의 죄 가운데 죽을 것입니다. 그러나 파수꾼이 직무를 게을리해서 백성들이 경고를 받지 못했다면, 그 책임은 파수꾼에게 있습니다.

하나님의 말씀을 맡은 자들은 두렵고 떨리는 마음으로 이 말씀을 새겨야 합니다. 요즘 저도 많이 반성하고 있습니다. 내가 부는 나팔 소리가 분명하지 않았던 건 아닐까? 경고의 나팔 대신 사람들의 흥을 돋우기 위해 나팔을 불지는 않았나? 악을 악이라 분명하게 말하지 않아서 사람들이 자기 합리화를 할 수 있게 한 건 아닌가?'

이 한 번뿐인, 거칠고 값진 생으로

귀가 어두워진 사람들은 하나님의 말씀이 자기 삶을 뒤흔드는 것을 참지 못합니다. 달콤한 이야기, 부드러운 이야기에 귀를 기울이며 스스로 꽤 괜찮은 신자라는 사실을 확인받고 싶어 합니다. 에스겔도 그런 세태에 절망했습니다. 자기를 찾아오는 사람들이 주님께서 무슨 말씀을 하셨는지 들어나 보자고 한다는 것입니다.

> 마치 호기심 많은 사람들이 무슨 구경거리를 보러 오듯이 너에게 올 것이다. 그러나 그들은, 네가 하는 말을 듣기만 할 뿐, 그 말에 복종하지는 않을 것이다. 그들이 입으로는 달갑게 여기면서도, 마음으로는 자기들의 욕심을 따르기 때문이다. 그들은 너를, 악기를 잘 다루고 듣기 좋은 목소리로 사랑의 노래나 부르는 가수쯤으로 생각한다. 그래서 그들은, 네가 하는 말을 듣기만 할 뿐, 그 말에 복종하지는 않는다. 그러나 내가 너에게 시켜서 한 그 말은 반드시 이루어진다. 그 말씀이 이루어지면, 그 때에야 비로소 그들 가운데 예언자가 있었다는 것을, 그들이 알게 될 것이다(겔 33:31-33).

듣기만 할 뿐 복종하지는 않는 현실, 입으로는 달갑게 여기면서 마음으로는 자기들의 욕심을 따르는 현실에서 예언자들은 마치 좋은 목소리로 사랑 노래나 부르는 가수로 여겨집니다. 오늘의 상황도 다르지 않습니다.

지금 우리에게 필요한 것은 하나님 앞에 엎드린 사무엘의 고백입니다. "말씀하십시오. 주님의 종이 듣고 있습니다"(삼상 3:10). 사무엘은 두려움과 떨림으로 하나님의 말씀을 경청했고, 내키지 않았으나 심판의 메시지를 엘리에게 전했습니다. 그리고 백성들에게도 하나님의 뜻을 명확하게 전했습니다. 하나님과의 언약을 등지고 살면, 공평과 정의를 저버리면, 망한다고 말입니다. 지금이야말로 우리의 믿음을 기초부터 점검해야 할 때입니다. 바울 사도의 말씀이 천둥처럼 울려옵니다.

> 여러분은 자기가 믿음 안에 있는지를 스스로 시험해 보고, 스스로 검증해 보십시오. 여러분은 예수 그리스도께서 여러분 안에 계시다는 것을 알지 못합니까? 모른다면, 여러분은 실격자입니다(고후 13:5).

교회에 다니는 것을 부끄럽게 여기지 마십시오. 그리스도의 뜻대로 살지 못하는 것을 부끄러워하십시오. 몽매함에 빠진 사람들을 보고 혀를 차지 마십시오. 불의와 공모하며 살았던 삶을 회개하십시오. 하나님을 신뢰하기보다 세상에서 통용되는 방법에 기대 살았던 삶을 참회하십시오. 지금 세상이 교회를 조롱한다고 하여 함께 조롱하며 '애굽'에 머물 수는 없지 않습니까? 위험이 도사리는 광야로 나갈 용기를 내야 하지 않겠습니까? 압도적인 무력으로 사람들을 강압하던 로마 제국에 맞서 하나님나라를 꿈꾼 것이 예수 정신 아닙니까? 방해물이 많아도 길을 찾아야 합니다. 넘어지면 다시 일어서면 됩니다. 메리 올리버의 시구가 떠오릅니다. "그래서 그게 뭐죠?/ 이 한 번뿐인, 거칠고 값진 생으로/ 당신이 하고 있는 게 뭐죠?"[4] 산불이 지나간 자리에서 움터 나오는 푸른 싹이 장엄합니다. 모든 것이 무너진 폐허 속에서도 복음의 노래를 부르는 이들이 아름답습니다. 잠시 지체될지언정 푯대이신 그리스도를 향한 발걸음을 멈출 수는 없지 않습니까? 잠시 호흡을 고른 후에 다시금 그리스도의 생명 노래, 사랑 노래를 함께 부릅시다. 주님이 우리와 함께 하실 것입니다.

찾아가는 환대

이천 물류 창고 공사 중에 일어난 화재로 죽어 간 우리 이웃들이 너무 많습니다. 유증기가 폭발하고 우레탄 폼에 불이 붙으면서 나온 유독 가스로 많은 사상자가 나왔습니다. 주님께서 그들의 품이 되어 주시기를 빕니다. 가슴에 깊은 응어리를 안고 살아갈 가족들에게도 위로를 베풀어 주시기를 빕니다. 사망자들 다수가 비정규직이거나 일용직 노동자, 이주 노동자였습니다. 공사 기간을 단축하고 비용을 줄이려는 사업가들의 조바심과 관리·감독 업무를 철저하게 하지 않는 관료들에게 일차적 책임이 있습니다. '위험의 외주화'라는 말이 일상이 된 세상은 위험한 곳입니다. 재난은 공평하지 않습니다. 재난의 일차 피해자는 늘 가난한 사람들이니 말입니다. 코로나19를 막기 위해 온 나라가 기울였던 노력을 이제는 이런 억울한 죽음이 발생하지 않는 사회를 만드는 데 기울여야 할 때입니다.

문명의 토대가 속절없이 흔들리는 것 같은 이 시대에 교회는 어떤 곳이어야 하고, 교회의 존재 이유는 무엇인가 깊이 숙고해야 할 때입니다. 많은 이들이 제도로서의 종교에 염증을 느끼고 교회를 떠났거나 떠나고 있습니다. 교회가 마땅히 해야 할 일을 하지 못하는 데 대한 절망감 때문일 것입니다. 감염병을 새로운 일상으로 받아들여야 하는 오늘의 현실에서 그런 탈교회 현상은 가속화될 가능성이 큽니다. 그렇다고 비종교사회가 곧 도래하리라고 보는 것도 온당치 않습니다. 오히려 사람들은 자기들의 불안한 마음을 붙들어 맬 영혼의 닻을 더욱 필요로 할지 모릅니다. "세상 흔들리고 사람들은 변하여도 나는 주를 섬기리/ 주님의 사랑은 영원히 변하지 않네 나는 주를 신뢰해." 복음성가의 이 구절이 뱅뱅 귓전에 맴돕니다. 어느 것 하나 확실치 않은 현실에서 바장이고 있기에 우리는 모두 영혼의 나침반이 필요합니다.

독일 학자 게랄트 휘터는 외부로부터 주어지고 밀려드는 여러 요구에 떠밀려 자신을 잃지 않도록 도와줄 나침반이 있어야 한다고 말합니다.[5] 그는 '존엄'에 대한 인식이 바로 그런 나침반이라고 말합니다. 자기 삶이 얼마나 소중한지를 인식할 때 외부 세계에 휘둘리지 않는다는 말입니다. 어떤 의미에서 교회는 우리 내면의 나침반이 되어야 합니다. 우리가 하나님의 형상임을 잊지 않게 해 주고, 우리 곁에 있는 이들이 얼마나 소중한 존재인지 일깨우는 나침반 말입니다. 그럴 때 비로소 교회가 그리스도의 몸이라 할 수 있을 것입니다.

그리스도의 몸이어야 할 교회

교회가 무엇인지를 설명하는 다양한 방식이 있지만, 에베소서가 전해 주는 비전을 뛰어넘는 게 없다고 생각합니다.

> 교회는 그리스도의 몸이요, 만물 안에서 만물을 충만케 하시는 분의 충만함입니다(엡 1:23).

교회를 가리키는 두 가지 표현에 주목할 필요가 있습니다. '그리스도의 몸'과 '충만함'이 그것입니다. 교회의 존재 이유는 그리스도의 손과 발이 되는 데 있습니다. 교회는 그리스도의 생명력으로 채워져 역동적으로 세상을 섬겨야 합니다. 우리끼리 자족하는 모임이 교회가 아니라는 말입니다. 충만함이란 그런 것입니다. 교회를 구성하는 교인들은 다 개별적인 존재처럼 보이지만, 우리는 우연히 이곳에 있는 것이 아닙니다. 바울은 택함과 구원의 신비를 이렇게 요약합니다. "그리하여 하나님께서는 이미 정하신 사람들을 부르시고, 또한 부르신 사람들을 의롭게 하시고, 의롭게 하신 사람들을 또한 영화롭게 하셨습니다"(롬 8:30). 정하심, 부르심, 의롭게 하심, 영화롭게 하심이 모두 주님의 섭리와 은총 속에서 일어나는 사건입니다. 주님은 우리를 통해 세상을 하나님의 생명력으로 가득 채우고 싶어서 우리를 부르셨습니다. 우리는 하나님께 중요한 사람들입니다. '이 벌레 같은 죄인' 하며 스스로 비하할 것 없습니다. 주님이 우리에게 베푸신 은혜를 '아멘'으로 수용하면 됩니다.

그리스도는 우리의 중심이십니다. 비록 더디더라도 그리스도의 마음을 얻으면 우리는 행복한 사람입니다. 그리스도의 마음에 접속하는 데 실패한다면, 평생 교회 다녀도 아무 보람이 없습니다. 바울은 우리가 '그리스도 안에*en Christo*' 있어야 한다고 거듭 말합니다. '그리스도 안에'라는 말을 '교회 안에'라고 편리하게 대치하면 안 됩니다. 그리스도의 마음으로 이웃과 세상을 보고, 그리스도의 마음으로 하나님의 뜻을 받들어야 합니다. 그렇게 사는 삶 자체가 영화로운 삶입니다. 누리고 싶은 것을 다 누리는 게 영화로움이 아닙니다. 뜻을 알고 사는 삶, 그 뜻을 이루기 위해 기꺼이 자기를 내놓는 삶, 누군가에게 자기를 선물로 주는 삶이야말로 우리가 누릴 영화로움입니다. 그것으로 우리는 하나님의 더 큰 생명에 참여하게 됩니다.

하나님은 각 사람에게 은사를 주셨습니다. 가르치는 사람, 선포하는 사람, 복음 전하는 사람, 찬양하는 사람, 섬기는 사람. 은사에는 경중이 없습니다. 그러니 차별하면 안 됩니다. 오히려 서로를 귀히 여기고, 인정하고, 고마워해야 합니다. 그 모든 은사가 그리스도를 중심으로 잘 활용될 때 '그리스도의 몸'은 든든히 서게 됩니다. 그러나 교회가 커지고, 각 사람이 제각각 다른 소리를 내거나, 특정한 사람들의 의사가 사람들을 억압할 때 교회는 경직되고 맙니다. 로마 제국의 통치 논리와 성전 체제의 위선을 폭로했던 예수의 전복적인 메시지가 더 이상 허용되지 않을 때 교회는 더 이상 그리스도의 몸이라 할 수 없습니다.

신앙 공동체의 두 기둥

코로나19 이후 시대에 교회가 어떻게 변할지 염려하는 이들이 아주 많습니다. 이것은 교회에 주어진 큰 도전이지만 오히려 기회가 될 수도 있습니다. 겨울을 나기 위해 잎을 떨구는 나무처럼 불필요한 것들을 덜어 내고 본질적인 것에 집중할 때 교회는 더욱 든든히 설 수 있습니다. 이사야에게 우리의 길을 물어보려 합니다. 66장으로 구성된 이사야서는 사실 각기 다른 세 시대의 문헌이 합쳐진 것입니다. 편의상 1장부터 39장까지를 제1이사야서라 하고, 40장부터 55장까지를 제2이사야서, 56장부터 66장까지를 제3이사야서라 합니다. 제1이사야서는 예루살렘이 망하기 전인 주전 8세기의 상황을, 제2이사야서는 이스라엘 사람들이 바벨론에 포로로 잡혀가 있던 상황을, 제3이사야서는 포로 생활에서 돌아온 이후의 상황을 보여 줍니다. 회복된 공동체에 대한 비전이 많이 나옵니다. 제3이사야서의 첫 대목은 이렇게 시작됩니다.

> 주님께서 말씀하신다. "너희는 공평을 지키며 공의를 행하여라. 나의 구원이 가까이 왔고, 나의 의가 곧 나타날 것이다"(사 56:1).

'공평*mishpat*'과 '공의*tsedaqah*'는 새롭게 회복되는 신앙 공동체의 두 기둥입니다. 돈이 많고 유력한 사람이라 해서 법을 굽게 적당히 집행하면 안 됩니다. 가난한 사람이라 해서 법을 어겨도 되는 것은 아닙니다. 법은 공평하게 집행해야 합니다. 우리 사회의 토대라 할 수 있는 신뢰가 무너진 이유는 법이 불공평하게 집행된다는 의혹 때문입니다. 그러나 법 만능의 사회 또한 건강하다고 할 수 없습니다. 하나님은 소득의 차이가 계급의 차이로 고착되는 세상을 불의한 세상으로 보십니다. 승자 독식 사회, 패자 부활전을 허용하지 않는 사회는 내부에 '분열의 씨앗'을 심는 사회입니다. 잠시 뒤처진 사람들에게도 인간다운 삶을 살아갈 기회를 제공해야 합니다. 그것이 바로 공의입니다.

이사야는 공평을 지키고 공의를 철저히 행하는 사람이 복이 있다고 말합니다. 공평을 지키고 공의를 행하는 사람은 자기 성채 속에만 갇혀 살지 않습니다. 다른 사람의 마음을 헤아리고, 그들의 소리에 귀를 기울입니다. 우리는 어차피 타자들과 함께 살아야 합니다. 그들과 슬기롭게 공존할 수 있는 지혜를 발휘해야 합니다. 가끔 EBS에서 방영하는 〈세계테마기행〉을 볼 때가 있습니다. 세계 각지의 아름다운 풍경과 삶을 보는 재미가 쏠쏠합니다. 그런데 이야기를 끌어가는 사람의 역할이 참 중요합니다. 풍경이나 사람들을 단순히 보여 주고 소개하는 사람이 있는가 하면, 금방 그곳 사람들과 친밀해져서 흉허물 없이 어울리는 사람이 있습니다. 그들은 낯선 이들 사이에 있는 거리감을 순식간에 좁힙니다. 사귐의 장인들입니다. 우리가 만나고 함께 살아야 할 타인들을 여러분은 어떻게 인식하고 계십니까? 프랑스 가톨릭 사제 미셸 끄와는 두 가지를 함께 제시합니다.

> 타인他人이란—길거리에서 만나는 사람, 이웃에 사는 사람, 함께 일하는 사람, 당신처럼 기쁨과 슬픔의 의미를 아는 사람, 당신이 참을 수 없는 사람, 길에서 지나치기는 하지만 한 번도 말을 걸어 본 일이 없는 사람, 한 번도 본 적이 없기 때문에 전혀 생각해 보지도 못한 사람.

> 타인이란—당신이 모든 사람들에게 형제가 됨으로써 완전한 사람이 되기 위해 사랑으로 결합해야 할 사람, 당신이 인생을 성공으로 이끌고 예수 그리스도 안에 성취된 보편적 구원의 행진에 참가하고자 한다면, 사랑으로 결합해야 할 사람.[6]

여러분은 어느 쪽에 속합니까?

미셸 끄와는 "타인이란 아버지께로부터 보내어진 사람, 또는 그리스도께로부터 오는 사랑의 요청, 타인이란 하나님께서 당신을 드러내는 도구가 되는 사람"이라고 말합니다. 이 마음으로 사람들을 대할 때 평화가 시작되는 것 아닐까요?

환대의 공동체

하나님이 이루어 가시려는 세상에서 배제되어도 좋은 사람은 없습니다. 이사야는 주님의 뜻대로 살고자 하는 사람이라면 그가 비록 고자이거나 이방인이라 해도 차별해서는 안 된다고 말합니다. 이방인들이 만일 "주님께서 나를 당신의 백성과는 차별하신다"라고 말하게 하거나, 고자들이 "나는 마른 장작에 지나지 않는다"(사 56:3)라고 말할 수밖에 없는 분위기를 만든다면 그런 이들은 하나님의 백성이라 할 수 없습니다. 하나님은 그들도 아끼십니다. 우리가 잘 아는 요나서의 결론도 마찬가지입니다. 요나는 원수의 나라 앗시리아를 멸하지 않는 하나님의 처사에 성을 냅니다. 그러나 하나님은 "좌우를 가릴 줄 모르는 사람들이 십이만 명도 더 되고 짐승들도 수없이 많은 이 큰 성읍 니느웨를, 어찌 내가 아끼지 않겠느냐?"(욘 4:11)라고 말씀하셨습니다. 아낌이야말로 하나님의 하나님다우심입니다.

주님을 섬기려고 하는 이방 사람들은, 주님의 이름을 사랑하여 주님의 종이 되어라. "안식일을 지켜 더럽히지 않고, 나의 언약을 철저히 지키는 이방 사람들은, 내가 그들을 나의 거룩한 산으로 인도하여, 기도하는 내 집에서 기쁨을 누리게 하겠다. 또한 그들이 내 제단 위에 바친 번제물과 희생제물들을 내가 기꺼이 받을 것이니, 나의 집은 만민이 모여 기도하는 집이라고 불릴 것이다." 쫓겨난 이스라엘 사람을 모으시는 주 하나님께서 말씀하신다. "내가 이미 나에게로 모아 들인 사람들 외에 또 더 모아 들이겠다"(사 56:6-8).

하나님은 그 마음에 잇대어 살려는 사람들을 주님의 거룩한 산으로 인도하여 기쁨을 누리게 하십니다. 하나님은 '쫓겨난 이스라엘 사람을 모으시는' 분입니다. 쫓겨나서 설 자리를 잃어버린 사람들에게 설 자리를 제공하는 것이 신앙 공동체의 소명입니다. "나의 집은 만민이 모여 기도하는 집이라고 불릴 것이다". 주님의 교회는 그러해야 합니다. 코로나19로 많은 교회가 교인증을 발부하거나 QR 코드를 부여하여 출입자를 통제하고 있습니다. 감염을 막으려는 조치로 이해할 수는 있지만, 왠지 좀 불편합니다. '모두에게 열린 교회', '환대의 공동체'는 불가능한 것일까요? 이런 고민이 우리 앞에 있습니다.

어느 분이 대안으로 제시한 것이 마음에 크게 와닿았습니다. '찾아가는 환대'라는 개념이 그것입니다. 사실 이 말은 '흩어지는 교회'라는 개념을 새롭게 정의한 것이 아닌지 모르겠습니다. 어렵고 외로운 이들 곁으로 교회가 나아가야 합니다. 이사야 58장은 하나님이 기뻐하시는 금식이 무엇인지를 아주 구체적으로 설명하고 있습니다. 부당한 결박을 풀어 주는 것, 멍에의 줄을 끌러 주는 것, 압제받는 사람을 놓아주는 것, 모든 멍에를 꺾어 버리는 것, 굶주린 사람에게 너의 먹거리를 나누어 주는 것, 떠도는 불쌍한 사람을 집에 맞아들이는 것, 헐벗은 사람을 보았을 때에 그에게 옷을 입혀 주는 것, 너의 골육을 피하여 숨지 않는 것이 진짜 금식이라고 말합니다(사 58:6-7). 비록 더디더라도 교회는 꾸준히 이런 방향으로 개혁되어야 합니다. 교회가 점점 이런 일을 통해 하나님의 영광을 드러낼 수 있기를 빕니다.

사랑의 빚을 갚는 마음

불안과 초조함 속에서 엄벙덤벙 지내다 보니 벌써 7월입니다. 세상이 어떠하든, 때가 되면 피었다 지고, 꽃 진 자리에 열매를 맺는 나무들의 성실함 앞에 부끄러울 때가 많습니다. 하반기에는 조금 더 정신을 가다듬고 견실하게 하루하루를 채워갈 수 있기를 빕니다. 이맘때가 되면 시간을 새롭게 한다는 말이 자꾸 떠오릅니다. 낡아 버린 시간, 설렘조차 없이 허겁지겁 채워 가는 시간에 뭔가 청신한 기운을 불어넣고 싶어지는 겁니다. 며칠 전 제가 좋아하는 김진혁 박사의 새로운 책 원고를 읽다가 놀라운 구절과 만났습니다.

> 우주는 창조 이래 똑같은 법칙 하에 운동을 반복하지만, 하나님은 질려 하지 않으시고 어린아이처럼 매번 늘 새롭게 우주를 보고 놀라워하고 즐거워하신다.[7]

그런 하나님을 믿는 우리들에게 놀람, 즐거움, 경탄이 없다는 것은 우리 영혼이 늙어 버렸다는 증거인지도 모르겠습니다. 똑같은 일을 반복할 때 대개는 권태를 느낍니다. 그 일에 마음을 담지 못하고 그냥 습관적으로 몸과 마음의 관성을 따라 삽니다. 그렇기에 삶은 고단하고, 우울하고, 왠지 모를 억울한 느낌에 사로잡히기도 합니다. 행복의 파랑새는 늘 우리 손이 닿지 않는 곳을 날고 있는 것 같습니다. 하지만 시간은 하나님의 선물입니다. 늘 우리 앞에 새롭게 도착하는 시간을 권태 속에 흘려보내면 안 됩니다. 가끔 시간을 새롭게 하려고 뭔가 자기만의 의례를 치르는 이들도 있습니다. 머리카락을 자르거나, 여행을 떠나거나, 직장을 그만두기도 합니다. 그들은 모두 낡아빠진 시간에 멀미를 하는 것입니다.

미국의 사상가 헨리 데이비드 소로가 《월든》에서 들려주는 이야기가 떠오릅니다. 미국의 원주민 가운데 머클래씨Mecclasse족 사람들은 매년 '버스크'라는 의식을 치른다고 합니다. 일종의 허물을 벗는 의식이라 할 수 있습니다. 그때가 되면 부족민은 새 옷, 새 솥과 냄비, 새로운 살림 도구와 가구를 미리 마련해 놓습니다. 헌 옷가지와 지저분한 물건을 모두 한곳에 모으고, 집과 거리와 마을 전체를 깨끗이 청소해 쓰레기를 모아 놓고, 여기에 남은 곡식과 식료품을 한데 더해 무더기를 쌓은 후 불을 질러 태워 버립니다. 엄청난 낭비처럼 보입니다. 그 후에 어떤 약 같은 것을 먹고 사흘간 단식하는데, 그동안 마을의 모든 불을 끕니다. 이 기간에는 식욕과 성욕 등 일체의 욕망도 끕니다. 며칠 후 대사면이 선포되면 죄 때문에 부족 밖으로 떠나야 했던 이들도 다 자기 마을로 돌아올 수 있습니다. 나흘째 아침에 의례를 주재하는 이가 마른 나무들을 비벼서 광장에 새로운 불을 피우면, 부족민은 이 불에서 새롭게 깨끗한 불을 붙여 집으로 돌아갑니다.[8] 우리 눈에는 원시적이고 신화적인 삶처럼 보일지 모르지만, 그들이야말로 인생을 진지하게 사는 사람들이라는 생각이 듭니다. 의례를 통해 시간을 새롭게 하며 사니 말입니다.

어떤 의미에서 예배는 시간을 새롭게 하는 의식입니다. 하나님 앞에 죄를 고백하고, 우리의 몸과 마음을 주님께 바치는 시간입니다. 동시에 하나님께서 우리를 치유하고, 당신의 놀라운 숨을 채워주시는 은혜의 시간입니다. 예배를 통해 우리는 옛사람에 대해 죽고, 새로운 사람으로 거듭나야 합니다. 예배는 우리를 늘 원점에 서게 합니다.

고귀한 영혼

오늘 주님은 우리를 아브라함 이야기 앞으로 불러 모으셨습니다. 아브라함은 나그네 인생길의 동반자였던 아내 사라를 돌아오지 못할 곳으로 떠나보내고 헛헛한 나날을 보내고 있었습니다. 그럼에도 그는 하나님의 도움으로 하는 일마다 복을 누렸습니다. 그가 해야 할 남은 일은 장성한 아들 이삭의 맞춤 배필을 찾아 주는 일이었습니다. 아브라함은 자기 집 모든 소유를 맡아 보는 늙은 종에게 중대한 임무를 맡깁니다. 이삭의 아내가 될 사람을 자기 고향, 친척들이 사는 곳으로 가서 찾아보라는 것이었습니다.

그 종은 주인의 낙타 가운데서 열 마리를 풀어서, 주인이 준 온갖 좋은 선물을 낙타에 싣고 길을 떠나서, 아람나하라임을 거쳐서, 나홀이 사는 성에 이르렀다. 그는 낙타를 성 바깥에 있는 우물 곁에서 쉬게 하였다. 해가 뉘엿뉘엿 지고 있었다. 여인들이 물을 길으러 나오는 때였다. 그는 기도하였다. "주님, 나의 주인 아브라함을 보살펴 주신 하나님, 오늘 일이 잘 되게 하여 주십시오. 나의 주인 아브라함에게 은총을 베풀어 주십시오. 제가 여기 우물 곁에 서 있다가, 마을 사람의 딸들이 물을 길으러 나오면, 제가 그 가운데서 한 소녀에게 '물동이를 기울여서, 물을 한 모금 마실 수 있게 하여 달라' 하겠습니다. 그 때에 그 소녀가 '드십시오. 낙타들에게도 제가 물을 주겠습니다' 하고 말하면, 그가 바로 주님께서 주님의 종 이삭의 아내로 정하신 여인인 줄로 알겠습니다. 이것으로써 주님께서 저의 주인에게 은총을 베푸신 줄을 알겠습니다"(창 24:10-14).

늙은 종은 주인이 준 온갖 좋은 선물을 낙타에 싣고 길을 떠나 아람나하라임을 거쳐 나홀이 사는 성에 이르렀습니다. 그 여정 가운데 어떤 일이 벌어질지 누구도 예측할 수 없는 상황이었습니다. 뭘 어떻게 해야 할지 막연했지만, 늙은 종은 위임받은 일을 하기 위해 길 위에 섰습니다. 위임은 '맡김'입니다. 그러므로 상호 신뢰를 전제로 합니다. 믿음직하지 않은 사람에게는 어떤 일도 위임할 수 없는 노릇입니다. 늙은 종은 아브라함의 집에 오래 머무는 동안 자기 일에 충실했던 것으로 보입니다. 주인에 대한 신뢰와 존경이 있었기에 가능한 일이었습니다. 자기를 무시하고 함부로 대하는 이의 일을 살뜰히 보살피기는 어렵습니다. 아브라함은 복을 매개하라는 주님의 소명에 충실한 사람이었습니다. 그는 종들까지도 귀히 여겼던 것 같습니다. 주인의 신뢰와 사랑과 돌봄은 종들에게서도 자발성을 이끌어 냅니다.

어떤 일을 할 때 불퉁거리며 마지못해서 하는 이들이 있습니다. 그들은 스스로를 노예로 만드는 사람들입니다. 괴테의 소설《빌헬름 마이스터 수업시대》에 나오는 빌헬름은 주인을 위해 자기를 희생하는 충실한 하인이 얼마나 아름다운 사람인지를 설명하기 위해 이렇게 말합니다.

> 이 경우 충실은 위대한 사람과 동등해지기 위한 하나의 고귀한 영혼의 노력입니다. 주인은 평소에 하인을 그저 돈 주고 부리는 노예로 생각하지만, 하인은 끊임없는 충실과 사랑으로 주인과 동등해집니다.[9]

아브라함 이야기와 경우가 좀 다르기는 하지만 하인은 자기 일에 충실함으로써 주인과 동등한 존재가 된다는 것입니다. 대가를 얻으려고 마지못해 일하지 않고 자기에게 맡겨진 일을 충실히 수행하는 사람을 일러 빌헬름은 '고귀한 영혼'이라 일컫습니다. 일에 대한 성실함으로 말미암아 그는 신분의 차이를 해소합니다.

사람을 분별하는 기준

늙은 종은 주인이 자기에게 맡긴 일을 완수하고자 많이 고심했을 것입니다. 좋은 사람을 알아보기란 여간 어려운 것이 아닙니다. 제법 괜찮은 사람 같아 보여 택했는데 시간이 흐르면서 잘못된 판단이었다고 후회하는 경우가 많습니다. 사람의 앞모습보다 뒷모습이 오히려 진실하다고 말하는 이도 있습니다. 앞모습은 대개 사람들을 의식하며 꾸민 모습인 경우가 많지만, 뒷모습은 속절없이 보이는 모습이기 때문입니다.

"만물보다 더 거짓되고 아주 썩은 것은 사람의 마음이니, 누가 그 속을 알 수 있습니까?"(렘 17:9) 예레미야의 이 질문에는 사람을 신뢰하기 어려운 고통스러운 기억이 스며 있습니다. 그의 질문에 하나님이 대답하십니다. "각 사람의 마음을 살피고, 심장을 감찰하며, 각 사람의 행실과 행동에 따라 보상하는 이는 바로 나 주다"(렘 17:10). '마음'으로 번역된 히브리어 킬야*kilyah*는 콩팥을 가리킵니다. 고대인들은 콩팥이 감정과 기질을 관장한다고 생각했고, 레브*leb*, 즉 '심장'에는 사람의 양심, 경향성, 마음이 깃든다고 생각했습니다.

하나님은 우리의 모든 것을 두루 살피시는 분입니다. 그러나 한갓 인간인 우리는 그럴 수 없기에 많은 시행착오를 거칩니다. 누군가를 완벽하게 알 수는 없지만, 하나를 보아 열을 안다는 말처럼 누구에게나 사람을 분별하는 기준이 있습니다.

아브라함의 늙은 종이 세운 판단 기준은 매우 구체적입니다. 우물 곁에 서 있다가 어린 소녀들이 물을 길으러 나오면 그중 한 소녀에게 "물동이를 기울여서, 물을 한 모금 마실 수 있게 하여 달라" 라고 부탁하겠다는 것입니다. 그때 그 소녀가 지체하지 않고 "드십시오. 낙타들에게도 제가 물을 주겠습니다" 하고 말하면 그가 바로 주님께서 정해 주신 이삭의 배필인 줄로 알겠다는 것입니다. 일단 그가 세운 기준은 '낯선 이를 환대할 마음이 있는가'입니다. 한 가지가 더 있습니다. 그가 부탁받은 것만 행하는 사람인지, 나그네가 처한 상황을 깊이 이해하고 부탁받은 것 이상의 일을 하는지 살펴보겠다는 것입니다.

나그네는 취약한 사람입니다. 자기를 보호해 줄 사회의 울타리 밖에 있기 때문입니다. 그래서 그는 살갗이 벗겨진 사람과 같습니다. 그런 취약함을 이용해 이득을 취하거나 권력욕을 채우려는 이들이 많습니다. 누군가를 차별하고 배제함으로써 저열한 쾌감을 누리는 이들, 그런 일을 통해 소속감을 확인받으려는 이들은 영혼이 빈곤한 사람들입니다. 찬송가 475장은 '인류는 하나 되게 지음 받은 한 가족'이라고 전제하지만 현실은 그렇지 못합니다. 우리 속에 자리 잡은 죄악은 당파심을 일으키고 차별 의식을 부추겨 대화를 가로막습니다. 불신의 땅에 믿음과 사랑을 심는 것이 우리의 소명입니다. 미국 사회가 뿌리 깊은 인종주의로 들끓고 있습니다. 조지 플로이드의 죽음을 계기로 백인우월주의에 항거하는 목소리가 커지고 있습니다. 인종주의를 심화한 인물들의 동상에 페인트가 뿌려지고, 동상 철거를 요구하는 목소리가 높아 갑니다. 이건 우리 사회에서도 마찬가지입니다. 이런저런 차별 의식이 우리 사회의 성숙을 가로막고 있습니다. 성숙한 사회란 모든 사람이 두려움 없이 자기 몫의 삶을 충실하게 살 수 있도록 기회를 제공하는 곳이 아닐까요?

세상에는 차별 의식과 당파심에 사로잡힌 이들도 있지만, 나그네들을 보호하고 그들의 울타리가 되어 주려는 선한 이들이 더 많습니다. 아브라함의 늙은 종은 바로 그런 사람이야말로 하나님의 약속을 실현할 사람이라 여겼습니다.

빚진 자라는 깨달음

사람은 누군가의 요구에 응답함으로 사람다워집니다. 응답하는 이들은 누군가에게 필요한 사람이 되었다는 데서 행복을 느낍니다. 하지만 우리가 하나님께 속한 사람이 되려면 한 걸음 더 나아가야 합니다. 포도원 일꾼의 비유에서 주인은 오후 다섯 시에 포도원에 들어와서 겨우 한 시간 일한 사람에게도 한 데나리온의 품삯을 주었습니다. 그에게 절실하게 필요한 것이 무엇인지를 알았기 때문입니다. 할 마음만 있으면, 우리는 이웃들에게 줄 것이 참 많습니다. 사람됨의 실현은 우리가 빚진 자라는 사실을 깨닫고 하늘의 요구에 응답하는 것을 통해 이루어진다고 할 수 있습니다. 아브라함 요수아 헤셸의 말을 들어 보십시오.

> 나는 인간 존재로서 실존하는가? 나의 대답은 이것이다.—나는 명령받았다.—그러므로 나는 존재한다. 인간의 의식 속에 자신이 빚진 자라는 인식이, 감사의 빚을 지고 있다는 깨달음이, 어느 순간에 보답하고 대답하고 삶의 장엄함과 신비로움에 어울리는 삶을 살라는 요구를 받고 있다는 깨달음이 뿌리박혀 있다.[10]

감사의 빚을 지고 살고 있다는 자각이야말로 낯선 이들을 환대하며 사는 삶의 뿌리입니다. 구원받을 자격이 없는 우리를 하나님의 백성으로 불러 주시고, 세상을 아름답게 만드는 일에 불러 주신 주님의 은총을 생각하면, 우리는 아무도 함부로 대할 수 없습니다. 사랑의 빚을 갚는 마음으로 살아야 합니다. 알다시피 리브가는 시험을 통과하여 이삭의 아내가 되었습니다. 물론 세상에는 나쁜 의도로 우리에게 접근하는 이들도 있습니다. 우리의 선의를 이용하여 자기 잇속을 차리려는 사람들 말입니다. 그들을 잘 분별하는 지혜가 필요합니다. 그러나 일상에서 만나는 이들에게 우리는 줄 수 있는 것이 많습니다. 친절한 말 한마디, 친절한 몸짓 하나가 세상을 따뜻하게 만듭니다. 호수 한복판에 던져진 돌이 일으킨 파문이 호수 끝까지 번져 가듯 우리가 하는 행동 하나하나가 우리가 사는 세상을 만듭니다. 시간의 새로움은 마음을 맑게 유지할 때 주어지는 선물입니다. 한 주간도 우리를 위해 모든 것을 내주신 그리스도와 동행하며 행복과 기쁨의 파장을 일으키며 사시길 기원합니다.

주님의 은총과 평화가 우리 가운데 함께하시기를 빕니다. 늘 드리는 인사말이지만, 시절이 시절인 만큼 그 의미가 각별하게 다가옵니다. 주중에 바울 서신의 인사말을 찾아 몇 번씩 반복하여 읽었습니다. 고린도전서에 나오는 인사말이 제 심정을 대변하는 것 같았습니다.

> 그리스도 예수 안에서 거룩하여지고 성도로 부르심을 받은 여러분에게 문안드립니다. 또 각처에서 우리 주 예수 그리스도의 이름을 부르는 모든 이들에게도 아울러 문안드립니다. 예수 그리스도는 이 사람들의 주님이시며 우리의 주님이십니다. 하나님 우리 아버지와 주 예수 그리스도께서 내려주시는 은혜와 평화가 여러분에게 있기를 빕니다(고전 1:2-3).

저는 정말 이런 마음으로 이 자리에 서 있습니다. '사회적 거리

두기'라는 용어가 이제는 익숙해졌습니다. 하지만 저는 연세대 김용찬 교수가 〈한겨레〉 칼럼에서 제안한 '잠시 서로 떨어져 있기'라는 용어가 더 마음에 듭니다. '사회적 거리 두기'는 왠지 차가운 느낌이 들기 때문입니다. 우리는 지금 부득이 떨어져 지내야 하지만, 이런 때일수록 영적으로 연결되어 있음을 잊지 말아야 합니다. 들리진 않지만 제가 여기서 '여' 하고 부르면 여러분들도 '여' 하고 응답하시겠지요?

생텍쥐페리의 '어린 왕자'는 이 별 저 별 여행하다가 지구에 도착했습니다. 그의 앞에는 높은 산이 놓여 있었습니다. 산에 올라가면 별 전체를 볼 수 있겠다는 생각에 높은 산 위로 올라갔습니다. 그러나 보이는 것이라고는 바늘 끝처럼 뾰족한 바위산들뿐이었습니다. 그래도 어린 왕자는 무작정 인사를 했습니다. "안녕." 그러자 메아리가 대답했습니다. "안녕… 안녕… 안녕…." "너희들 누구니?" 메아리가 대답했습니다. "너희들 누구니… 너희들 누구니… 너희들 누구니…." "내 친구들이 되어 줘, 나는 외로워." 메아리가 대답했습니다. "… 나는 외로워… 나는 외로워…." 어린 왕자는 참 이상한 별이라고 생각했습니다. 남의 말을 반복만 하니 말입니다. 그는 늘 먼저 말을 걸어 주던 꽃 한 송이가 있는 자기 별이 그리웠습니다.

손택수 시인은 〈먼 곳이 있는 사람〉이라는 시에서 "걷는 사람은 먼 곳이 있는 사람/ 잃어버린 먼 곳을 다시 찾아낸 사람"이라고 말합니다.[11] 우리는 서로를 향해 걷는 사람들입니다. 물론 우리의 중심에는 하나님이 계십니다. 하나님이라는 중심을 향해 걸어갈수록 우리 사이의 거리도 좁혀질 겁니다. 하나님 사랑과 이웃 사랑은 둘이 아니라 하나입니다.

거룩한 삶으로의 초대

하나님은 당신의 백성들이 '거룩한 존재'가 되기를 바라십니다. '거룩하다'로 번역된 히브리어 '카도쉬*qadowsh*'는 '신성하다, 구별되다'라는 뜻입니다. 신성하여 하나님이 받으실 만하다는 뜻인 동시에 세상의 가치관과 다르다는 뜻이 내포되어 있습니다. 세상은 끝없이 우리를 경쟁으로 내몹니다. 경쟁을 삶의 원리로 받아들이는 순간 승자와 패자가 갈립니다. 그러나 거룩하다는 말은 그런 세상의 가치관에 맞서며 사는 것입니다. 경쟁보다는 협동, 독점보다는 나눔, 지배보다는 섬김, 무시보다는 존중, 낭비보다는 아낌을 지향하는 삶이 거룩한 삶입니다.

신학자들은 레위기 17장부터 26장까지를 '성결법전'이라고 부릅니다. 그곳에는 거룩한 백성들이 해야 할 일과 하지 말아야 할 일이 세세하게 기록되어 있습니다. 그 법전의 핵심은 "너희의 하나님인 나 주가 거룩하니, 너희도 거룩해야 한다"(레 19:2)는 구절입니다. 그 거룩한 삶은 "너는 너의 이웃을 네 몸처럼 사랑하여라. 나는 주다"(레 19:18)라는 말로 요약됩니다. 사회적 약자들이 억울해하지 않게 하는 것이 무엇보다 중요합니다. 그들이 안심하고 살 수 있는 세상을 만드는 것도 중요합니다. 이웃 사랑이 사회 제도 속에서 구현된 것이 바로 안식년과 희년입니다. 안식년에는 사람은 물론 땅도 쉬어야 했습니다. 땅을 쉬게 할 때 하나님은 자유민은 물론이고 남종과 여종, 품꾼과 나그네에게도 먹거리를 주신다고 약속하셨습니다. 오십 년이 시작되는 해에는 전국의 모든 거민에게 자유가 선포되었습니다. 부득이 남의집살이하던 이들은 분배받은 땅으로 돌아가 자유인으로 살 수 있었습니다. 거룩한 삶은 개인 윤리일 뿐만 아니라 사회가 구현해야 할 목표이기도 합니다. 감리교회는 개인의 성화와 더불어 사회의 성화를 매우 중요하게 생각합니다. 하나님은 사회를 구성하는 사람들 가운데 누구도 소외됨이 없는 세상, 저마다의 삶의 몫을 온전히 누리는 세상을 이루라고 명하십니다.

아직도 가야 할 길이 멀기만 합니다. 무한 경쟁, 소득의 양극화로 세상은 차갑고 냉랭하게 변해 가고 있습니다. 우리 문명을 다시 돌아보아야 할 때입니다. 원주에 사는 선배 목사님은 자기 집 대문 위에 '불편당不便堂'이라는 택호를 붙여 놓았습니다. 한옥 집 기둥에는 "다소 불편하지만 제법 행복합니다"라는 주련도 걸어 놓았습니다. 불편하게 살기로 작정하면 결핍에 대한 비애도 줄어드는 법입니다. 풍요로움과 편리함 중독에서 벗어날 때 비로소 이웃들에게 눈길을 줄 수 있습니다. 그들을 맞이할 수 있고, 그들 곁에 다가설 수 있습니다. 사랑은 프로그램이 아니라 삶의 방식이어야 합니다.

성결법전은 현실을 무시한 채 이상적인 이야기만 늘어놓는 책이 아닙니다. 현실은 늘 불완전하고 개선해야 할 점도 많지만, 현실을 급격하게 변화시키라고 하지 않습니다. 세상의 모든 일은 다 때가 있습니다. 때가 무르익기를 기다리는 인내가 필요합니다. 이스라엘은 평등 공동체의 꿈을 품고 탄생했지만, 정착 생활은 결국 계층 질서를 만들 수밖에 없음을 주님은 아셨습니다. 그건 정말 하나님이 원하시는 세상이 아닙니다. 그럼에도 하나님은 그런 현실을 송두리째 부정하기보다는 좋은 방향으로 이끌려 하십니다. 그래서 신신당부하십니다. 가난에 몰리다가 종으로 전락한 이들을 "고되게 부려서는 안 된다"(레 25:46), "그 종을 심하게 부려서는 안 된다"(레 25:53). 하나님은 그들이 신음하는 소리를 당신을 향한 탄원으로 들으십니다. 오늘 본문도 같은 취지의 말씀입니다.

> 너희 동족 가운데, 아주 가난해서, 도저히 자기 힘만으로는 살아갈 수 없는 사람이 너희의 곁에 살면, 너희는 그를 돌보아 주어야 한다. 너희는 그를, 나그네나 임시 거주자처럼, 너희와 함께 살도록 하여야 한다. 그에게서는 이자를 받아도 안 되고, 어떤 이익을 남기려고 해서도 안 된다. 너희가 하나님 두려운 줄을 안다면, 너희의 동족을 너희의 곁에 데리고 함께 살아야 한다. 너희는 그런 사람에게, 이자를 받을 목적으로 돈을 꾸어 주거나, 이익을 볼 셈으로 먹거리를 꾸어 주어서는 안 된다. 나는 너희의 하나님이 되

려고, 너희에게 가나안 땅을 주고, 너희를 이집트 땅에서 이끌어 낸 주 너희의 하나님이다(레 25:35-38).

'곁에'와 '함께'라는 단어를 무심히 보아 넘기면 안 됩니다. 거룩한 삶이란 곁을 허용하는 것입니다. 허용할 뿐 아니라 그들을 함께 살아야 할 소중한 이들로 여기는 것입니다. 필요할 때 그들을 도와주어야 합니다. 그들이 지탱하고 설 수 있는 땅이 되어 주어야 합니다.

곁에 머무시는 하나님

델리아 오언스의 장편소설《가재가 노래하는 곳》은 인종 차별과 빈부 격차가 극심했던 1960년대 미국을 배경으로 합니다. 주인공 카야는 여섯 살 때 홀로 버려졌습니다. 가정폭력에 시달리던 엄마와 오빠가 서둘러 지옥 같은 집을 탈출하고, 술주정뱅이인 아빠는 카야를 돌보지 않았습니다. 카야가 살던 곳은 마을 사람들조차 천대하던 습지였습니다. 범죄자, 마약꾼이 흘러들어와 살던 곳이었습니다. 카야는 살기 위해 홍합과 굴을 채취하여 팔아야 했습니다. 카야가 물건을 가져올 때마다 필요하지 않은 데도 물건을 다 받아 준 이가 있었습니다. 마을과 습지의 경계에서 가게를 하던 점핑이라는 흑인이었습니다. 점핑과 그의 부인은 카야에게 먹을 것도 주고 옷도 주었습니다. 무엇보다도 카야에게 보이지 않는 품과 설 땅이 되어 주었습니다. 그들 덕분에 카야는 절망의 심연에 빠지지 않을 수 있었습니다. 점핑은 소설에서 그렇게 중요한 인물이 아닐지 모르지만, 제게는 그가 마치 어두운 밤하늘의 영롱한 별처럼 느껴졌습니다.

지금 세계 도처에서 벌어지는 일들이 우리 마음을 아프게 합니다. 코로나19로 아시아인에게 혐오감을 표출하는 이들이 많다고 합니다. 적대감이 만연한 우리 시대는 서로 따뜻하게 맞아들이며 살라는 주님의 뜻을 저버리고 있는 것 같습니다. 몇 번 말한 바 있지만, 환대란 타자에게 자리를 주는 것 또는 그의 자리를 인정하는 것, 그가 편안하게 '사람'을 연기할 수 있도록 돕는 것, 그리하여 그를 다시 한 번 '사람'으로 만들어 주는 것입니다.[12] 이 마음을 잃을 때 인간은 추하게 변합니다. 자기만의 기준으로 어떤 사람들을 열등한 존재로 범주화하고 멸시하는 이들은 실은 자기들이 얼마나 영적으로 타락한 존재인지 알지 못합니다. 냉혹한 세상은 하나님을 부정하거나 밀어냅니다. 그러나 성결법전은 놀라운 말씀을 전해 줍니다.

> 너희가 사는 곳에서 나도 같이 살겠다. 나는 너희를 싫어하지 않는다. 나는 너희 사이에서 거닐겠다. 나는 너희의 하나님이 되고, 너희는 나의 백성이 될 것이다(레 26:11-12).

우리가 서로 아끼고 사랑할 때, 다른 이들이 우리 곁에서 안심하고 살 수 있도록 곁을 내줄 때, 하나님도 우리 가운데 머무십니다. 하나님이 거니시는 땅. 이 얼마나 아름다운 비전입니까? 우리는 우리 곁에 와서 머물고 또 거니셨던 분을 압니다. 예수 그리스도 말입니다. 요한복음은 그 놀라운 진실을 이렇게 아름답게 표현하고 있습니다.

> 그 말씀은 육신이 되어 우리 가운데 사셨다. 우리는 그의 영광을 보았다. 그것은 아버지께서 주신, 외아들의 영광이었다. 그는 은혜와 진리가 충만하였다(요 1:14).

바울은 교회가 그리스도의 몸이라고 말합니다. 예수를 믿는 이들은 하나님의 현존을 세상에 드러내라는 소명 앞에 서 있습니다. "여러분은 하나님의 성전이며, 하나님의 성령이 여러분 안에 거하신다는 것을 알지 못합니까?"(고전 3:16)라고 바울은 말합니다. 점핑 부부가 카야에게 보여 준 것은 사람됨의 아름다움입니다. 그 아름다움이야말로 하나님의 모습이 아니겠습니까?

등불을 밝혀 든 사람들

며칠 전에 김종현이라는 칼럼니스트가 〈투데이신문〉에 쓴 글을 읽었습니다. 제목은 "숙주가 되지 않는 방법"이었습니다. 코로나

19가 창궐하는 시대에 우리가 바이러스의 숙주가 되어 다른 이들을 감염시키지 않으려면 어떻게 해야 하는지 일러 주는 글이었습니다. 글의 마지막 대목을 길지만 그대로 인용하겠습니다.

> 인천에 사는 한 70대 노인은 대구에 전해 달라며 응원의 손편지와 돈 봉투를 남기고 사라졌다. 포항의 한 건물주는 자신의 건물을 의료시설로 무상 제공했다. 고양시 일산의 한 청소년 남매는 저소득층 감염 예방에 사용해 달라며 40만 1000원을 기탁했다. 대구의 한 의류 쇼핑몰 직원들은 땀에 젖은 의료진 사진을 보고면 티셔츠 500장을 기부했다. 한 배우는 대구로 달려가 트럭 위에서 마스크 1만 2000개를 나눠주며 힘내라는 응원을 했는데 이 사실은 SNS를 통해 며칠 뒤에야 언론에 알려졌다. 인천 한의사회는 비상 근무 중인 공무원들의 건강을 위해 인천시에 보약 50박스를 전달했다. 대한항공 일반직 노동조합은 절체절명의 혼란을 겪던 우한 교민 긴급수송 업무에 감염 우려를 무릅쓰고 자원했다. 장애인 봉사 활동가 정지원 씨는 자가격리된 장애인을 돌보기 위해 2주 동안 함께 살며 약과 식사를 챙기는 일에 자원했다. 이창수 씨는 코로나바이러스보다 혼자 격리된 생활이 더 위험할 수 있다며 확진 판정이 난 장애인 돌봄에 자원했다. 대구 지역 감염이 확산돼 의료인 모집을 한 지 나흘 만에 전국에서 간호사 247명, 의사 58명 등 850여 명의 의료인들이 자원했다. 어의

도의 한 상가 소유주들이, 인천지역 전통시장 건물주들이, 경북대 인근 건물주가, 묵호시장 상인회가 여러 달에 걸쳐 10-50퍼센트에 이르는 임대료를 자발적으로 인하했다. 대구 지역 한 식당은 직원들이 휴무까지 반납해가며 의료진에게 매일 150인분의 도시락을 나눠준다. 소식을 들은 시민들은 식당에 3만 원, 5만 원씩 소액의 후원금과 쌀 등을 보내고 있다.[13]

이분들뿐이겠습니까? 정말 이 난감한 시기에 인간의 등불을 밝혀 드는 분들이 얼마나 많은지요? 이상한 사람들도 많지만 좋은 사람이 더 많다고 믿고 싶습니다. 힘겨운 이들을 곁부축하는 것이야말로 우리가 드리는 거룩한 예배입니다. 오늘 본문은 어려움에 부닥친 사람들을 이용해서 자기 배 속을 채우려는 것이 하나님을 거스르는 일임을 가르치고 있습니다. 이 위기의 시대야말로 우리 사랑이 진실한지 확인할 좋은 기회입니다. 여러분이 머무는 곳 어디에서나, 아름다운 환대와 사랑의 향기가 넘쳐나기를 기원합니다.

우리와 함께 계신 하나님

주님의 은총과 평화가 각지에 흩어져 예배 드리는 모든 이들과 함께하시기를 빕니다. 우리 모두에게 낯선 이런 상황이 조기에 해소되기를 바랄 뿐입니다. 아직은 조금 더 시간이 필요한 것 같습니다. 많은 이들이 사회적 거리 두기를 실천하고 있습니다. 가까운 이들과 친밀한 교감을 나눌 수 없다는 사실이 참 고통스럽습니다. 고립감이 사람들을 괴롭힙니다. '코로나 블루'라는 말도 나왔습니다. 코로나로 인해 느끼는 우울증을 일컫는 말입니다. 이런 때일수록 의도적으로라도 명랑한 기운을 유지하기 위해 노력해야 합니다.

미국의 문명비평가 리 호이나키는 "하느님에게 목소리를 높여 찬양하려면 친근한 이웃이 필요하다"[14]라고 말합니다. 전적으로 공감합니다. 평생 교회 생활을 삶의 중심에 놓고 살아오신 원로 장로께서 아주 쓸쓸한 목소리로 교인들의 안부를 물으실 때마다 짐짓 명랑한 체 응답하곤 했지만, 사실 가슴이 좀 뭉클했습니다. 마치 고향을 잃은 것 같은 느낌이신 듯했습니다. 지금은 함께 모이지 못하지만, 우리는 분명 그리스도 안에서 한 가족입니다. 신앙 공동체 안에 있을 때 우리는 고립된 존재가 아님을 알게 되고, 슬프고 우울한 시간을 견딜 힘을 얻게 됩니다. 며칠 전 교우 한 분이 동영상을 하나 보내 주었습니다. 여러 음악가가 다양한 장소에서 부른 〈Stand by Me〉라는 곡을 편집한 것이었는데, 노래 가사와 곡진한 목소리가 마음에 큰 위로가 되었습니다.

땅거미가 내려 대지가 어둠에 잠기고
오직 달빛만 보이는 어둠일지라도
나는 두렵지 않아
그대가 내 곁에 있어만 준다면

오 내 사랑 내 곁에 있어 주오
당신이 누구이든,
당신이 삶의 어느 지점을 지나고 있든
곁을 지켜 줄 누군가가 필요할 거예요
당신에게 재산이 얼마나 많든지
혹은 친구가 수없이 많다고 해도
곁을 지켜 줄 누군가가 필요할 거예요
그대여 부디 함께 있어 주오

어떤 경우에도 곁을 지켜 주는 한 사람이 있다면 두려움은 줄어듭니다. 제가 종종 인용하는 고정희 시인의 〈상한 영혼을 위하여〉라는 시를 기억하시나요? 시인은 우리가 사는 세상이 고통과 설움의 땅이라는 사실을 부정하지 않습니다. 눈물과 비탄을 금하기 어려운 게 현실이지만, 그래도 시인은 희망을 향해 눈을 듭니다. 이 세상 어디서나 개울은 흐르고, 이 세상 어디서나 등불은 켜지고 있음을 알기 때문입니다. 그래서 그의 시는 "캄캄한 밤이라도 하늘 아래선/ 마주 잡을 손 하나 오고 있거니"라고 마무리됩니다.[15] 잊지 마십시오. 지금 인터넷을 통해 예배 드리는 우리가 바로 '서로를 향해 내민 마주 잡을 손'임을 말입니다. 그러나 우리에게는 또 다른 동행이 있습니다. 우리와 함께 계신 하나님, 임마누엘 말입니다.

그릇된 신뢰가 부른 파국

이사야서 7-8장은 유다 왕 아하스 시대를 배경으로 합니다. 시리아 남쪽에서 조금씩 세력을 키워 온 앗시리아가 제국주의의 야욕을 품고 침략 전쟁을 벌이자 시리아와 북왕국 이스라엘은 동맹을 맺어 대항하려 했습니다. 이른바 '시리아-에브라임 동맹'이 성사되었습니다. 그러나 이들은 자기들 힘만으로는 감당하기 어렵다는 생각에 남왕국 유다에도 동맹에 가담하라고 요구했습니다. 그러나 앗시리아와 비교적 멀리 떨어져 있던 유다는 득실을 계산한 끝에 그 불안한 동맹에 가담하기보다는 앗시리아와 선린 관계를 유지하는 게 낫다는 결론을 내립니다. 시리아-에브라임 동맹은 유다가 앗시리아의 손을 잡고 자기들을 칠지도 모른다는 생각에 먼저 남왕국 유다를 치기로 작정하고 공격해 왔습니다. 주전 734년의 일입니다.

그 소식을 들은 왕과 백성의 마음은 마치 거센 바람 앞에서 요동치는 수풀처럼 흔들렸습니다(사 7:2). 하나님은 이사야 선지자를 보내셔서 그들의 계략은 성공하지 못할 것이니, 정신을 바짝 차리고 침착하게 행동하라고 일렀지만, 왕은 그 충고를 받아들이지 않았습니다. 공포가 하나님에 대한 믿음을 삼켜 버렸던 것입니다. 시리아-에브라임 연합군은 타다만 부지깽이에 불과하고, 그들의 위협은 기껏해야 부지깽이에서 나오는 연기에 지나지 않으니 두려워하지 말라고 하여도 속절없이 흔들리는 왕의 마음은 진정되지 않았습니다. 연기 때문에 눈이 맵기야 하겠지만 집을 다 태우지는 못한다고 일러 주어도 소용없었습니다.

하나님은 앗시리아에 의존해 난국을 돌파하려는 아하스의 계획을 비웃으십니다. 하나님은 유프라테스강 건너편에서 빌려 온 면도칼, 곧 앗시리아 왕을 시켜서 그들의 머리털과 발 털을 미시고, 수염도 밀어 버리실 거라고 말씀하십니다(사 7:20). 존엄을 제거한다는 뜻입니다. 힘을 숭상하는 나라의 행태를 하나님은 꿰뚫어 보고 계셨던 것입니다. 이건 지금도 마찬가지입니다. 필요할 때는 친구처럼 대하지만, 이익이 엇갈릴 때는 냉혹하게 변하는 게 국제 사회의 현실입니다. 하나님이 표징까지 보여 주셔도 왕의 마음은 달라지지 않았습니다.

그렇다면 대가를 치르는 수밖에 없습니다. 하나님은 언약에 충실하지 않은 유다에 실망하셨습니다. 그들은 눈에 보이지 않는 하나님보다 강한 군사력을 보유한 강대국을 더 신뢰했습니다. 그 그릇된 신뢰가 결국 그들을 파국으로 이끌 줄은 짐작도 못 했을 것입니다. 주님은 그것을 강물의 이미지로 설명하십니다.

> 주님께서 또 나에게 말씀하셨다. "이 백성이 고요히 흐르는 실로아 물은 싫어하고, 르신과 르말리야의 아들을 좋아하니, 나 주가, 저 세차게 넘쳐 흐르는 유프라테스 강물 곧 앗시리아 왕과 그의 모든 위력을, 이 백성 위에 뒤덮이게 하겠다. 그 때에 그 물이 온 샛강을 뒤덮고 둑마다 넘쳐서, 유다로 밀려들고, 소용돌이치면서 흘러, 유다를 휩쓸고, 유다의 목에까지 찰 것이다." 임마누엘! (하나님께서 우리와 함께 계신다!) 하나님께서 날개를 펴셔서 이 땅을 보호하신다. 너희 민족들아! 어디, 전쟁의 함성을 질러 보아라. 패망하고 말 것이다. 먼 나라에서 온 민족들아, 귀를 기울여라. 싸울 준비를 하여라. 그러나 마침내 패망하고 말 것이다. 싸울 준비를 하여라. 그러나 마침내 패망하고 말 것이다. 전략을 세워라. 그러나 마침내 실패하고 말 것이다. 계획을 말해 보아라. 마침내 이루지 못할 것이다. 하나님께서 우리와 함께 계시기 때문이다(사 8:5-10).

고요히 흐르는 은혜

자기 백성들에게 신뢰받지 못하는 하나님의 쓸쓸함이 느껴집니다. '고요히 흐르는 실로아 물'보다 '유프라테스 강물'을 더 신뢰하는 이들에게 닥쳐올 것은 예기치 못한 파멸입니다. 실로아 물은 기드론 골짜기 비탈에 있는 기혼샘에서 발원하여 남쪽으로 흐르는 수로를 가리킵니다. 임금의 동산에 물을 공급하는 역할을 했지만, 물줄기는 그리 세차지 않았습니다. 하나님의 은혜는 실로아의 물처럼 고요하여 눈에 잘 띄지 않을 때가 많습니다.

'고요히 흐르는 실로아 물'과 대비되는 것이 '유프라테스 강물'입니다. 학자들은 메소포타미아 문명을 세계 최초의 문명이라 말합니다. 메소포타미아Mesopotamia란 고대 그리스어로 '두 강 사이의 땅'이라는 뜻입니다. 터키 아나톨리아 고원에서 발원한 물이 서쪽으로 굽이쳐 흐르는 것이 유프라테스강이고 동쪽으로 굽이쳐 흐르는 것이 티그리스강입니다. '큰 하천'이라는 뜻의 유프라테스강은 장장 2,735킬로미터에 달하고, '급류'라는 뜻의 티그리스강은 1,931킬로미터에 달합니다. 두 강은 평평한 지대를 지나 페르시아만에 이릅니다. 유프라테스강은 자연 제방이 비교적 낮고 홍수가 적어서 문명 발달과 산물 교역에 중요한 역할을 감당했고, 티그리스강 역시 중요한 역할을 했습니다.[16]

이 거대한 강을 본 사람들은 요단강이나 실로아 수로가 초라하다고 느꼈을 것이고, 메소포타미아의 선진 문명을 경험한 사람들은 자기들의 문명을 부끄러워했을 것입니다. 사람들은 규모에 대한 선망이 있습니다. 크기에 압도되어 자기를 과소평가하는 것은 일종의 변방 의식이라 할 수 있습니다. 그러나 중요한 것은 크기가 아닙니다. 일찍이 무위당 장일순 선생이 하신 말씀이 있습니다. 요단강은 작은 강에 불과하지만, 세례자 요한과 예수 그리스도의 정신이 탄생했기에 위대한 강이라는 것입니다. 아무리 큰 강이라고 해도 오염된 물이면 사용할 수 없는 법입니다. 깨끗한 물이라야 마실 수 있습니다. 중요한 것은 크게 되는 것이 아니라 맑아지는 것입니다. 신앙은 커지는 길을 가르치는 게 아니라 맑아지는 길을 가르쳐야 합니다.

아하스 왕과 유다 왕실은 하나님과 맺은 언약을 저버리고 유프라테스강으로 상징되는 큰 힘에 의지하려 했습니다. 그 결과는 무엇입니까? 범람한 그 물이 아람과 북왕국 이스라엘을 넘어 유다의 목까지 차게 되리라는 것이었습니다. 홍수가 나서 범람하는 물을 보셨습니까? 제방이 터지고 물이 밀려올 때는 누구도 막을 수 없습니다. 절망인가요? 그렇지 않습니다. 모래로 바다의 경계선을 만들어 놓으신(렘 5:22) 하나님은 제국들의 횡포를 마냥 두고 보시지 않습니다.

이웃이 설 땅

이사야는 이 무서운 심판의 예언 속에 희망을 숨겨 두었습니다. 그는 이 모든 역사의 큰 변화는 하나님의 주권 안에 있다고 선언합니다. 사람은 하나님을 배신해도 하나님은 당신의 신실함을 거두지 않으십니다. 이게 우리가 절망 중에도 낙심하지 않는 까닭입니다. "임마누엘!(하나님께서 우리와 함께 계신다!) 하나님께서 날개를 펴셔서 이 땅을 보호하신다"(사 8:8). 희망은 하나님의 주권에 있습니다. 독일 신학자 카를 라너는 이런 현실을 너무나 잘 알기에 하나님께 정직하게 고백합니다. "당신 없이는 내가 존재할 수 없는, 그런 분이 바로 당신이십니다. 유한한 존재인 내가 깃들어 살 수 있는 곳, 그 무한의 품이 바로 당신이십니다."[17] 하나님은 제힘만 믿고 날뛰는 민족들과 맞서십니다. 그들이 아무리 정교한 전략을 세운다 해도 마찬가지입니다. 그들은 결국 제 꾀에 넘어가 패망하고 말 것입니다.

노자는 도덕경 76장에서 사람이 살아 있으면 부드럽고 약하다가 죽으면 단단하고 강해지며, 초목은 살아 있으면 부드럽고 연하다가 죽으면 바싹 말라 단단해진다고 말하면서 "단단하고 강한 것은 죽음의 무리요 부드럽고 약한 것은 삶의 무리故堅强者死之徒 柔弱者生之徒"라고 가르쳤습니다. 고요하게 흐르는 실로아의 수로와 거세게 흐르는 유프라테스의 강물 이야기도 같은 교훈을 줍니다. 굳어지면 꺾입니다. 지나치게 커지면 자체의 모순 속에서 무너집니다. 사상도 그렇고 종교도 그렇습니다.

이번 코로나19 사태를 겪으면서 우리 삶이 얼마나 허약한 토대 위에 세워졌는지 절감했습니다. 가장 작은 것이 우리 삶을 뒤흔들자 세계가 멈춰 선 것처럼 보입니다. 이 일순 정지는 우리 삶을 돌아볼 것을 요구하고 있습니다. 우리가 너무 오만하게, 방만하게 살지는 않았는지, 제 욕심을 추구하느라 사회적 약자들에게 너무 무정하지는 않았는지, 크기와 속도를 추구하느라 인간다움을 잃어버린 것은 아닌지 자꾸 반성하지 않을 수 없습니다. 과학자들은 이런 바이러스의 역습이 환경 파괴 및 기후 변화와 긴밀하게 연결되어 있다고 말합니다. 인간의 개발과 파괴로 서식지를 잃은 야생동물들이 인간 사회 가까이 접근하면서, 동물들 속에 머물던 바이러스가 인체로 건너오고 있다는 것입니다.

하나님이 우리를 보호하실 것을 믿지만, 이제 우리가 해야 할 일을 시작해야 합니다. 하나님이 우리의 동행이 되어 주시는 것처럼 우리 또한 우리 이웃의 설 땅이 되어야 하고, 하나님의 창조 질서를 보전하는 일에 매진해야 합니다. 이것은 거룩한 과제입니다. 임마누엘 하나님은 우리가 당신의 손과 발이 되기를 원하십니다. 우리가 하나님의 뜻대로 살려고 애쓸 때 하나님은 우리 곁을 지켜주실 것이고, 이 땅을 보호하실 것입니다. 주님의 은혜와 사랑이 우리의 삶과 실천 위에 임하시기를 기원합니다.

다가오는 유혹 앞에서

저는 지금 매우 낯선 풍경을 마주하고 있습니다. 앉을 공간 없이 꽉 찼던 회중석이 텅 비어 있습니다. 적막함이 감도는 예배당에 홀로 서서 인터넷 공간 저 너머 표정을 알 길 없는 이들에게 말을 건네려니 낯설고 어색한 게 사실입니다. 아무렇지 않은 척해 보려 하지만 마음 깊은 곳에서 우리가 일상적으로 누렸던 주일 모습이 그리움으로 다가옵니다. 강단 의자에 앉아 문을 열고 들어오는 교우들의 안색을 살피던 시간이 그립습니다. 하지만 지금은 비상 시기이니 할 수 없지요. 일화 하나가 떠오릅니다. 생애 말년에 시력을 잃은 성 프란체스코가 일평생 자기를 보좌한 레오 형제에게 함께 말씀을 전하러 가자고 채근합니다. 길을 걷다가 지친 레오는 어느 한적한 곳에서 발걸음을 멈추고 "사부님, 지금 많은 이들이 말씀을 들으려고 침묵 중에 기다립니다"라고 말했습니다. 사실 그곳은 아무도 없는 텅 빈 광야였습니다. 프란체스코는 열과 성을 다해 말씀을 전했습니다. 말씀을 마치자 그 앞에 있던 돌들이 '아멘' 하고 화답했다고 합니다. 저도 그런 응답을 듣고 싶습니다.

코로나19가 우리 일상의 풍경을 다 바꾸어 놓았습니다. 거리를 걷는 이들을 보면 다 마스크를 착용하고 있고, 사람들은 거의 무의식적으로 가까이 다가오는 이들에게서 멀어지려 합니다. 감염에 대한 공포가 이웃에 대한 경계로 나타나는 것입니다. 조심해서 나쁠 것은 없지만, 서로 마음 상하지 않도록 세심하게 배려해야 합니다. 위기의 시대일수록 사람들의 본 모습이 드러나는 법입니다. 엊그제 읽은 어느 칼럼에서 인용한 워런 버핏의 말에 크게 고개를 끄덕였습니다. "누가 알몸으로 수영하고 있었는지는 썰물이 되면 알 수 있다."

맥락이 좀 다르기는 하지만 우리 삶에도 그대로 적용할 수 있는 말입니다. 공원을 걸으며 "누가 참사람인가?", "거룩함이란 무엇인가?" 묻고 또 물었습니다. 사람들은 종교가 거룩함을 독점한다고 생각하지만, 제 생각은 다릅니다. 거룩은 삶으로 나타날 때만 진실한 법입니다. 질병의 종식을 위해 불철주야 애쓰는 의료진들, 손길이 부족하다는 소식을 듣고 주저 없이 대구로 달려간 사람들, 필요한 물품을 공급해 주는 손길들…. 이런 분들이야말로 인간의 존엄과 아름다움 그리고 거룩함을 몸으로 보여 주는 이들입니다. 임대료를 낮춰 주는 건물주들도 있습니다. 이들은 우리의 생명이 서로 연결되어 있다는 사실을 일깨워 주는 주님의 메신저들입니다. 돈벌이를 위해 마스크를 사재기한 영악한 이들도 있지만, 그들보다는 좋은 사람이 더 많습니다. 역동적인 우리 사회가 이런 위기를 함께 겪어 내면서 조금 더 따뜻하고, 안전하고, 평화롭게 변해 가기를 빕니다.

슬그머니 다가오는 유혹

오늘 우리는 매우 익숙한 본문과 마주하고 있습니다. 뱀의 유혹에 넘어간 첫 사람들의 이야기입니다.

> 뱀은, 주 하나님이 만드신 모든 들짐승 가운데서 가장 간교하였다. 뱀이 여자에게 물었다. "하나님이 정말로 너희에게, 동산 안에 있는 모든 나무의 열매를 먹지 말라고 말씀하셨느냐?" 여자가 뱀에게 대답하였다. "우리는 동산 안에 있는 나무의 열매를 먹을 수 있다. 그러나 하나님은, 동산 한가운데 있는 나무의 열매는, 먹지도 말고 만지지도 말라고 하셨다. 어기면 우리가 죽는다고 하셨다." 뱀이 여자에게 말하였다. "너희는 절대로 죽지 않는다. 하나님은, 너희가 그 나무 열매를 먹으면, 너희의 눈이 밝아지고, 하나님처럼 되어서, 선과 악을 알게 된다는 것을 아시고, 그렇게 말씀하신 것이다." 여자가 그 나무의 열매를 보니, 먹음직도 하고, 보암직도 하였다. 그뿐만 아니라, 사람을 슬기롭게 할 만큼 탐스럽기도 한 나무였다. 여자가 그 열매를 따서 먹고, 함께 있는 남편에게도 주니, 그도 그것을 먹었다. 그러자 두 사람의 눈이 밝아

저서, 자기들이 벗은 몸인 것을 알고, 무화과나무 잎으로 치마를 엮어서, 몸을 가렸다(창 3:1-7).

뱀의 등장과 더불어 에덴동산의 평화는 깨졌습니다. 왜 유혹자가 하필이면 뱀일까요? 어떤 이들은 꿈틀거리는 것을 꺼리는 인간의 본능과 연결해 설명합니다. 그런가 하면 고대 동방 세계에 널리 퍼졌던 뱀 숭배 의식과 관련지어 설명하는 이들도 있습니다. 뱀은 독을 만들 뿐 아니라 허물을 벗는 동물이기에 삶과 죽음을 넘나드는 존재로 여겨졌습니다. 애굽 왕 바로의 왕관에는 코브라가 새겨져 있었습니다. 왕을 보호하는 뱀의 여신 부토입니다. '애굽'으로 상징되는 전제 정치를 경계해야 한다는 뜻이 있다고 해석하는 이들도 있습니다.

성서 기자는 그런 일체의 설명을 배제한 채 뱀이 가장 간교했다*arum*고 말합니다. 본문에서 뱀은 사람 마음의 허점을 교묘하게 알아차리고 그 틈을 파고듭니다. 뱀은 동정심에 가득 찬 어조로 여인에게 말을 건넵니다. "하나님이 정말로 너희에게, 동산 안에 있는 모든 나무의 열매를 먹지 말라고 말씀하셨느냐?"(창 3:1) 유혹은 언제나 나를 위해 주는 척, 염려하는 척하며 찾아옵니다. 신천지가 외로운 영혼들을 세심하게 돌보고 위로하며 다가가는 것을 생각해 보면 되겠습니다. '정말로'라는 말이 참 교묘합니다. '설마 그럴 리는 없겠지'라는 뉘앙스를 풍깁니다. 뱀이 정말로 여인을 염려해서 하는 말처럼 들립니다. 여자가 대답합니다. "우리는 동산 안에 있는 나무의 열매를 먹을 수 있다." 여기까지는 별문제가 없습니다. 그런데 그다음이 문제입니다. "그러나 하나님은, 동산 한가운데 있는 나무의 열매는, 먹지도 말고 만지지도 말라고 하셨다. 어기면 우리가 죽는다고 하셨다"(창 3:3). 여자의 말은 과장되어 있습니다. 2장 17절에 나오는 금지 명령을 반복하면서 슬그머니 "만지지도 말라"라는 말을 보태고 있습니다. 과장은 마음에 동요가 일어났음을 암시합니다. 자기 나름의 해석입니다. 굳이 따지자면 틀린 말은 아닙니다. 먹지 말라는 말 속에는 만지지 말라는 뜻도 포함된다고 할 수 있으니 말입니다.

하지만 '아' 다르고 '어' 다르다는 말이 있습니다. 말은 생각을 표현하는 도구이지만, 생각이나 감정을 끌어내기도 합니다. 사용하는 언어가 달라지면 감정도 달라집니다. 말씀으로 세상을 창조하셨다는 말은 그래서 참 심오합니다. 덧보탠 "만지지도 말라"라는 말 속에서 뱀은 여자의 흔들림을 봅니다. 그 순간 뱀은 아주 단호하게 말합니다. "너희는 절대로 죽지 않는다"(창 3:4). '절대로'라는 말은 벌어진 틈에 박는 쐐기입니다. 뱀은 이어서 이렇게 말합니다.

> 하나님은, 너희가 그 나무 열매를 먹으면, 너희의 눈이 밝아지고, 하나님처럼 되어서, 선과 악을 알게 된다는 것을 아시고, 그렇게 말씀하신 것이다(창 3:5).

뱀은 누구보다 하나님을 잘 아는 듯이 말합니다. 하나님이 마치 인간을 시기하는 분인 것처럼 묘사합니다. 우리 시대의 유혹자들도 하나님 전문가를 자처합니다. 하나님에 관해서라면 모르는 게 없는 것처럼 말합니다. 이런 이들일수록 무지한 자들이 많습니다. 겨우 대롱을 통해 세상을 보면서 온 우주의 창조주이신 분을 다 아는 것처럼 말하니 말입니다. 종교인들이 일쑤 빠지기 쉬운 유혹입니다. 그러나 인간은 기껏해야 하나님의 뒷모습만 볼 수 있습니다. 그 옷자락만 겨우 만지는 것입니다. 놀라운 신비를 경험했던 바울도 "지금은 우리가 거울로 영상을 보듯이 희미하게 보지마는, 그 때에는 얼굴과 얼굴을 마주하여 볼 것입니다"(고전 13:12)라고 말했습니다.

하나님처럼 되려는 욕망

그 나무 열매를 먹으면 눈이 밝아져 하나님처럼 될 거라는 말에서 주목해야 할 것은 두 가지입니다. 첫째는 눈이 밝아진다는 말입니다. 이 말은 선과 악을 알게 된다는 말입니다. 선과 악을 분별한다는 건 나쁜 게 아니라 오히려 성숙의 징표입니다. 옳고 그름을 분별하는 게 도덕적 인간의 전제 조건입니다. 그러나 여기서 선과 악을 알게 된다는 말은 유한한 인간이 마치 모든 것을 다 아는 것처럼 판단하고 처신할 위험을 일컫는 말입니다. 오늘 우리 사회가 이토록 시끄럽고 갈등이 만연한 까닭은 선과 악의 기준이 저마다 다르기 때문입니다.

제 눈의 안경이라는 말처럼 사람은 자기 좋을 대로 보는 경향이 있습니다. 확증 편향이라는 말을 아시지요? 자기의 선입견에 부합하는 정보만 받아들이는 태도를 일컫는 말입니다. 세상 누구도 객관적으로 세상을 볼 수 없습니다. 이것을 인정하는 이들이 성숙한 사람들입니다. 그래야 나와 생각과 지향이 다른 사람들과 대화할 수 있습니다. 대화한다는 것은 내 견해를 바꿀 수도 있다는 말입니다. 정말로 눈이 밝은 사람은 다른 이들 속에 숨겨진 아름다운 것을 발견하고 그것을 호명해 내는 사람입니다. 시몬에게서 베드로를 보시고, 나다나엘에게서 간사한 것이 없는 사람을 보신 예수님처럼 말입니다. 그러나 현실은 정반대입니다.

이제 우리가 주목해야 할 두 번째 진술은 하나님처럼 될 것이라는 말입니다. 참 근사한 유혹입니다. 이 말에 담긴 기본 의미는 불사의 존재가 된다는 뜻일 겁니다. 사람들은 누구나 이런 유혹 앞에 서 있습니다. 진시황은 불로장생을 꿈꾸었고, 시간 속에 자기 흔적을 남기기 위해 거대한 건축물을 만든 이들도 있고, 스스로 신을 자처한 이들도 있었습니다. 이런 욕망은 형태는 다르나 우리 가운데서도 찾아볼 수 있습니다. 갑질하는 사람들을 보십시오. 돈이 많고 지위가 높다 하여 다른 사람들을 종처럼 취급하는 이들이 있습니다. 발터 벤야민은 많은 돈이 사람들에게 '유사 전능성'을 준다고 말합니다. 돈으로 못할 일이 없는 것처럼 생각한다는 말입니다. 세상의 모든 유혹은 '하나님처럼 될 것'이라는 말에 뿌리를 내리고 있습니다.

그러나 우리는 다른 음성에 귀를 기울여야 합니다. 성경은 우리 안에 하나님 성품의 씨앗이 있다고 말합니다. 우리의 소명은 하나님을 닮는 것입니다. 하나님은 "자비롭고 은혜로우며, 노하기를 더디하고, 한결같은 사랑과 진실이 풍성한"(출 34:6) 분이십니다. 참으로 하나님을 닮은 사람은 남을 지배하려는 욕구에서 자유로운 사람입니다. 그들은 힘이 있다고 사람을 함부로 대하지 않고, 다른 사람들 위에 군림하려 하지 않고, 은인 행세도 하지 않습니다(눅 22:25). 오히려 모든 사람을 섬기려는 마음으로 삽니다. "나는, 양들이 생명을 얻고 또 더 넘치게 얻게 하려고 왔다"(요 10:10)라고 예수님은 말씀하셨습니다. 우리 시대의 믿음의 징표는 아낌입니다. 물건은 물론이고 사람을 아끼는 사람이 참 신앙인입니다. 노자는 도덕경 59장에서 "치인사천 막약색治人事天 莫若嗇"이라 했습니다. 백성을 다스리고 섬기는 데 아낌 만한 것이 없다는 말입니다. 예수의 삶이 그러했습니다. 어떤 사람도 함부로 대하지 않으셨습니다. 그 마음 하나 얻지 못해 우리 삶이 이 지경입니다.

죄의 사회성

뱀이 자리를 떠난 후 여자는 눈을 들어 그 열매를 바라보았습니다. 이전과는 다른 눈으로 본 것입니다. 하나님의 마음이 아니라 뱀의 말을 렌즈 삼아 바라보게 된 것입니다. 시선이 달라지면 대상은 달리 보이는 법입니다.

> 여자가 그 나무의 열매를 보니, 먹음직도 하고, 보암직도 하였다. 그뿐만 아니라, 사람을 슬기롭게 할 만큼 탐스럽기도 한 나무였다(창 3:6).

더는 참을 수 없었습니다. 여자는 마침내 그 열매를 따서 먹고, 함께 있는 남편에게도 주었습니다. 죄는 이처럼 전염됩니다. 이것을 일러 '죄의 사회성'이라 합니다. 악동들은 사회가 금지한 행동을 할 때 머뭇거리는 동료들을 윽박질러 그 일에 동참하게 만듭니다. 죄책을 나누려는 행동입니다. 왕따 당할지 모른다는 조바심과 두려움 때문에 그 일에 끼었다가 낭패를 보는 이들이 많습니다. 감리교인들이 드리는 아침 기도 첫머리에 "오늘 하루 남에게 해를 끼치지 않게 해 주십시오"라는 간구가 나옵니다. 너무 소극적으로 보일지 모르지만, 저는 이것이 모든 윤리의 출발점이 되어야 한다고 생각합니다. 나 때문에 누군가 나쁜 생각을 품고, 수치심을 느끼고, 분노심을 드러낸다면 얼마나 부끄러운 일입니까? 내가 살아가는 모습이 누군가로 아름다운 삶을 꿈꾸게 하고, 그 마음을 부드럽게 만들고, 선한 일을 다짐하게 할 수 있다면 참 고마운 일입니다.

나무 열매를 따 먹고 눈이 밝아진 두 사람은 자기들이 벗은 몸인 것을 알고, 무화과나무 잎으로 치마를 엮어서 몸을 가렸다고 말합니다. 숨겨야 할 게 생긴 것입니다. 서로에게 떳떳하지 못하게 된 것입니다. 부끄러움조차 모르는 뻔뻔한 이들이 많은 세상입니다. 자기 이익을 위해 다른 이들을 수단으로 삼을 생각이 없을 때, 지금 우리가 만나는 모든 이들을 하나님이 아끼시는 존재로 여길 때 우리는 영적 자유를 누리게 됩니다.

뱀이 하는 말에 귀를 기울이지 말아야 합니다. 우리를 위하는 척하는 말에 속아 넘어가지 말아야 합니다. 지금은 위기의 시기입니다. 이럴 때일수록 근본에 충실한 이들이 필요합니다. 우리의 일상이 이루어지는 공간에 복과 기쁨의 매개자로 보냄을 받았다는 사실을 잊지 마십시오. 우울함에 빠지기 쉬운 시대이지만 믿는 사람다운 명랑함으로 사람들의 얼굴에 웃음을 돌려 놓기 위해 노력하십시오. 뱀의 속삭임에 귀 기울이지 말고, 하나님과 동행하면서 생명과 평화의 사절이 되기를 기원합니다.

겨울 한복판에 우뚝 서는 봄

코로나19 문제로 온 세계가 들끓고 있습니다. 감염 확산을 막기 위해 불철주야 수고하는 모든 의료진과 방역 담당자들, 지원 업무를 담당하는 이들에게 힘과 용기와 능력을 주시기를 기도합니다. 감염에 대한 두려움이 특정한 나라나 지역 사람들에 대한 경계나 혐오로 나타나지 않아야 하겠습니다. 배제와 혐오는 바이러스보다 더 빠르게 전파됩니다. 차분하고 이성적인 대응이 필요합니다.

코로나19 문제도 심각했지만, 이번 주에 제 관심을 끈 것은 트럼프 미 대통령이 발표한 '중동 평화안'이었습니다. 팔레스타인 지역에 있는 이스라엘의 정착촌을 이스라엘 영토로 인정하고 예루살렘을 이스라엘의 수도로 공인한다는 것이 주된 내용입니다. 이스라엘은 환호하고, 팔레스타인 사람들은 분노하고 있습니다. 또 다른 갈등의 뇌관이 될 것 같아 염려스럽습니다. 역사의 주인이신 하나님께서 이 어려운 시기에 인류를 평화의 길로 인도해 주시기를 간절히 기도합니다. 이런 때일수록 신앙인들은 하나님나라에 대한 지향을 분명히 해야 합니다. 시대의 풍향에 따라 이리저리 나부끼지 않고, 반듯하게 서서 역사가 지향해야 할 곳을 가리키는 역할을 해야 합니다. 북극성이 옛 항해자들에게 방향을 알려 주었던 것처럼, 기독교인들도 역사가 나아가야 할 곳을 올곧게 가리킬 수 있어야 합니다.

허영과 다툼과 질투의 노예

고린도전서의 배경이 된 도시 고린도는 그리스 본토와 펠로폰네소스 반도를 잇는 길목에 자리하고 있었습니다. 잘록한 허리 모양의 도시였기에 좌우편으로 이오니아해와 에게해에 면해 있었고, 항구가 발달한 교통의 중심지였기에 아테네, 스파르타와 더불어 고대 그리스를 대표하는 도시가 되었습니다. 지금 이 도시를 찾는 이들은 19세기 말에 완공된 길이 6.3킬로미터, 너비 20미터, 깊이 8미터의 고린도 운하로 커다란 배가 다니는 모습을 볼 수 있습니다. 그 운하 덕분에 화물선이 먼 거리를 우회하지 않고 단거리로 이동할 수 있게 된 것입니다. 바울은 제2차 전도 여행 때 빌립보, 데살로니가, 베뢰아, 아테네를 거쳐 고린도에 찾아갔습니다. 그는 아굴라 · 브리스길라 부부의 천막 공장에서 육체노동을 하면서 복음을 전했습니다. 1년 6개월을 머물렀으니 그가 얼마나 그곳에 공을 들였는지 알 수 있습니다.

땅끝까지 복음을 전해야 한다는 강력한 소명 속에 살던 그는 고린도를 떠나 에베소에 머물고 있었습니다. 그런데 어느 날 고린도 교회가 파견한 사람들을 만나 교회가 직면한 다양한 문제를 듣고 깊은 우려에 사로잡힙니다. 교회가 공동체성을 잃고 해체될 수도 있는 위기 상황이었습니다. 직접 갈 형편이 되지 않았기에 그는 긴급하게 고린도 교인들이 제기한 신학적·실천적 문제에 대한 충고를 담은 편지를 썼습니다. 그것이 고린도전서입니다. 계파에 따른 분열의 문제, 우상 앞에 바쳤던 제물을 먹는 문제, 혼인의 신성성을 해치는 무분별한 일탈 행위에 빠진 사람들을 처리하는 문제, 교인 간에 벌어진 송사 문제, 어떤 은사가 크냐를 두고 벌어진 불필요한 다툼들. 이런 문제 하나하나를 다 다룬 끝에 바울 사도가 기독교 윤리의 핵심으로 제시한 것이 바로 고린도전서 13장입니다. 금방 열거했던 문제들을 염두에 두고 그가 말하는 사랑의 정의를 들어보십시오.

> 사랑은 오래 참고, 친절합니다. 사랑은 시기하지 않으며, 뽐내지 않으며, 교만하지 않습니다. 사랑은 무례하지 않으며, 자기의 이익을 구하지 않으며, 성을 내지 않으며, 원한을 품지 않습니다(고전 13:4-5).

방언이나 예언도 중요한 은사이나 사랑이 더 핵심입니다. 사랑은 자기 초월의 능력입니다. 어느 것이 더 큰 은사인가를 두고 다투는 이들에게 바울은 은사의 크기를 따지지 말고 "모든 일을 남에게 덕이 되게 하십시오"(고전 14:26)라고 말합니다. 이런 태도는 사랑에서 비롯됩니다. 영원한 세계를 바라보며 사는 이들은 자기 좋을 대로 살 수 없습니다. 육체의 욕망을 따라 사는 이들은 허영과 다툼과 질투의 노예입니다. 바울은 조금의 유보도 없이 단호하게 말합니다. "살과 피는 하나님 나라를 유산으로 받을 수 없고, 썩을 것은 썩지 않을 것을 유산으로 받지 못합니다."(고전 15:50). 살과 피는 인간의 육체적 본성을 이르는 말입니다. 인간의 소명은 그것을 넘어서는 데 있습니다. 부활 신앙을 품고 산다는 것은 그런 것입니다. 사랑장인 13장과 부활장인 15장은 마치 타원형의 두 초점처럼 복음의 핵심을 고스란히 보여 줍니다.

끈질기게 희망하라

16장에서 바울은 이제 무거운 주제에서 벗어나 고린도 교인들에게 홀가분하게 실제적인 부탁을 하고 있습니다. 예루살렘에 있는 가난한 교인들을 돕기 위한 구제 헌금을 성심껏 준비해 달라고 말합니다. 구제 헌금은 초대교회가 공교회로 성장하는 데 매우 중요한 역할을 했습니다. 그리고 바울은 그리스 북부 지역을 거쳐 고린도에 갈 예정이라면서, 한동안 머물다가 새로운 지역으로 선교의 지평을 넓힐 수 있도록 배려해 달라고 말합니다. 또 자기의 메신저로 가는 디모데를 얕보지 말고 세심히 돌봐 달라는 부탁도 잊지 않왔습니다. 그리고 마치 갑자기 생각났다는 듯이 몇 가지 짤막한 당부를 합니다.

> 깨어 있으십시오. 믿음에 굳게 서 있으십시오. 용감하십시오. 힘을 내십시오. 모든 일을 사랑으로 하십시오. 형제자매 여러분, 나는 여러분에게 권합니다. 여러분이 아는 바와 같이, 스데바나의 가정은 아가야에서 맺은 첫 열매요, 성도들을 섬기는 일에 몸을 바친 가정입니다. 그러므로 여러분도 이런 사람들에게 순종하십시오. 그리고 또 그들과 더불어 일하며 함께 수고하는 각 사람에게 순종하십시오. 나는 스데바나와 브드나도와 아가이고가 온 것을 기뻐합니다. 그것은, 여러분을 만나지 못해서 생긴 아쉬움을, 이 사람들이 채워 주었기 때문입니다. 이 사람들은 나의 마음과 여러분의 마음에 생기를 불어넣어 주었습니다. 여러분은 이런 사람들을 알아주어야 합니다(고전 16:13-18).

첫째, 깨어 있으십시오. 이 말은 신약에서 매우 자주 등장하는 말입니다. 사람은 언제라도 몽롱한 상태에 빠질 수 있는 존재입니다. 원수인 사탄은 호시탐탐 사람들을 미혹할 기회를 엿봅니다. 사탄의 치명적인 무기는 둘입니다. 하나는 욕망을 부추기는 것입니다. 과도한 욕망에 사로잡힌 영혼은 다른 이의 아픔에 둔감하고, 다른 이들의 요청에 응답하지 못합니다. 자기가 세상의 중심이기 때문입니다. 다른 하나는 두려움을 주입하는 것입니다. 두려움에 사로잡힌 영혼은 창조적인 일을 하지 못합니다. 자기 속으로 자꾸 움츠러듭니다. 사탄의 미혹을 이기려면 주님의 마음과 늘 연결되어 있어야 합니다. 우리가 진정 믿음의 사람이라면 지금 여기서 주님이 우리와 함께 하시려는 일이 무엇인지를 여쭙고 그 일을 실천해야 합니다. 이것이 '깨어 있음'입니다.

둘째, 믿음에 굳게 서 있으십시오. 믿음은 결단이고 모험입니다. 길 없는 곳에서 길을 보는 것이 믿음이고, 증오로 가득 찬 세상에서 사랑을 견지하는 것이 믿음이고, 냉랭한 세상에 온기를 불어넣는 것이 믿음입니다. 예수 그리스도를 길로 삼았으면 손해가 예기된다 해도 그 길을 걸어야 합니다. 어려움과 손해를 감수하려 할 때 믿음은 깊어집니다. 스위스 조각가 알베르토 자코메티가 제작한 〈걷는 사람〉은 매우 인상적입니다. 형태는 단순합니다. 깎아 내고 또 깎아 내 마치 선처럼 보이는 남자가 역동적으로 걷는 모습입니다. 자코메티는 자기 작품에 이런 글을 덧붙였습니다.

> 마침내 나는 일어섰다. 그리고 한 발을 내디뎌 걷는다. 어디로 가야 하는지, 그리고 그 끝이 어딘지 알 수는 없지만, 그러나 나는 걷는다. 그렇다. 나는 걸어야만 한다.

그는 어디로 가야 하는지 알 수 없지만 그래도 걷는다고 말합니다. 생명의 장엄함과 비애가 동시에 느껴지는 말입니다. 그러나 우리는 가야 할 곳을 알고 있습니다. 우리는 막연히 길을 가는 사람이 아니라 그리스도라는 푯대를 향해 나아가는 순례자입니다. 그렇기에 상황이 어떠하든 그 길에서 벗어나면 안 됩니다.

셋째, 용감하십시오. 힘을 내십시오. 모든 일을 사랑으로 하십시오. 주님의 뒤를 따르는 사람은 용감해야 합니다. 전심전력을 다해야 합니다. 난폭한 세상, 인정이 메말라 가는 세상을 보면 자꾸만 우울한 느낌에 사로잡히기 쉽습니다. 아무리 애써 보아도 세상은 달라지지 않을 것 같은 생각이 드는 게 사실입니다. 하지만 우리는 절망하라고 부름 받은 게 아니라 끈질기게 희망하라고 부름 받은 이들입니다. 이탈리아 사상가 안토니오 그람시가 한 유명한 말이 있습니다. "나는 지성으로는 비관주의자이지만 의지로는 낙관주의자다". 이 마음을 품어야 합니다. 예수님은 로마 제국이 지배하는 세상에서 하나님나라를 선포하시고, 사람들을 하나님나라로 초대하셨습니다. 진정한 용기란 이런 것입니다. 얼마 전에 제가 수첩에 적어둔 말이 있습니다. "두려움은 말한다. '만약 ~한 일이 일어나면 어쩌지?' 그러나 믿음은 말한다. '설사 그런 일이 벌어진다 해도.'" 믿음의 사람들은 용감하되 거칠지 않아야 합니다. 모든 일을 사랑으로 해야 합니다.

숨을 돌리게 하는 사람

15절에서부터 바울은 동역자들을 귀히 여겨 달라고 부탁합니다. 스데바나는 바울이 고린도에서 세례를 베푼 거의 유일한 사람이었습니다(고전 1:16). 그는 세례를 받은 그 순간부터 한결같은 믿음으로 살았던 것 같습니다. 바울은 그 가정을 일러 '아가야에서 맺은 첫 열매', '성도들을 섬기는 일에 몸을 바친 가정'으로 소개합니다. 물심양면으로 성도들을 돌봤던 모양입니다. 교회마다 이런 이들이 있습니다. 눈에 띄지 않아도 이런 이들이 교회를 든든히 세워갑니다. 불교 용어 중에 '불청우不請友'라는 말이 있습니다. 문자적으로는 '청함을 받지 않은 친구'라는 뜻이지만, 불청객과는 느낌이 좀 다릅니다. 그는 다른 이들이 청하지 않더라도 아픔이 있는 곳, 도움이 필요한 곳을 찾아가서 그들과 함께 하는 사람입니다. 믿음의 사람이란 이런 사람이 아닐까요?

바울은 이런 이들과 더불어 수고하는 이들에게 순종하라고 말합니다. '순종하다'라는 단어에 계급적 구별 혹은 차별이 담긴 것 같아 싫어하는 이들이 많습니다. 사실 헬라어 '휘포타소*hypotasso*'가 군대 용어로 쓰일 때는 지휘관의 지시에 따라야 한다는 뜻이었습니다. 그러나 군대 이외의 곳에서는 '자발적으로 협력하다' 혹은 '짐을 나르다'라는 뜻으로 쓰였습니다. 그러니까 스데바나 같은 이들에게 순종하라는 말은 계급이 높은 사람을 대하듯 떠받들라는 말이 아니라 그들이 하는 일에 기꺼운 마음으로 협력하라는 뜻입니다.

스데바나는 브드나도, 아가이고[18]와 함께 에베소에 있는 바울 사도를 찾아왔습니다. 그들은 고린도 교회의 문제를 상의하기 위해 교회가 파견한 이들이었습니다. 그러니까 그들은 교인들의 신임을 받던 사람들입니다. 바울은 그들을 보면서 고린도 교인들을 만나지 못한 아쉬움을 채울 수 있었다고 말합니다. 다산 정약용이 유배지에서 아들에게 보낸 편지에 쓴 첫 문장이 떠오릅니다. "아비 그리울 때 보거라." 아버지의 글씨에는 아버지의 얼굴과 혼이 깃들어 있습니다. 바울도 이 오랜 벗들을 그런 마음으로 대하고 있습니다.

바울은 스데바나, 브드나도, 아가이고가 "나의 마음과 여러분의 마음에 생기를 불어넣어 주었습니다"(고전 16:18)라고 말합니다. 이 문장이 사무치게 좋습니다. '생기를 불어넣다'에 해당하는 헬라어 '아나파우오*anapauo*'는 '힘을 회복하도록 휴식을 주다'라는 뜻인데, 신약에서 다양하게 번역됩니다. '새롭게 되다', '기운을 차리게 하다', '용기를 북돋다' 등이 그것입니다. 출애굽기는 안식일에 관해 설명하면서 하나님께서 이렛날에 쉬면서 숨을 돌리셨다고 말합니다(출 31:17). 생기를 불어넣는 사람들은 결국 다른 이로 하여금 숨을 돌리게 하는 사람, 다른 이의 마음을 시원하게 하는 사람, 새롭게 하는 사람이라 할 수 있습니다. 이 말 한마디 들을 수 있다면, 잘 살았다고 할 수 있을 겁니다. 누군가에게 안식일이 되는 사람, 누군가에게 고향이 되는 사람이 있습니다. 바울 사도는 이런 이들을 알아주어야 한다고 말합니다. 그들을 귀히 여기고 본으로 삼아야 한다는 말일 겁니다.

거칠고 냉랭한 세상이지만 그 속에 온기를 가져가는 이들이 있습니다. 사람들 마음속에 있는 얼음을 녹이는 봄볕이 되어 다가가는 사람들 말입니다. 이제 내일모레면 입춘입니다. 겨울 한복판에 우뚝 서는 봄처럼, 우리는 입춘의 사람이 되라는 부름을 받았습니다. 이 부름에 응답하기 위해 오늘도 깨어 있으십시오. 믿음에 굳게 서십시오. 용기를 내십시오. 이 모든 일을 사랑으로 감당하십시오.

2부

그대가 있어 내가 있었다

신앙생활은 고립을 넘어서려는 용기입니다.
다른 이들을 내 삶 속에 맞아들이고,
나 역시 다른 이들의 삶 이야기에 기꺼이 동참하는 것입니다.
물론, 그 이야기의 중심에는 하나님나라가 있어야 합니다.

고립을 넘어서려는 용기

이 복잡한 세상에 사는 동안 우리 마음에 켜켜이 쌓인 허섭스레기들을 말끔하게 씻어 낼 수 있다면 얼마나 좋을까요? 세상이 너무 소란스러워 고요함이 그립습니다. 주머니 속 휴대 전화가 나도 모르는 사이에 뭔가를 하느라 배터리를 소모하듯이, 우리는 가만히 있어도 피곤함을 느낍니다. 일이 많아서라기보다는 우리 마음을 쉬지 못하게 하는 일이 너무 많기 때문입니다. 고요함과 한가함을 누리고 싶다는 생각이 들 때마다 알베르 카뮈의 말이 떠오릅니다. "동양의 한 현자는 흥미로운 시대에 살지 않도록 자기를 구원해 달라고 늘 신께 기도했다. 우리는 현명하지 못하므로 신께서는 우리를 구원해 주시지 않았고, 그래서 우리는 흥미로운 시대에 살고 있는 것이다."

오늘은 욥기에 나오는 욥의 탄식을 길잡이 삼아 삶의 방향을 생각해 보려 합니다. 욥기는 "우스라는 곳에 욥이라는 사람이 살고 있었다. 그는 흠이 없고 정직하였으며, 하나님을 경외하며 악을 멀리하는 사람이었다"(욥 1:1)라는 구절로 시작합니다. 멋진 소개이긴 하나 왠지 불안합니다. 옛말에 '달도 차면 기운다月盈則虧'라는 말이 있습니다. 노자 도덕경 58장에도 비슷한 말이 나옵니다. "화에는 복이 기대고 있고禍兮福之所倚, 복에는 화가 엎드려 있다福兮禍之所伏. 누가 그 지극함을 알 수 있겠는가?孰知其極" 오랜 삶의 경험에서 우러나온 지혜입니다.

욥의 아리아

알다시피 그렇게도 완벽했던 욥은 큰 시련에 직면합니다. 불과 며칠 사이에 재산과 자식을 다 잃고, 성한 데가 한 군데도 없을 정도로 몸이 망가집니다. 가장 행복했던 사람의 가장 참담한 전락입니다. 너무 극적이어서 현실감이 없지만, 사실 이런 일은 현실에서도 더러 일어납니다. 굳건하리라 믿었던 삶의 토대가 다 무너지고, 가까이 계신 것 같았던 하나님은 아니 계신 것 같다고 느끼는 이가 어디 욥뿐이겠습니까? 욥은 하나님의 계심을 부정하지 않습니다. 다만 영문을 알 수 없는 현실에 대해 하나님의 설명을 듣고 싶어 합니다. 그러나 하나님은 깊은 침묵 속에 계십니다. 모든 것을 잃었다는 고통도 견디기 어렵지만, 더욱 견디기 어려운 건 친밀하게 지내던 사람들이 등을 돌리는 현실입니다. 인생무상입니다.

내 소문을 들은 사람들은 내가 한 일을 칭찬하고, 나를 직접 본 사람들은 내가 한 일을 기꺼이 자랑하고 다녔다. 내게 도움을 청한 가난한 사람들을 내가 어떻게 구해 주었는지, 의지할 데가 없는 고아를 내가 어떻게 잘 보살펴 주었는지를 자랑하고 다녔다. 비참하게 죽어 가는 사람들도, 내가 베푼 자선을 기억하고 나를 축복해 주었다. 과부들의 마음도 즐겁게 해주었다. 나는 늘 정의를 실천하고, 매사를 공평하게 처리하였다. 나는 앞을 못 보는 이에게는 눈이 되어 주고, 발을 저는 이에게는 발이 되어 주었다. 궁핍한 사람들에게는 아버지가 되어 주고, 알지도 못하는 사람들의 하소연도 살펴보고서 처리해 주었다. 악을 행하는 자들의 턱뼈를 으스러뜨리고, 그들에게 희생당하는 사람들을 빼내어 주었다. 그래서 나는 늘 '나는 죽을 때까지 이렇게 건장하게 살 것이다. 소털처럼 많은 나날 불사조처럼 오래 살 것이다. 나는, 뿌리가 물가로 뻗은 나무와 같고, 이슬을 머금은 나무와 같다. 사람마다 늘 나를 칭찬하고, 내 정력은 쇠하지 않을 것이다' 하고 생각하였건만(욥 29:11-20).

욥기 29장에서 31장은 욥의 아리아입니다. 그는 자기 삶을 돌아보며 변해 버린 세상인심을 탄식합니다. 절창입니다. 욥은 뼈를 깎는 아픔과 뼈가 쑤시는 아픔이 그치지 않는다고 말합니다. 마치 하나님이 그의 옷자락을 세게 잡아당기셔서 진흙 속에 내던지신 것 같다고 말합니다. 그러나 아무리 불러 보아도 하나님은 응답하지 않으십니다. 세상은 그를 조롱하고, 잉여 인간 취급을 받던 이들조차 그를 노골적으로 비웃습니다. 염량세태炎凉世態입니다. 상황이 바뀌니 인심도 변합니다. 자기가 돌보아 주었던 이들조차 그를 외면합니다. "고난받는 사람을 보면, 함께 울었다. 궁핍한 사람을 보면, 나도 함께 마음 아파하였다. 내가 바라던 행복은 오지 않고 화가 들이닥쳤구나. 빛을 바랐더니 어둠이 밀어닥쳤다"(욥 30:25-26).

욥에게 이런 불행이 닥친 까닭은 그가 악인이기 때문이 아닙니다. 그는 자기 삶을 차분하게 돌아봅니다. 잘 살았습니다. 부유하다고 해서 사람들을 함부로 대하지 않았습니다. 어려운 처지에 빠진 사람들을 보며 게을러서 그렇다고 비난하지도 않았습니다. 자기 집 대문 앞에 누워 있던 거지 나사로를 모른 척했던 누가복음 16장의 부자와도 달랐습니다. 욥은 가난한 동족들을 인색한 마음으로 대하지 말라는 율법의 명령을 따라 살았습니다. 도움을 청하는 가난한 사람들을 외면하지도 않았고, 의지할 데 없는 고아들을 잘 보살펴 주었습니다. 과부들의 고통을 덜어 주려고 노력했습니다. 비참하게 살다 죽는 사람도 욥을 축복했습니다. "나는 늘 정의를 실천하고, 매사를 공평하게 처리하였다"(욥 29:14). 체데크*tsedeq*와 미쉬팟*mishpat*은 하나님이 세우신 세상의 기초입니다. 욥은 그 두 기둥을 꼭 붙들고 살았습니다. 악을 행하는 이들을 응징했고, 그들에게 희생당하는 사람들을 빼내 주었습니다. 욥은 의를 이루는 자입니다. 모든 사람이 그를 칭송했습니다. 농부가 단비를 기다리듯 그의 말을 기다렸고, 농부가 봄비를 기뻐하듯 그의 말을 받아들였습니다.

욥은 이만하면 잘 산 것 아니냐는 자부심으로 뿌듯해합니다. 죽을 때까지 그렇게 행복하고 당당하게 살리라 생각합니다. 자기 기력이 쇠하지 않을 거라고 기대합니다. 20절에 나오는 '생각하였건만'이라는 구절은 그러한 기대가 파탄이 난 상황을 씁쓸하게 드러냅니다. 현실은 그러하지 못하다는 것입니다. 현실은 이처럼 부조리합니다. 몸과 마음은 만신창이滿身瘡痍가 되었고, 삶의 의미는 희미해졌습니다. 도대체 왜 이런 일이 벌어지는 것일까요? 선하게 산 결과가 이런 거라면 누가 굳이 선한 삶을 선택하겠습니까? 인과응보의 원리가 무너진 것 같습니다. 그에게 닥쳐온 불행은 영문을 알 수 없는 운명의 타격이었다 해도, 그토록 욥을 따르고 존경하던 이들은 어찌하여 싸늘하게 등을 돌린 것일까요? 그게 죄 가운데 사는 인간의 모습이라고 말하면 간단한 것 같지만, 그래도 뭔가 석연치 않은 구석이 있습니다.

같은 입장이 되려는 자세

'입장의 동일함'이야말로 관계의 최고 형태라는 말이 떠오릅니다. 서 있는 자리가 같지 않으면 진정한 관계가 형성되기 어렵다는 말입니다. 일방적으로 도와주는 사람과 도움을 받는 사람은 동등하다고 말할 수 없습니다. 도와주는 사람이 조금도 젠체하지 않는다고 해도 상황이 달라지지는 않습니다. 주는 사람과 받는 사람은 같은 지평에 서 있지 않습니다. 남에게 줄 수 있는 자격을 얻기까지는 시간이 오래 걸린다는 말 속에 진실이 있습니다. 욥은 스스로 '주는 자', 어려운 처지에 빠진 이들을 '돕는 자'라는 자부심을 안고 살았습니다. 하지만 도움을 받은 사람들은 한편으로는 고마워하면서도 다른 한편으로는 뭔가 복잡 미묘한 감정에 사로잡힐 수밖에 없습니다. 인생이 참 어렵습니다. 남을 배려한다고 한 행동이 상대방의 자존심을 건드리기도 하니 말입니다. 물론, 욥을 보고 조롱하던 사람들은 좋은 사람 혹은 성숙한 사람들이 아닙니다. 그러나 이게 현실임을 우리는 주목해야 합니다.

여기서 떠오르는 것이 성육신 사건입니다. 빌립보서는 성육신의 신비를 이렇게 설명합니다. "그는 하나님의 모습을 지니셨으나, 하나님과 동등함을 당연하게 생각하지 않으시고, 오히려 자기를 비워서 종의 모습을 취하시고, 사람과 같이 되셨습니다"(빌 2:6-7). 은총의 신비는 하나님의 철저한 비움 속에서 드러납니다. 오래전에 무위당 장일순 선생이 들려주신 이야기가 떠오릅니다. 한 사람이 재래식 화장실에 빠졌습니다. 어떤 사람은 더럽다고 그 자리를 얼른 떠납니다. 어떤 사람은 그의 상황을 지적하며 빨리 거기서 나오라고 권합니다. 그런데 장일순 선생은 자기라면 그 속에 풍덩 뛰어들어 잠시 그와 이야기를 나누다가 "여기는 냄새가 좀 고약하니 함께 밖으로 나가서 이야기를 나누자"라고 말하겠다고 했습니다. 그의 입장이 되어 보는 것입니다. 죄 없으신 주님이 죄인인 우리와 같은 모습으로 오셨습니다. 그리고 우리에게 함께 하늘을 살자고 초대하셨습니다.

바울도 역시 같은 이야기를 들려줍니다. 그는 율법 아래 있지 않았지만, 율법 아래 있는 사람들을 얻으려고 율법 아래 있는 사람처럼 되었습니다. 율법이 없는 사람들에게는 마치 율법 없이 사는 사람같이 되었습니다. 약한 사람을 얻으려고 약한 사람이 되었습니다. 입장의 동일함을 추구한 것입니다. 그를 보고 줏대 없는 사람이라고 말할 수 없습니다. 그는 변통할 줄 아는 사람이었습니다. 사람들을 그리스도라는 중심에 연결하기 위해 할 수 있는 일을 전부 다 했습니다. 서로 만날 수 없던 하나님과 사람들을 연결하여 만나게 하고, 서로 불신하고 미워하던 이들이 손을 맞잡게 하는 것이 바로 하나님나라의 확장입니다. 어떤 예배학자는 예전의 의미를 이렇게 설명합니다.

> 예전은 '관련성'에 관한 것이다. 다시 말해 관계 맺기, 즉 연결되는 것, 그리고 연결을 만드는 것에 관한 것이다. 그것은 예전을 통해 우리가 하나님과 사람과 지구에 연결되고, 또한 공간과 시간, 문화와 역사에 연결되며, 나아가 다름과 타자성에, 그리고 기억과 기대에 연결되는 것을 말한다.[1]

심오한 말이라서 조금 어렵게 느낄 수도 있습니다. 에베소서는 주님 안에서 이루어지는 공동체의 신비를 좀 더 분명하게 요약합니다. "그리스도 안에서 건물 전체가 서로 연결되어서, 주님 안에서 자라서 성전이 됩니다. 그리스도 안에서 여러분도 함께 세워져서 하나님이 성령으로 거하실 처소가 됩니다"(엡 2:21-22). '연결'이라는 말이 중요합니다. 이런 연결이 튼튼하면 어떤 어려움 속에서도 일어설 수 있습니다. 주님이 우리를 교회로 불러 주신 까닭은 서로 연결되어 성령이 거하실 처소가 되라는 뜻입니다. 연결되는 것을 가리켜 요한일서는 '코이노니아', 곧 '사귐'이라 말합니다(요일 1:3).

세심한 노력이 필요한 '관계 맺기'

코로나19 시대에 가장 절실한 것이 연결되어 있다는 느낌입니다. 며칠 전 신문에서 지휘자 구자범 선생의 칼럼을 읽고 깊은 감명을 받았습니다. 독일에서 지휘를 공부할 때 스승 클라우스 아르프가 지휘자가 되려면 여러 감각에 충실해야 한다면서 그림, 시, 요리, 와인, 향수 등 온갖 것을 가르쳤답니다. 급기야 에스프레소를 내려 카푸치노를 타 주기까지 했습니다. 그 덕분에 구자범은 카푸치노를 꽤 잘 탈 수 있게 되었다고 합니다. 그 좋은 스승이 몇 년 전 암으로 세상을 떠났습니다. 그리워도 만날 수 없게 된 것이지요. 이듬해 자기 생일 0시 정각에, 근 20년간 연락 없이 지내던 옛 하겐 극장의 동료 지휘자 프리치에게서 생일 축하 겸 안부를 묻는 긴 문자가 왔습니다. 놀란 구자범이 "어떻게 내 전화번호와 생일을 알았냐"고,

"웬일로 독일에서 한국으로 0시에 맞추어 문자를 했냐"고 묻자 놀라운 대답이 돌아왔습니다. 한 음악 콩쿠르에서 아르프 선생님과 심사위원으로 만났는데, 우연히 구자범 이야기가 나왔답니다. 그런데 자신이 곧 세상을 떠날 것을 예감한 아르프가 "수십 년간 빠짐없이 구자범 생일마다 문자를 보냈는데, 내가 세상을 떠나면, 혹시 당신이 대신 깜짝 문자를 보내 줄 수 있겠느냐?"라고 부탁하셨다는 것이었습니다.[2]

연결되려면 이런 세심한 노력이 필요하다는 걸 배웠습니다. 이런 노력이 한 사람의 생에 미치는 영향은 지대합니다. 아름다운 관계는 마치 의례를 거행하듯 꾸준히 반복적으로 정성을 다할 때 가능한 것입니다. 삶에는 어느 경우에나 통용되는 정답이 없습니다. 삶의 상황이 다 다르기 때문입니다. 모호함투성이인 삶을 살면서도 방향을 잃지 않으려면 같은 곳을 바라보며 길을 걷는 동료들이 필요합니다. 우리가 넘어지면 다가와 일으켜 주고, 걸음이 느려지면 기다려 줄 줄 아는 사람들 말입니다.

누구도 욥을 비난할 수 없습니다. 그는 자기 나름의 최선을 다했습니다. 어려운 사람들을 외면하지 않았고, 정의와 공평을 이루기 위해 노력했습니다. 그러나 도움을 받은 사람은 많으나 친밀하게 연결된 벗이 많지 않다는 게 욥의 불행이었습니다. 사람들이 예수의 하나님나라 운동의 특색 중 하나로 꼽는 것이 '밥상 공동체'입니다. 주님은 사람들과 음식을 나누는 일을 소중히 여기셨습니다.

그 자리에는 초청받지 못한 사람, 손을 씻지 않은 이들도 있었습니다. 모두에게 열린 식탁이었던 것입니다. 초대교회의 아가페 잔치, 곧 애찬 또한 마찬가지입니다. 자주 만나고, 음식을 나눠 먹고, 함께 기도하고, 찬양을 바치고, 함께 땀을 흘리는 이들이 많아질 때 우리 삶의 토대는 든든해집니다. 신앙생활은 고립을 넘어서려는 용기입니다. 다른 이들을 내 삶 속에 맞아들이고, 나 역시 기꺼이 다른 이들의 삶 이야기에 동참하는 것입니다. 물론, 그 이야기 중심에 예수 그리스도의 하나님나라가 있어야 합니다. 각자가 속한 작은 공동체가 이런 다양한 만남의 출발점이 되기를 기원합니다.

무지개 백성을 꿈꾸며

하나의 교회 문이 닫히자 수많은 가정 교회가 탄생했다는 말이 실감나는 나날입니다. 지금 가족들이 함께 모여 예배 드리는 그 현장이 아름다운 성소가 되기를 빕니다. 가끔 김수우 시인의 〈천막〉이라는 시를 떠올릴 때가 있습니다. 시인은 유목민들이 물과 목초지를 찾아 이동하면서 짓는 게르에 깃든 성스러움을 이렇게 노래합니다. "동그랗게 바닥을 펴면 세상의 중심이 생긴다/ 네 개의 나무기둥을 세우면 지상의 축이 팽팽해진다/ 지붕을 펼쳐 얹으면 천막은 아침 신전이 된다."[3] 화려하기 때문이 아니라 소박하고 절제되어 있기에 더욱 거룩한 느낌이 듭니다. 이스라엘이 광야 생활을 할 때 세웠던 회막이 떠오르기도 합니다. 오늘 여러분이 함께하는 예배의 자리가 그런 소박한 거룩함이 깃든 자리가 되기를 빕니다.

끝없이 이동하던 세계가 잠시 멈추어 섰습니다. 나라와 나라, 도시와 도시를 이어 주던 비행기는 대부분 지상에 무료하게 서 있습니다. 붐비던 공항은 한적하기 이를 데 없습니다. 우리는 비교적 자유롭게 지내고 있지만, 세상 도처에서 여전히 '이동 제한' 상황을 감내해야 하는 이들이 많습니다. 경제적 위기가 자못 심각합니다. 소상공인은 물론이고 중소기업, 대기업이 모두 어려움을 겪고 있습니다. 큰일이라는 소리가 엄살이 아닙니다. 이런 상황이 속히 끝나리라 기대하기도 어렵습니다. 이럴 때야말로 직면한 문제에 적절히 대응하는 한편 우리 삶을 성찰해야 할 때입니다. 안으로 거두어들여야 할 때라는 말입니다. 삶에서 가장 소중한 것과 덜 소중한 것을 바꾸어 놓고 산 건 아닌지 돌아보고, 본래적 삶을 굳건히 세워야 합니다. 이런 때 우리가 성경을 읽는 것은 길을 묻기 위해서입니다.

길 위의 인간

성경의 인물들은 대개 한 장소에 붙박이로 살지 않았습니다. 그들은 늘 새로운 장소로 이동하곤 했습니다. 낙원에서 쫓겨난 아담과 하와가 그랬고, 땅에서 쉬지 못하고 떠돌아다니는 운명을 감내해야 했던 가인이 그러합니다. 아브람도 살던 땅과 난 곳, 그리고 아버지의 집을 떠나야 했습니다. 야곱과 요셉 또한 마찬가지입니다. 출애굽 사건은 인간의 역사란 억압에서 벗어나 자유를 향하는 장대한 과정임을 보여 줍니다. 떠남의 동기는 크게 두 가지입니다. 하나는 낯선 것에 대한 호기심 혹은 새로운 삶에 대한 열망입니다. 용감한 이들은 새로움을 찾아 기꺼이 위험에 뛰어듭니다. 다른 하나는 떠날 수밖에 없는 상황에 내몰렸기 때문입니다. 인류사에서 많은 이들이 가난이나 기근, 전쟁과 테러, 역병, 박해를 피해 고향을 등졌습니다. 철학자 가브리엘 마르셀은 인간을 '호모 비아토르*Homo Viator*'로 규정했습니다. '여행하는 인간', '길 위의 인간'이라는 뜻입니다. 길 위에서 산다는 말은 취약함에 노출되었다는 말과 다를 바 없습니다. 취약해진 사람들은 누군가의 호의에 기대어 살지 않을 수 없습니다. 폐쇄된 사회일수록 낯선 이들에 대한 경계심과 적대감이 큽니다. 그곳에서 나그네의 삶은 곤고합니다. 유럽이나 미국, 호주 같은 곳에서 코로나19로 많은 아시아계 사람이 곤욕을 치른다는 소식을 들으면 속이 상합니다. 세상에는 여전히 인종주의에 사로잡힌 이들이 많습니다.

나그네 혹은 이동하는 사람들은 어찌 보면 문화를 풍요롭게 만든 사람들이기도 합니다. 인류사의 위대한 문명은 다양한 전통이 뒤섞여서 이루어졌다고 말할 수 있습니다. 마치 실개천이 시냇물과 합류하여 개울을 이루고, 개울이 흐르며 다른 물줄기를 끌어안아 마침내 강이 되는 것처럼, 모든 문화는 혼종의 문화라 할 수 있습니다. 나그네는 취약함 속에 있지만, 건강한 문화를 만드는 역할을 하는 이들입니다. 하나님께서 아브람을 부르실 때 보호의 약속과 더불어 주신 소명은 복의 매개가 되는 것이었습니다. "땅에 사는 모든 민족이 너로 말미암아 복을 받을 것이다"(창 12:3). 이것이 부르심을 받은 이들의 소명입니다.

한 뿌리에서 나왔다는 자각

오늘 본문은 이삭의 결혼 이야기의 한 장면을 보여 줍니다.

> 다음은 아브라함의 아들 이삭의 족보이다. 아브라함이 이삭을 낳았고, 이삭은 마흔 살 때에 리브가와 결혼하였다. 리브가는 밧단아람의 아람 사람인 브두엘의 딸이며, 아람 사람인 라반의 누이이다. 이삭은 자기 아내가 임신하지 못하므로, 아내가 아이를 가지게 해 달라고 주님께 기도하였다. 주님께서 이삭의 기도를 들어 주시니, 그의 아내 리브가가 임신하게 되었다. 그런데 리브가는 쌍둥이를 배었는데, 그 둘이 태 안에서 서로 싸웠다. 그래서 리브가는 "이렇게 괴로워서야, 내가 어떻게 견디겠는가?" 하면서, 이 일을 알아보려고 주님께로 나아갔다. 주님께서 그에게 대답하셨다. "두 민족이 너의 태 안에 들어 있다. 너의 태 안에서 두 백성이 나뉠 것이다. 한 백성이 다른 백성보다 강할 것이다. 형이 동생을 섬길 것이다"(창 25:19-23).

이삭은 마흔 살에 리브가와 결혼했습니다. 리브가는 밧단아람 사람 브두엘의 딸입니다. 밧단아람은 '아람의 평원'이라는 뜻입니다. 유프라테스강 상류 지역에 속하는 곳입니다. 이삭과 리브가 사이에는 아기가 없었습니다. 이삭은 아내가 아이를 가지게 해 달라고 기도했고 하나님은 그 기도를 들어주셨습니다. 간단하게 기술되어 있지만, 이삭이 아들을 얻은 때가 예순 살 되는 해였다니, 결혼한 지 무려 20년이 지난 후였습니다(창 25:26). 성경은 20년의 세월을 불과 몇 줄로 압축해 놓았습니다. 그간에 있었던 일은 모두 생략되어 있습니다. 그 생략된 시간의 갈피에 스며들었을 아픔과 슬픔, 회한과 두려움, 희망과 좌절 등을 일일이 거론하기 어렵습니다.

자기 태 속에 아기가 들어섰음을 알았을 때 리브가는 얼마나 기뻤을까요? 최초의 태동을 느꼈을 때의 감동을 출산 경험이 있는 여성들은 잘 기억할 겁니다. 그런데 성서 기자는 리브가의 몸에 들어선 쌍둥이가 태 안에서 서로 싸웠다고 말합니다. 리브가는 괴로워서 도무지 견딜 수 없었습니다. 그래서 주님 앞에 엎드려 탄원의 기도를 올렸습니다. 그때 주님께서 말씀하셨습니다.

> 두 민족이 너의 태 안에 들어 있다. 너의 태 안에서 두 백성이 나뉠 것이다. 한 백성이 다른 백성보다 강할 것이다. 형이 동생을 섬길 것이다(창 25:23).

우리는 리브가의 두 아들을 잘 압니다. 에서와 야곱입니다. 나중에 에서는 에돔의 조상이 되었고 야곱은 이스라엘 열두 지파의 조상이 되었습니다. 아람 출신 어머니에게서 두 민족이 나왔습니다. 어머니의 뱃속에서부터 갈등하는 형제 이야기는 에돔과 이스라엘이 심한 갈등을 겪는 후대의 상황을 오롯이 반영하고 있습니다.

현재가 과거를 규정한다고 하지 않습니까. 에돔에 대한 하나님의 심판을 전하는 오바댜서에는 에돔의 죄가 적나라하게 적시되어 있습니다. 이스라엘이 적들에게 유린당하던 날 에돔은 멀리 서서 구경하였을 뿐만 아니라, 이방인들과 한패가 되어 그들을 약탈하면서 득의만면한 웃음을 지었습니다. 길목을 지키고 있다가 피난길에 오른 사람들을 사로잡아 종으로 팔아 버리기도 했습니다. 이런 일을 겪었으니 이스라엘이 에돔에 대해 절치부심하지 않을 수 있었겠습니까?

남이 당하는 불행을 기뻐하거나, 도울 수 있는데도 수수방관하는 것처럼 나쁜 일이 또 있겠습니까? 이런 기억은 좀처럼 치유되기 어렵습니다. 그렇다고 갈등과 분열 속에만 머물러서는 안 됩니다. 용서 없이는 미래가 없다지 않습니까.[4] 창조적 화해의 길을 모색해야 합니다. 우선, 잘못은 잘못으로 드러나야 하고 보상은 보상대로 이루어져야 합니다. 그런 후에야 비로소 진정한 화해가 가능합니다. 우리가 이웃 나라 일본과 이렇게 어려운 시기를 보내는 까닭은 일본이 자기들의 죄과를 인정하지 않기 때문입니다. 정직하게 인정하고 보상하면 될 텐데, 그것은 자학사관에 지나지 않는다면서 한사코 과거사를 외면하니 피해를 본 이들의 가슴에 멍 자국이 가시지 않는 것입니다.

그런데 성서는 이스라엘과 에돔의 갈등이 '치유될 수 없는 현실' 혹은 '숙명'이라는 사실을 가르치려는 것일까요? 조금 바꾸어 놓고 생각해 볼 수는 없을까요? 혹시, 지금은 철천지원수처럼 지내도 실은 한 어머니에게서 나온 형제라는 사실을 넌지시 가리키고 있는 것은 아닐까요? 분열과 갈등은 숙명이 아니라 치유되어야 할 상처이고, 그 상처의 치유는 자기들이 한 뿌리에서 나왔다는 사실을 자각하는 것에서 시작됩니다.

사는 곳이 다르고, 사는 방식이 다 달라도 우리는 모두 한 하나님에게서 나온 사람들입니다. 거슬러 올라가면 모두 한 뿌리에서 나왔다는 말입니다. 기쁨보다 슬픔이 우리를 하나로 묶어 줄 때가 많습니다. 기쁨은 개별적인 감정이지만, 슬픔은 보편적인 감정, 뿌리 감정이기 때문인지도 모르겠습니다. 슬픔, 연약함, 고통이 인간을 하나로 묶어 준다는 사실이 신기합니다. 모두가 함께 겪는 고통은 우리를 하나 됨의 길로 인도하는 안내인이 될 수도 있습니다.

공존하며 서로 존중하는 세상

지금 우리가 직면한 코로나19 사태를 통해 인류가 본래 한 뿌리에서 나온 존재임을 깨달을 수 있다면 참 좋겠습니다. 다른 이들을 힘으로 억압하고 지배하려던 삶의 방식을 청산하고, 서로 함께 어깨를 겯고 나아가야 함을 자각하길 빌 뿐입니다. 요즘 많은 이가 특별한 연주회를 보며 감동합니다. 사회적 거리 두기가 일상이 된 현실에서 많은 음악가가 각자가 선 자리에서 '줌' 같은 플랫폼을 통해 함께 연주하는 모습을 담은 영상 말입니다. 가수들과 교회 찬양

대원들도 이런 영상을 많이 만들고 있습니다. 음색도 다르고 발성법도 다르지만, 그들을 하나로 엮는 것은 이 상황을 잘 견뎌 내자는 절절한 염원이었습니다.

우리나라의 유명한 가수들이 함께 부른 〈상록수〉를 들으며 가슴이 뜨거워지기도 했습니다.

저들에 푸르른 솔잎을 보라
돌보는 사람도 하나 없는데
비바람 맞고 눈보라 쳐도
온누리 끝까지 맘껏 푸르다

마지막 절은 마치 가녀린 생명을 기어이 지켜 내고야 말겠다는 간절한 다짐처럼 들립니다.

서럽고 쓰리던 지난날들도
다시는 다시는 오지 말라고
땀 흘리리라 깨우치리라
거치른 들판에 솔잎 되리라

각자의 소리가 어울려 아름다운 하모니를 이루는 모습을 보면서 서로 다른 공간에 머무는 인간을 이런 형태로라도 기술이 이어 줄 수 있다는 사실이 참 고마웠습니다. 인터넷 공간은 이미 탈영토화가 이루어졌습니다. 어느 나라에 있든, 피부색이 어떠하든, 우리는 서로를 부르고 응답합니다. 코로나가 만든, 뜻하지 않은 풍경입니다.

무기를 만들던 공장에서 인공호흡기와 마스크를 만드는 모습도 외신을 통해 보았습니다. 나라마다 칼을 쳐서 보습을 만들고 창을 쳐서 낫을 만드는 모습을 상상했던 예언자들의 비전이 어떻게 실현될 수 있는지 상징적으로 보여 주는 것 같아 가슴이 뜨거워졌습니다. 남아프리카 공화국의 성공회 대주교인 데스몬드 투투는 다양한 인종의 사람들이 어울려 하나님의 백성을 이루는 세계를 꿈꾸면서 그들을 '무지개 백성'이라 일컬었습니다. 다양한 색깔이 어울려 하늘을 반원형으로 두르는 무지개를 본 사람은 누구나 발걸음을 멈추고 하늘을 바라봅니다. 하나님의 사람들은 무지개 백성을 꿈꾸는 이들입니다.

공존하면서도 갈등하는 것은 생명을 받아 사는 이들이 감내해야 하는 어쩔 수 없는 현실입니다. 하지만 갈등을 넘어 공존을 모색하고, 공존하면서 서로 존중하는 세상을 만드는 것은 하나님나라를 꿈꾸는 이들이 결코 포기해서는 안 되는 목표입니다. 예수적 삶의 특색은 사람과 사람 사이를 가르는 분리의 장벽을 허무는 것입니다. 서로 소통하지 못하게 막는 물리적 장벽도 무너져야 하지만, 미움과 질투로 세운 장벽, 혐오와 차별로 세운 장벽, 노골적이진 않아도 낯선 이들의 접근을 허용하지 않겠다는 옹색한 마음의 장벽도 허물어야 합니다.

에서와 야곱의 갈등은 해결될 수 없는 숙명이 아니었습니다. 어머니의 마음으로 서로를 보듬으면 됩니다. 얍복강 나루에서 야곱과 에서는 20년의 세월을 뛰어넘어 서로를 부둥켜안았습니다. 그러기까지 야곱은 고향을 떠나 떠돌아야 했고, 엉덩이뼈가 어긋나는 고통을 맛보아야 했습니다. 에서가 겪어온 삶의 내력은 성경이 상세히 전하지 않지만, 그 또한 힘겨운 시간을 보내야 했습니다. 이제 이만하면 됐습니다. 우리 생명이 서로 연결되어 있다는 사실, 내 곁에 있는 이가 건강해야 나도 건강할 수 있다는 사실을 우리는 절실히 느끼고 있습니다. 코로나19 사태가 우리에게 준 선물입니다. 이제 일치와 화해와 평화를 향해 발을 내디뎌야 합니다. 사랑과 이해와 존중에 바탕을 둔 새로운 문화를 꽃피워야 합니다. 그 씨를 심고 성심껏 가꾸는 것이 우리의 소명입니다. 주님이 이미 그 일을 시작하셨습니다. 이제 우리가 동참할 차례입니다. 오늘도 내일도 주님과 동행하며 아름다운 세상을 만드는 일에 최선을 다하십시오.

불안의 풍랑 앞에서

전쟁 이후 세대들은 한 번도 겪어 보지 못한 일이 전개되고 있습니다. 동유럽이 해체되면서 무너진 것 같았던 장벽이 세계 도처에 다시 세워지고 있습니다. 각국의 공항이 거의 폐쇄되고 사람들 사이의 왕래가 끊기고 있습니다. 우리 정부는 당분간 각종 모임을 자제해 달라고 당부했습니다. 우리가 다시 만날 시간이 점점 멀어지고 있습니다. 속상하고 안타깝지만 어쩔 수 없이 받아들여야 하는 현실입니다. '사회적 거리 두기' 혹은 '잠시 서로 떨어져 있기'가 길어지고 있지만, 영적 연결 고리가 부실해지면 안 됩니다. 이런 때일수록 서로를 위해 더 기도하고, 그리워하고, 더러 안부도 물으며 우리가 서로에게 얼마나 소중한 존재인지 재확인해야 합니다.

나희덕 시인이 《창작과 비평》에 쓴 글을 읽다가 '친족 만들기 making kin'라는 용어와 만났습니다. 도나 해러웨이가 사용한 용어로 혈연이나 계보로 묶인 관계가 아니라 어려운 이들을 돕기 위해 자발적으로 형성한 관계 혹은 그런 노력을 일컫는 말입니다. 저는 기독교인들이 누군가의 '설 땅' 혹은 '고향'이 되어 주어야 한다는 말을 자주 합니다. 그게 바로 하나님나라에 합당한 삶이라 여기기 때문입니다. 세상에는 외로운 이들의 친족이 되어 주는 이들이 많습니다. 지난 한 주간 교우들이 상당히 많은 분량의 마스크를 보내 주셨고, 고통받는 이들의 곁이 되는 일에 사용해 달라고 많은 헌금을 하셨습니다. 제가 생각했던 것보다 훨씬 많아서 놀라고 또 마음 깊이 감동했습니다. 마스크는 후암동 쪽방촌과 이주 노동자를 돌보는 기관에 전달했습니다. 헌금은 정말 고통의 시간을 보내고 있는 이들에게 적절하게 나누어질 것입니다. 나희덕 시인은 시 쓰기가 일종의 '친족 만들기'라고 말합니다. 그는 시의 존재 이유가 만나기 어렵던 사람들 사이를 연결하는 것이라고 믿는지도 모르겠습니다. 신앙생활 역시 그래야 하지 않겠습니까? 시대가 어려울수록 우리 속에 있는 선의와 친절과 명랑함을 끄집어내 주위를 밝게 만들어야 합니다.

파라클레토스

사순절을 지내면서도 우리 마음이 온통 예수가 아닌 코로나19와 선거에만 정신이 팔린 것은 아닌지요? 어려울 때일수록, 앞이 안 보일 때일수록 예수께 길을 물어야 합니다. 요한복음 14장은 세상을 떠날 날이 다가옴을 감지하신 예수께서 불안감을 감추지 못하는 제자들에게 용기를 북돋고자 하신 말씀 가운데 일부입니다. 예수님은 제자들에게 아버지께서 '다른 보혜사'를 보내 주실 거라고 말씀하십니다.

> 내가 너희와 함께 있는 동안에, 나는 이 말을 너희에게 말하였다. 그러나 보혜사, 곧 아버지께서 내 이름으로 보내실 성령께서, 너희에게 모든 것을 가르쳐 주실 것이며, 또 내가 너희에게 말한 모든 것을 생각나게 하실 것이다. 나는 평화를 너희에게 남겨 준다. 나는 내 평화를 너희에게 준다. 내가 너희에게 주는 평화는 세상이 주는 것과 같지 않다. 너희는 마음에 근심하지 말고, 두려워하지도 말아라. 너희는 내가 갔다가 너희에게로 다시 온다고 한 내 말을 들었다. 너희가 나를 사랑한다면, 내가 아버지께로 가는 것을 기뻐했을 것이다. 내 아버지는 나보다 크신 분이기 때문이다. 지금 나는 그 일이 일어나기 전에 미리 너희에게 말하였다. 이것은 그 일이 일어날 때에 너희로 하여금 믿게 하려는 것이다. 나는 너희와 더 이상 말을 많이 하지 않겠다. 이 세상의 통치자가 가까이 오고 있기 때문이다. 그는 나를 어떻게 할 아무런 권한이 없다. 다만 내가 아버지를 사랑한다는 것과, 아버지께서 내게 분부하신 그대로 내가 행한다는 것을, 세상에 알리려는 것이다. 일어나거라. 여기에서 떠나자(요 14:25-31).

오직 요한복음에만 등장하는 보혜사는 성령을 가리키는 말입니다. '보혜사'로 번역된 헬라어 '파라클레토스*paraklētos*'는 위로자, 상담자, 대언자, 변호인을 뜻합니다. 성경 번역자들은 파라클레토스를 어떻게 번역해야 하나 고민하다가 보혜사保惠師라는 조어를 만들었습니다. 지킬 보保, 은혜 혜惠, 스승 사師. 지키고, 생명을 선물로 주고, 가르치는 분이라는 복합적인 의미를 잘 담아낸 단어입니다.

그런데 기억하시나요? 예수님은 아버지께서 '다른 보혜사'를 보내실 거라고 말씀하셨습니다. 그들이 알고 있는 보혜사가 이미 있다는 전제가 깔린 말입니다. 그렇습니다. 예수야말로 보혜사이셨습니다. 요한일서 2장 1절에는 "누가 죄를 짓더라도, 아버지 앞에서 변호해 주시는 분이 우리에게 계시는데, 곧 의로우신 예수 그리스도이십니다"라는 구절이 나옵니다. '변호해 주시는 분'이 바로 파라클레토스이고, 그분이 바로 의로우신 예수 그리스도이십니다.

불안의 풍랑이 우리를 삼키려 할 때도

예수님은 하나님께서 맡기신 세상에서의 일을 다 마치고 하나님께로 돌아가시지만, 제자들은 고아처럼 버려지는 것이 아닙니다. 보혜사께서 오셔서 그들 속에 머무시면서 '모든 것을 가르치고', 또 주님이 그들에게 들려주셨던 모든 것을 생각나게 하실 것입니다. 공원을 걷다 보면 문득 어떤 말씀이 떠올라 자꾸 곱씹고, 어떤 찬송이 떠올라 흥얼거릴 때가 있습니다. 성령께서 우리를 툭 건드리시기 때문에 그렇습니다. 보혜사 성령은 예수님이 이미 가르치신 것을 심화하여 구체적인 상황에 적용할 수 있게 도우십니다. 그건 마치 굳은 지각을 뚫고 솟아오르는 새싹처럼 신선합니다. 시인 구상 선생은 〈신령한 새싹〉이라는 시에서 모질던 회오리바람이 잦아들며 자기 속에 신령한 새싹이 돋아난 순간을 이렇게 노래합니다.

어둠으로 감싸여 있던 만물들이
저마다 총총한 별이 되어 반짝이고
그물코처럼 엉키고 설킨 事理들이
타래실처럼 술술 풀린다.[5]

성령께서 임하시는 것은 마치 우리의 어두운 심령에 불이 밝혀지는 것과 같습니다. 하나님을 기쁘시게 해 드리고, 또 이웃들에게 선물이 되고 싶은 마음이 샘처럼 솟아나오기 때문입니다. 자기 확장의 욕망에서 자유로워질 때 사람은 맑아지고 따뜻해지고 친절해집니다. 주님은 보혜사를 보내 주실 뿐만 아니라 "내 평화를 너희에게 준다"(요 14:27)라고 말씀하십니다. 평화로 번역된 헬라어 '에이레네*eirene*'는 다양한 의미를 내포하고 있습니다. 나라 간에 전쟁이 없는 상태, 개인 간의 조화 혹은 일치, 안전, 번영, 구원의 확신에서 오는 든든함 등. 저는 그래서 이 '에이레네'의 가장 좋은 번역어는 '안녕'이라고 생각합니다. 안녕安寧은 정신적으로나 육체적으로 아무 탈 없이 평안한 상태를 뜻합니다.

지금 우리는 그런 안녕 혹은 평화를 누리지 못하고 있습니다. 불안의 풍랑이 우리를 삼키려 합니다. 제자들 역시 마찬가지였을 겁니다. 그런데 주님은 그들에게 "너희는 마음에 근심하지 말고, 두려워하지도 말아라"(요 14:27)라고 이르십니다. '근심하다'로 번역된 '타라소*tarasso*'는 두려움에 사로잡힌 상태, 그래서 내적으로 동요하고 있는 상태를 가리키고, '두려워하다'로 번역된 '데일리아오*deiliao*'는 겁에 질려 용기를 잃은 상태를 가리킵니다. 현실이 힘든데, 한 치 앞을 내다볼 수 없는데, 어떻게 평안을 누릴 수 있다는 말입니까? 제자들이 겪는 시간과 우리가 겪는 시간이 겹치고 있습니다.

지금 소상공인들은 물론이고 기업인과 직장인, 취업 준비생, 비정규직 노동자, 일용직 노동자, 월세를 내기 어려운 개척 교회 등 많은 이가 매우 어려운 시기를 지나고 있습니다. 대출 만기는 돌아오고, 임대료는 내야 하고, 일하는 이들에게 지급해야 할 임금조차 마련하기 힘듭니다. 취업 시험, 토익 시험 등이 미뤄지면서 젊은이들도 점점 맥이 빠집니다. 이 난관을 일시에 해결할 수 있는 사람은 세상에 아무도 없습니다. 상황이 어려울 때면 사람들은 버릇처럼 탓할 사람을 찾습니다. 물론 누군가의 결정적인 잘못으로 이런 상황이 초래되었다면 그를 비판하는 것이 마땅합니다. 그러나 더 중요한 것은 이 어려움을 견딜 용기를 내는 것입니다. 힘들다고 다른 사람들 마음까지 고문하지는 말아야 합니다. 힘들긴 하지만 결국 우리는 이 상황을 이겨 낼 것입니다. 늘 드리는 말씀이지만 우리는 이 곤란한 상황보다 큰 존재들입니다.

내면에 깃든 평화와 고요함으로

감리교회를 시작한 존 웨슬리의 일화가 떠오릅니다. 그는 1735년 10월 14일, 신대륙이었던 미국 조지아의 원주민들에게 복음을 전하기 위해 영국을 떠났습니다. 이듬해 그들이 탄 배는 1월 23일부터 큰 풍랑에 시달렸습니다. 미국에 도착하기 열이틀 전이었습니다. 영국 사람들은 비명을 지르며 두려워했는데, 그 배에 타고 있던 독일 출신의 모라비안 교도들은 매우 평온했습니다. 그들은 신중했고, 겸손하고 온유한 표정으로 겁에 질린 다른 승객들을 돌보았습니다. 1월 25일, 세 번째 큰 풍랑이 닥치자 사람들은 더 큰 공포에 사로잡혔습니다. 저녁 7시에 웨슬리는 모라비안 교도들의 집회 장소에 갔습니다. 누군가 시편을 낭송할 때 큰 파도가 덮쳐 와 큰 돛대가 부러졌고 배는 아수라장이 되었습니다. 마치 큰 바다의 깊은 물이 그들을 삼킬 것 같았습니다. 그런데도 모라비안 교도들은 고요히 찬송을 불렀습니다. 나중에 웨슬리는 그들 가운데 한 사람을 찾아가서 묻습니다. "두렵지 않았습니까?" "아니요, 하나님께 감사할 따름입니다." "그렇지만 부인들과 아이들은 두려워하지 않았나요?" 그러자 그는 부드럽게 대답했습니다. "아니요, 우리 아내들과 아이들은 죽음을 두려워하지 않습니다."

이날의 경험은 웨슬리의 생애에 큰 영향을 끼쳤습니다. 그는 이후에도 많은 시련을 겪었지만, 그때마다 모라비안 교도들이 보여 준 평온한 모습을 떠올리며 두려움과 절망을 이겨 냈습니다. 그 기억은 그를 지켜 준 영혼의 닻이었습니다. 모든 것을 주님께 맡긴 사람, 주님을 깊이 신뢰하는 사람은 세상이 주는 것과 같지 않은 평안을 누립니다.

시편 기자는 하나님 안에 있는 자기 영혼의 평안함을 이렇게 고백했습니다. "내 마음은 고요하고 평온합니다. 젖뗀 아이가 어머니 품에 안겨 있듯이, 내 영혼도 젖뗀 아이와 같습니다"(시 131:2). 이런 평온한 마음은 어디에서 온 것일까요? 시인의 고백이 참 가슴에 와닿습니다. "주님, 이제 내가 교만한 마음을 버렸습니다. 오만한 길에서 돌아섰습니다. 너무 큰 것을 가지려고 나서지 않으며, 분에 넘치는 놀라운 일을 이루려고도 하지 않습니다"(시 131:1).

지금 어려운 시기를 지나는 분들이 계십니까? 허둥거리거나 불퉁거리지 마십시오. 어차피 견뎌야 할 시간이라면 차라리 "이건 약간 쓰군! 하지만 나는 결국 이겨 낼 거야"라고 말하십시오. 주님이 함께하시면 우리는 이 시련을 이겨 낼 수 있습니다. 다니엘은 사자굴에서 동행하시는 하나님을 만났습니다. 사드락, 메삭, 아벳느고는 뜨거운 풀무 불 속에서 하나님의 손길을 경험했습니다.

주님은 수난의 어두운 골짜기로 들어가면서도 전혀 위축되지 않으십니다. 보냄을 받은 자의 영광은 보내신 분의 일을 완수하는 것임을 알았기 때문입니다. "하나님을 사랑하는 사람들, 곧 하나님의 뜻대로 부르심을 받은 사람들에게는, 모든 일이 서로 협력해서 선을 이룬다는 것을 우리는 압니다"(롬 8:28). 이 사실을 아시기에 주님은 근심과 걱정에 사로잡히지 않으셨습니다. 그러나 제자들은 여전히 근심과 걱정에서 헤어나오지 못합니다. 그들의 믿음은 아직 십자가 수난의 신비에 도달하지 못했기 때문입니다. 주님은 그들에게 실망하셨을까요? 그렇지 않습니다. 아직 그때가 이르지 않은 것을 아셨기 때문입니다. 때로는 겪어 낸 후에야 얻는 깨달음이 있는 법입니다. 설익은 확신보다는 실망 혹은 절망이 정직합니다.

예수님은 제자들에게 '이 세상의 통치자'가 오고 있다고 말합니다. 그는 사람들을 미혹하여 하나님께 등 돌리게 만드는 자입니다. 지배의 욕망과 쾌락의 열정에 부풀어 오른 채 다른 이들을 수단으로 삼는 자입니다. 독점과 경쟁과 지배의 세상을 깨뜨리고 나눔과 협력과 돌봄의 세상을 이루려는 주님의 길에 함정을 파는 자입니다. 그러나 그에게는 예수님의 생명을 지배할 지배권이 없습니다. 주님의 생명은 하나님의 생명 싸개 속에 있기 때문입니다. 우리가 진정 예수님을 믿는 이들이라면 이런 당당함을 품고 살아야 합니다.

사탄이 하는 일은 다만 하나님을 향한 주님의 사랑을 입증할 뿐입니다. 예수님은 보내신 분께서 분부하신 모든 것을 이루기 위해 기꺼이 그 목숨을 거셨습니다. 주님은 하나님을 향해 살았고, 세상에 대해 죽었습니다. 이미 죽은 자를 죽음으로 위협할 수는 없는 법입니다. 주님은 마침내 두려움 없이 말합니다. "일어나거라. 여기에서 떠나자." 겟세마네의 시간을 향해 주님은 담대하게 나가십니다. 피하여 달아나려는 이에게 어둠의 시간은 공포이지만, 마주 서고 뚫고 나가려는 이에게는 더 큰 생명의 문입니다. 사순절은 바로 그런 삶을 향해 고개를 들라고 우리를 초대합니다. 주님의 도우심과 보호하심이 여러분과 함께하시기를 빕니다. 한 주간 주님과 동행하는 기쁨을 한껏 누리고, 우리 내면에 깃든 평화와 고요함으로 주위를 물들이십시오. 주님은 여러분을 사랑하십니다.

주전 8세기의 예언자 이사야는 하나님을 등진 백성에게 닥칠 재앙을 무섭게 예고합니다. 정의와 공의를 저버린 삶을 하나님은 심판하실 것이고, 그들은 결국 파국을 맞게 되리라는 것이었습니다. 예언자의 언어는 머뭇거림이 없습니다. 가차 없습니다. 하지만 그것으로 끝은 아닙니다. 심판은 늘 회복의 약속을 내포하기 때문입니다. 이사야는 하나님이 시작하시는 새로운 희망을 제시합니다. 그는 하나님께서 당신의 뜻대로 통치할 이들을 일으켜 세우실 것이라고 말합니다. 이사야는 공의와 정의로 다스릴 그들을 다양한 이미지로 표현합니다. '광풍을 피하는 곳', '폭우를 막는 곳', '메마른 땅에서 흐르는 냇물', '사막에 있는 큰 바위 그늘'(사 32:1-2).

이사야는 공의로 다스릴 통치자들의 덕성을 몇 가지 밝히고 있습니다. 그들은 눈이 밝고, 백성의 요구에 귀를 기울입니다. 그들은 경솔하지 않고, 사려 깊게 행동합니다. 그러면서도 해야 할 말은 분명하게 합니다(사 32:3-4). 그때나 지금이나 이런 사람들이 절실하게 필요합니다. 코로나19 이후 세계는 다시는 이전의 세계로 돌아갈 수 없다는 전망이 우세합니다. 마음껏 소비와 향락을 즐기고, 하고 싶은 일을 다 하며 살던 세상은 지나갔습니다. 잔치는 끝이 났습니다. 지금은 잔치 이후를 대비해야 할 때입니다. 흥겨운 잔치가 끝나 사람들이 다 돌아가고 나면, 집주인은 뒷정리를 해야 합니다. 수북이 쌓인 그릇을 말끔히 닦아 제자리에 넣고, 어지럽혀진 집을 정돈하고, 환기를 시켜야 합니다. 지금은 바로 잔치 이후의 상황입니다. 우리가 살아온 날들을 돌아보며 새로운 삶을 모색해야 합니다. 절제하면서도 다른 이들과 더 긴밀히 소통하는 삶, 경탄하고 감사하고 기뻐하는 삶의 방식으로 개종해야 할 때입니다.

광야 같은 세상에서도

이사야는 이러니저러니 해도 하나님이 세상을 통치하신다는 사실을 잊지 말라고 말합니다. 하나님은 인간이 만들어 낸 무질서와 혼돈에 진노하시지만, 그래서 심판의 불을 보내시지만, 희망의 씨를 남겨 놓으시는 분입니다. 석과불식碩果不食이라는 말이 있습니다. '석과'란 종자가 되는 과실을 가리키는 말입니다. 농부는 아무리 배가 고파도 이듬해 농사를 위해 여툰 씨앗까지 먹어 치우지 않습니다. 이게 생명을 이어 간 비결입니다. 하나님의 역사 섭리 또한 그러합니다. 예언자는 앞서 보는 사람입니다. 하나님의 눈으로 역사를 주석하는 사람입니다. 그래서 그는 풍요 속에 깃든 파멸도 보지만, 절망 속에서 희망을 보고, 메마른 광야에서 피어날 꽃들을 바라봅니다. 작년 4월에 미국 샌디에이고에 갔을 때 숙소에 짐을 풀자마자 거기 목사님이 저를 데려간 곳은 시내에서 근 두 시간 거리에 있는 광야였습니다. 굳이 광야로 데려가신 까닭은 그곳에 황홀하게 피어난 꽃을 보여 주고 싶으셨기 때문입니다. 안타깝게도 이미 많은 꽃이 시들어 버린 때였지만, 그 척박한 광야를 가득 채웠던 꽃의 흔적을 보는 것만으로도 마음이 흔연해졌습니다.

광야와 메마른 땅이 기뻐하며, 사막이 백합화처럼 피어 즐거워할 것이다. 사막은 꽃이 무성하게 피어, 크게 기뻐하며, 즐겁게 소리칠 것이다. 레바논의 영광과 갈멜과 샤론의 영화가, 사막에서 꽃 피며, 사람들이 주님의 영광을 보며, 우리 하나님의 영화를 볼 것이다. 너희는 맥풀린 손이 힘을 쓰게 하여라. 떨리는 무릎을 굳세게 하여라. 두려워하는 사람을 격려하여라. "굳세어라. 두려워하지 말아라. 너희의 하나님께서 복수하러 오신다. 하나님께서 보복하러 오신다. 너희를 구원하여 주신다" 하고 말하여라(사 35:1-4).

물론 이것은 메마른 땅에 피어날 자연의 기적을 노래하기 위한 것이 아니라, 광야와 같은 현실, 사막과 같은 현실 속에서 계속될 하나님의 은총을 구상적으로 표현한 것으로 보아야 합니다. 예언자의 이런 비전은 가만히 있어도 그렇게 되리라는 낭만적 낙관론이 아니라, 하나님이 주신 가능성을 가지고 그런 세상을 만들라는 일종의 명령이 아닐까요? 광야와 메마른 땅에 씨앗이나 묘목을 심고 물을 주어 가꾸는 끈질긴 노력 없이 이런 세상이 도래하기를 기대하는 것은 어리석음입니다.

광야는 강인해지지 않으면 살아남을 수 없는 곳입니다. 광야는 편리와 풍요로움을 포기해야 하는 자리입니다. 광야 혹은 사막 하면 생각나는 동물이 낙타입니다. 낙타는 몇백 킬로그램의 짐을 지고 며칠씩 물도 없는 사막을 걸어갑니다. 몽골에 갔을 때 낙타를 타 본 적이 있습니다. 낙타는 사막을 걷다가도 듬성듬성 나 있는 사막 지표 식물들을 만날 때마다 멈춰 서서 풀을 뜯곤 했습니다. 혀로 풀을 감아 뜯는 소리가 마치 낫으로 풀을 베는 것처럼 경쾌하게 들리기까지 했습니다. 낙타 등에서 내려 풀을 뜯어 보려다가 하마터면 손을 벨 뻔했습니다. 어찌나 빳빳하고 질긴지 제 힘으로 뜯기 힘들었습니다. 그런 풀을 낙타는 맛있게 먹었습니다. 광야에서 살아남으려면 그런 강인함이 필요한 것인지도 모르겠습니다.

우리 마음의 별자리

황지우 시인의 〈503〉이라는 시에도 낙타 이야기가 나옵니다.[6] "새벽은 밤을 꼬박 지샌 자에게만 온다"면서 시인은 낙타를 향해 모래 박힌 눈으로 동트는 지평선을 바라보라고 말합니다. 바람에 떠밀려 오는 새날을 보자는 것입니다. '새날'은 저절로 오는 게 아니라 바람에 떠밀려 옵니다. 그런데 시인은 낙타에게 "일어나 또 가자"라고 말합니다. 길이 있는 것도 아닙니다. 사람들이 걸어갔던 자취는 이미 모래바람이 지운 지 오래입니다. 시인은 자기 수중에는 '칼'도 '경經'도 없다고 말합니다. 자기를 보호할 것도 하나 없고, 길을 가르쳐 주는 지침조차 없습니다. 암담합니다. 그래도 앞으로 가야 합니다. 이 시에서 가장 놀라운 구절은 그다음입니다.

길은,
가면 뒤에 있다.

시인은 "길은,"이라고 말한 뒤 행을 바꾸어 "가면 뒤에 있다"라고 노래합니다. 분명한 길은 없습니다. 그렇기에 망설일 수밖에 없습니다. 하지만 그래도 가야 합니다. 한 걸음 한 걸음 걷다 보면 우리가 걸은 그 자리가 길이 됩니다.

코로나19 이후의 세계가 어떠할지 예측하기는 어렵습니다. 사회, 정치, 경제, 문화, 교육, 종교, 어느 하나 전망이 분명하지 않습니다. 분명한 것은 쉽지 않을 거라는 사실입니다. 우리는 새로운 길을 만들며 앞으로 나아가야 합니다. 서두를 것 없습니다. 낙타 걸음으로 걸으면 됩니다. 다시 시인에 기대어 말해 봅니다.

단 한 걸음도 생략할 수 없는 걸음으로

그러나 너와 나는 九萬里 靑天으로 걸어가고 있다.

단 한 걸음도 생략할 수 없습니다. 우리 인생을 누군가가 대신 살아 주지 않습니다. 이것은 우리 시대의 싸움입니다. 새로운 세상과 질서를 만들어야 합니다. 외로운 싸움입니다. 하지만 외롭다고 투덜거릴 것 없습니다. 넘어지거나 지치지 않기 위해서라도 지금 곁에 있는 이들과 연대해야 합니다.

시인은 낙타에게 말합니다.

나는 너니까.
우리는 自己야.

그리스도의 꿈을 가슴에 품은 이들이 세상 도처에 있습니다. '산고수장山高水長 도처유청산到處有靑山'이라지 않습니까. 산은 높고 물은 유장하게 흐릅니다. 우리가 가는 곳 어디에나 푸른 산이 있습니다. 하나님의 꿈을 이루기 위해 뚜벅뚜벅 걸어가는 이들이 있습니다. 무신론적 과학자들이 뭐라 하건, 지혜를 자랑하는 인문학자들이 뭐라 하건, 그 아름다운 세상의 꿈을 이루기 위해 헌신하고 땀 흘리는 '자기들'이 있습니다. 황지우 시인은 길을 걷다가 마침내 이런 고백에 이릅니다.

우리 마음의 地圖 속의 별자리가 여기까지

오게 한 거야.

우리 마음의 지도 속 별자리가 흐려지지는 않았는지요? 우리가 바라보는 별자리는 주님이 보여 주신 하나님나라의 꿈입니다. 이 꿈이 우리를 이끌고 있습니다.

예수님은 하나님나라라는 별자리를 향해 한순간도 쉬지 않고 걸으셨습니다. 히브리서 기자는 그 별자리를 따라 걷는 사람들을 가리켜 '장차 올 도시를 찾고 있'(히 13:14)는 이들이라고 말합니다. 루카치 죄르지는 "별이 빛나는 창공을 보고, 갈 수가 있고 또 가야만 하는 길의 지도를 읽을 수 있던 시대는 얼마나 행복했던가? 그리고 별빛이 그 길을 훤히 밝혀 주던 시대는 얼마나 행복했던가?"[7] 라고 말했습니다. 우리는 '빛나는 샛별'(계 22:16)이신 예수를 바라보며 걷는 사람들입니다. 우리가 걷는 곳마다 그리스도의 꽃이 피어나야 합니다. 민들레 홀씨가 바람을 타고 날다가 떨어지는 곳 어디에서나 꽃을 피우듯 우리도 그러해야 합니다. 여건을 탓하지 말고, 있는 그 자리를 소명의 자리로 여기며 살아야 합니다.

메마른 광야에서 피어날 꽃

사막에서 꽃을 피우는 사람들이 있어 우리는 하나님의 영화를 봅니다. 이제 우리도 힘을 낼 때입니다. "너희는 맥풀린 손이 힘을 쓰게 하여라. 떨리는 무릎을 굳세게 하여라"(사 35:3). 지금은 투덜거림을 멈추고 씨앗을 뿌릴 때입니다. 무릎을 굳세게 하여 몸을 일으켜야 합니다. 작은 일부터 시작하십시오. 주위 사람들에게 건네는 친절한 말 한마디, 다정한 미소도 세상을 아름답게 만드는 데 매우 유용합니다. 천천히 가도 지향만 분명하면 됩니다. 속도가 아니라 방향이 중요합니다.

생명을 살리려는 이들은 용납하고 인내하는 사랑으로 무장해야 합니다. 서로의 속도를 인정해 줄 수 있어야 합니다. 출애굽 공동체는 구름 기둥과 불기둥이 움직일 때만 행군했습니다. 급하다 하여 서둘러도 안 됐고, 쉬고 싶다 하여 머물 수도 없었습니다. 하나님의 때에 따라야 합니다. 힘 있는 이들은 연약한 이들의 짐을 나누어지고 걸으면 됩니다. 그것이 사랑의 연대입니다. 더디다 하여 부끄러워하지 않고, 빠르다 하여 으스대지 않는 것, 바로 그것이 하나님나라의 질서입니다. 두려워하는 사람을 격려하고 하나님이 함께하신다는 사실을 일깨워 주는 사람이야말로 새 시대에 꼭 필요한 이들입니다.

교회는 바로 이런 이들의 모임이어야 합니다. 비록 지금은 함께 모여 손을 잡고 사랑의 교제를 나누지 못해도, 세상 곳곳에 흩어져 나가 생명과 평화의 씨를 뿌리는 이들이 있음을 알기에 우리는 외로움 속에서도 희망을 품습니다. "그대가 있어 내가 있습니다." 광야에 물이 솟고, 말을 못 하던 혀가 노래를 부르는 세상, 길 없는 곳에서 우리가 함께 걸었던 자리가 누군가의 길이 되는 세상이 저만치 다가오고 있습니다. 이 아름다운 소망을 가슴에 품고 오늘도 내일도 하나님의 일에 힘쓰시기를 빕니다.

그리스도의 마음을 굳게 붙잡고

지난 한 주간도 우리는 주님의 돌보심과 은총 속에서 살았습니다. 마음을 답답하게 하는 일, 우리 속에서 생기를 빼앗아 가는 일이 없지는 않았지만, 주님은 우리에게 다시 시작할 용기를 부여하십니다. 주님 앞에 선 이 시간 생각의 속도를 늦추고, 불안감과 초조함을 잠시 내려놓고, 우리를 새롭게 빚으시는 주님의 은총 속에 머물면 좋겠습니다.

바울 사도는 옥중에 갇힌 상태에서 빌립보 교인들에게 편지를 보냈습니다. 감옥이라는 격절의 공간에 있으면서도 그는 불안감이나 우울감에 사로잡히지 않았습니다. 불편함과 고통이 왜 없었겠습니까? 그러나 그는 흔들리지 않았습니다. "나에게는, 사는 것이 그리스도이시니, 죽는 것도 유익합니다"(빌 1:21). 살든지 죽든지 자기를 통해 그리스도의 존귀함이 드러나기를 바라는 사람을 누가 굴복시킬 수 있겠습니까? 그는 복음을 전하기 위해 했던 자기의 수고가 허사로 돌아갈지도 모른다는 생각에 시달리지도 않았습니다. 그런

느긋한 태도는 하나님에 대한 절대적 신뢰에 뿌리를 내리고 있습니다. "선한 일을 여러분 가운데서 시작하신 분께서 그리스도 예수의 날까지 그 일을 완성하시리라고, 나는 확신합니다"(빌 1:6). 이런 고백이 주는 자유함이 참 큽니다. 이 마음으로 살 때 실적 혹은 결과는 큰 문제가 되지 않습니다. 얼마나 신실한 태도로 임했느냐가 문제일 뿐입니다.

복음에 합당하게

감옥에 갇혀 있으면서도 바울의 마음은 온통 빌립보 교인들을 향해 있습니다. 고통은 가끔 우리를 이기적으로 만들고, 전망을 협소하게 만들어 주변을 살필 여유를 갖지 못하게 합니다. 하지만 바울은 바깥에 있는 이들을 믿음 가운데 우뚝 세우는 데 마음을 집중하고 있습니다. 자기 속에 드넓은 하늘을 간직한 사람이기에 가능한 일입니다.

> 여러분은 오로지 그리스도의 복음에 합당하게 생활하십시오. 그리하여 내가 가서, 여러분을 만나든지, 떠나 있든지, 여러분이 한 정신으로 굳게 서서, 한 마음으로 복음의 신앙을 위하여 함께 싸우며, 또한 어떤 일에서도 대적하는 자들을 두려워하지 않는다는 소식이 나에게 들려오기를 바랍니다. 이것이 그들에게는 멸망의 징조이고 여러분에게는 구원의 징조입니다. 이것은 하나님께서

하시는 일입니다. 하나님께서는 여러분에게 그리스도를 위한 특권, 즉 그리스도를 믿는 것뿐만 아니라, 또한 그리스도를 위하여 고난을 받는 특권도 주셨습니다. 여러분은 내가 하는 것과 똑같은 투쟁을 벌이고 있습니다. 여러분은 내가 그렇게 하는 것을 보았으며, 내가 그렇게 하는 것을 지금 소문으로 듣습니다(빌 1:27-30).

그의 메시지는 간략합니다. "여러분은 오로지 그리스도의 복음에 합당하게 생활하십시오." 이 한 마디로 충분합니다. '그리스도의 복음'이란 어떤 것일까요? 하나는 우리가 하나님의 사랑 안에 받아들여졌다는 것이고, 다른 하나는 생명을 풍부하게 하는 일에 우리를 초대하셨다는 사실이 아닐까요? "복음에 합당하게 살라"고 할 때 '살라'라는 단어는 헬라어 '폴리튜오마이*politeuomai*'를 번역한 것입니다. 이 단어는 고대 그리스의 도시국가를 뜻하는 '폴리스'에서 파생했습니다. 폴리스에 속한 사람은 시민으로서 책임을 다해야 합니다. 복음에 합당하게 산다는 말은 그러니까 '그리스도의 통치' 안에 들어온 사람답게 그리스도적 삶의 양식을 갖고 살아야 한다는 말입니다. 세속적인 세상에서 그리스도의 뜻을 따라 살려면 큰 노력이 필요합니다. 많은 유혹에 맞서야 하고 많은 것을 포기해야 합니다. 그리고 그것 때문에 우울해지면 안 됩니다.

예수의 삶을 한마디로 이야기하면 생명을 풍부하게 하는 데 바쳐진 삶이었습니다. 그 삶은 병자들을 치유하고, 귀신을 내쫓고, 소외된 이들의 벗이 되는 삶으로 나타났습니다. 자기 불화에 시달리는 사람들에게 삶의 존엄함을 일깨우는 삶이었습니다. 우리도 같은 요구 앞에 서 있습니다. 저마다 자기 상처를 싸매기에 급급한 세상이지만, 우리는 다른 이들의 삶을 풍부하게 만들라는 소명 앞에 서 있습니다.

십자가 군병 되어서

하나님은 그 선한 싸움에 우리를 홀로 내보내지 않으십니다. 하나님은 동료들을 주십니다. 위험에 처할 때 나를 지켜 주고, 지쳐 쓰러질 때 일으켜 세워 주고, 의기소침할 때 생기를 불어넣어 줄 동료 말입니다. 바로 그게 교회입니다. 교회는 그런 의미에서 유기체입니다. 바울은 빌립보 교회 교인들을 격려하며 이렇게 말합니다. "한 마음으로 복음의 신앙을 위하여 함께 싸우며, 또한 어떤 일에서도 대적하는 자들을 두려워하지 않는다는 소식이 나에게 들려오기를 바랍니다"(빌 1:27-28).

'한마음으로 굳게 서서' 신앙을 위하여 함께 싸우는 사람들, 두려움 없이 십자가를 향해 나아가는 사람들, 그들이 하나님나라에 속한 사람이라 할 수 있습니다. 이 대목을 묵상하면서 젊은 날 비장하게 부르던 찬송가 353장이 떠올랐습니다.

십자가 군병 되어서 예수를 따를 때

무서워하는 맘으로 주 모른 체할까
뭇 성도 피를 흘리며 큰 싸움하는데
나 어찌 편히 누워서 상 받기 바랄까
이 죄악 많은 세상에 수많은 원수들
날 유혹하고 해치나 내 주만 따르리

예수를 따르는 삶은 세상 물결에 떠밀려 가는 삶이 아니라 우리를 삼키려 하는 거센 물결을 헤치고 나아가는 삶입니다. 적당히 평안을 구하는 삶이 아니라 힘겹더라도 생명과 평화를 선택하는 삶입니다. 손해를 감수하면서라도 그리스도적 삶을 포기하지 않는 삶입니다. 홀로는 외롭지만, 그 선한 싸움을 지속하는 동료들이 있음을 확인하면 용기를 낼 수 있습니다.

'대적하는 이들'은 언제나 있게 마련입니다. 그들은 그리스도의 뜻을 따르려는 이들을 조롱하거나 노골적으로 훼방하기도 합니다. 조롱과 혐오, 적대감에 찬 시선에 노출된 채 사는 것은 누구에게도 쉽지 않은 일입니다. 그렇기에 더욱 믿는 이들의 연대가 필요합니다. 믿음의 사람들은 기억을 공유하는 사람들입니다. 하나님이 우리에게 베푸신 은혜의 기억이 스러지지 않는 한 우리는 무너지지 않습니다. 두려움으로 인해 마음이 위축되면 하나님을 잊게 마련입니다. 그러나 동료들은 하나님이 함께하신다는 기억을 일깨워 주는 사람으로 우리 곁에 있습니다. "주님이 그의 깃으로 너를 덮어 주시고 너도 그의 날개 아래로 피할 것이니, 주님의 진실하심이 너를 지켜 주는 방패와 갑옷이 될 것이다"(시 91:4). 이 말이 얼마나 든든한지요? 구름에 가려 보이진 않아도 하늘 저 위에 별들이 영롱하게 반짝이는 것처럼, 우리가 느낄 수 있든 없든 하나님은 우리 곁에 계시고 우리와 함께 계십니다. 하나님은 우리 선한 이웃들의 손을 통해서 우리에게 손을 내밀기도 하십니다.

"*Vacatus atque non vocatus, Deus aderit.*" 우리가 초대하든 초대하지 않든, 하나님은 언제나 우리 곁에 계십니다. 임마누엘, 우리와 함께 계신 하나님을 믿기에 우리는 가끔은 비틀거려도 아주 넘어지지는 않습니다. 어려움 속에서도 그리스도의 복음에 합당한 삶의 방식을 포기하지 않는 것, 바로 그것이 우리가 구원받은 사람임을 드러냅니다.

바울은 하나님께서 우리에게 주신 두 가지 특권이 있다고 말합니다. 하나는 그리스도를 믿는 특권입니다. 다른 하나는 그리스도를 위하여 고난을 받는 특권입니다. 그런데 특권이라는 번역어는 오해를 자아내기 쉽습니다. '누군가에게 주어지는 우월적 지위나 권리'를 연상시키기 때문입니다. '카리조마이*charizomai*'는 기본적으로 '혜택을 받다', '호감을 사다'라는 뜻입니다. 이 단어는 '용서', '구원', '은혜'와 연결되어 사용되곤 합니다. 그래서 29절은 차라리 개역개정판 번역이 더 적합한 것 같습니다. "그리스도를 위하여 너희에게 은혜를 주신 것은 다만 그를 믿을 뿐 아니라 또한 그를 위하여 고난도 받게 하려 하심이라"(빌 1:29, 개역개정). 믿는 것도 은혜이지만, 그리스도의 뜻대로 살다가 겪는 고난을 마다하지 않을 수 있는 것도 은혜입니다.

고난은 누구에게나 쓰라린 것이나 그 고난이 의미가 있다고 느낄 때 고난은 유익한 것이 됩니다. 사랑하는 이를 위해 하는 수고는 기쁨입니다. 누군가를 정말로 사랑한다면 그를 위해 대신 겪는 고통을 마다할 수 없습니다. 그리스도의 뜻을 따라 살다가 겪는 고난을 기꺼워하는 것, 어쩌면 그것이 우리의 하늘 시민권인지도 모르겠습니다.

우리가 바꿀 수 있는 것

바울은 빌립보 교인들도 자기가 하는 것과 똑같은 투쟁을 벌이고 있다고 말합니다. 그들의 신앙생활에 대한 격려입니다. 신앙생활은 일종의 투쟁입니다. 세속적인 사회 한복판에서 그리스도인으로 사는 것은 여간 어려운 일이 아닙니다. 많은 기독교인이 자신의 신앙적 정체성을 드러내지 않은 채 세상 논리에 동화되어 삽니다. 드러내는 순간 그게 약점이 될 수도 있다고 생각하기 때문일 겁니다. 어떤 이들은 세상 질서에 동화되지 않기 위해 부단히 노력하다가 씁쓸한 경험을 하기도 합니다. 현대인들은 누구나 질병을 달고 삽니다. 특정한 병이 아니라 마음의 평안을 누리지 못한다는 뜻에서 하는 말입니다. 질병을 뜻하는 영어 단어 'disease'는 '없애다',

'벗기다', '빼앗다'라는 뜻의 접두사 'dis'와 '편함', '홀가분함'이라는 뜻의 'ease'가 결합한 단어입니다. 우리에게 편함과 홀가분함, 자유로움을 빼앗아 가는 것이 질병이라는 뜻입니다. 안식을 누리지 못하는 모든 이들이 다 질병에 시달린다는 말은 그런 뜻입니다. 현대인들은 모두 '기저질환자'입니다.

안식을 누리지 못하는 까닭은 대개 바깥에 있습니다. 적대적인 시선과 말의 폭력에 시달리는 우리 가슴에는 시퍼런 멍이 들어 있습니다. 실적에 대한 부담 또한 우리를 짓누르는 무게입니다. 보이지 않는 전선에서 살아남기 위해 치열하게 경쟁해야 하는 현실 또한 힘겹기 이를 데 없습니다. 그러나 이건 어쩔 수 없는 우리의 현실입니다. 고립되어 살지 않는 한, 우리는 타자들로 인한 스트레스에서 도망치기 어렵습니다. 쓰리긴 하지만 그것을 내 삶의 한 부분으로 통합할 용기를 내야 합니다. 바꿀 수 없는 것은 받아들이는 게 지혜입니다.

그러나 우리가 바꿀 수 있는 게 있습니다. 현실을 바라보는 우리의 시선 혹은 현실을 대하는 우리의 태도입니다. 아우슈비츠 생존 작가인 프리모 레비가 《이것이 인간인가》에서 들려준 이야기가 떠오릅니다. 그는 나치 수용소가 사람들을 동물로 격하시키는 거대한 장치라고 말합니다. 그렇기에 수감자들은 자기를 지키기 위해 더욱 애써야 했습니다.

우리가 노예일지라도, 아무런 권리도 없을지라도, 갖은 수모를 겪고 죽을 것이 확실할지라도, 우리에게 한 가지 능력만은 남아 있다. 마지막 남은 것이기 때문에 온 힘을 다해 지켜내야 한다. 그 능력이란 바로 그들에게 동의하지 않는 것이다.[8]

사람을 비인간으로 몰아가는 현실에 '동의하지 않는 것'이야말로 가장 큰 저항의 시작입니다. 믿음의 사람들은 세상에 길들지 않기 위해 애써야 합니다. 그리스도의 사랑에 이끌려야 가능한 일입니다.

살다 보면 내면에 허섭스레기 같은 것들이 켜켜이 쌓이게 마련입니다. 원망, 적대감, 앙갚음하려는 마음, 불의한 분노, 심술궂음, 불친절 같은 것들 말입니다. 이것은 우리 삶의 산물입니다. 쓰레기장을 조사하여 그 지역에 사는 사람들의 생활 실태를 알아보는 '가볼러지garbology'라는 사회학 방법론이 있다고 합니다. 쓰레기는 거짓말하지 않는 법입니다. 때가 되면 우리 집에 쌓여 있는 물건들을 분리수거함에 넣어야 하는 것처럼, 우리 마음에 쌓인 쓰레기를 내다 버려야 정신이 가벼워집니다. 그러나 어리석은 사람들은 그것을 버릴 생각은 하지 않고 오히려 봉투에 담아 걸어 둡니다. 감정의 찌꺼기들은 우리 속에서 발효되어 부글부글 끓기도 합니다. 사람들은 가끔 그것을 꺼내 냄새를 맡아 보기도 합니다. 그리고 진저리를 치면서 누군가를 원망하고 혐오하고 미워합니다.

이제는 달라져야 합니다. 내려놓을 것은 내려놓고 붙잡을 것은 든든히 붙잡아야 합니다. 우리를 부자유하게 하는 것들을 내려놓고, 그리스도의 마음은 굳게 잡으십시오. 오늘 우리가 경험하는 현실은 불확실함으로 가득 차 있지만, 어떤 경우에라도 변하지 않는 한 가지 사실은 하나님이 우리를 사랑하신다는 것과 우리를 신뢰하신다는 사실입니다. 또 하나님께서 우리의 방패라는 사실입니다. 이 근원적 믿음을 붙잡고 두려움 없이 그리스도의 복음에 합당한 삶을 누리십시오. 우리는 영원한 생명의 흐름에 합류한 사람들입니다.

하나님이 걸어 두신 노란 리본

마가의 다락방에 모였던 이들은 그 운명의 날, 뭔가 압도적인 경험을 했습니다. 누가는 그 체험을 설명하기 위해 청각적 이미지와 시각적 이미지를 다 사용합니다. 하늘에서 세찬 바람이 부는 듯한 소리가 들려왔습니다. 그 소리는 그들이 머물던 공간을 가득 채웠습니다. 그리고 불길이 솟아오를 때처럼 혓바닥 같은 것들이 각 사람 위에 내려앉았습니다. 성령에 충만해진 그들은 각각 방언으로 말하게 되었습니다. 하나님의 숨 혹은 생기가 그들을 가득 채우자 두려움이 스러졌습니다. 자기를 지켜야 한다는 본능이 어느새 증언의 열정으로 바뀌었습니다. 제자들은 문을 박차고 나가 사람들 속으로 들어갔고, 금기시되던 '그 이름'을 증언했습니다. 베드로는 처음으로 대중을 향해 복음을 전했습니다. 십자가 사건과 부활과 승천에 관해 말한 뒤, 마치 못을 박듯 말합니다. "그러므로 이스라엘 온 집안은 확실히 알아두십시오. 하나님께서는 여러분이 십자가에 못박은 이 예수를 주님과 그리스도가 되게 하셨습니다"(행 2:36). 성령의 뜨거운 역사 속에서 던져진 그 강력한 메시지는 사람들의 굳은 마음을 뒤흔들어 회개에 이르게 하였습니다.

교회 전통은 하나님의 영을 나타내기 위해 다양한 표상을 사용했습니다. 찬송가 가사만 살펴보아도 알 수 있습니다. '하늘에서 내리는 단비', '불길', '생명 빛', '바람', '생수', '기름' 등. 모두 은유적 표현입니다만, 성령은 우리를 그리스도의 마음과 연결되게 하고, 메마름을 해소해 주고, 차갑게 식었던 마음을 불타오르게 하고, 어둠 속에 유폐되었던 사람들을 바른길로 인도하고, 숙명론에 빠진 사람들을 일으켜 세워 역사를 바꾸게 하는 힘입니다. 지금도 우리가 숨을 쉬는 것은 하나님께서 우리 속에 생기를 불어넣고 계시기 때문입니다. 우리가 살아 있는 순간순간이 하나님의 은총의 때임은 바로 그 때문입니다.

그러나 우리가 사는 세상은 엉망입니다. 하나님의 창조 질서를 뒤흔드는 일이 도처에서 벌어집니다. 지난 5월 25일, 미니애폴리스에서 벌어진 일 때문에 미국이 큰 소용돌이에 휩싸였습니다. 한 식료품점 점원이 경찰에 전화를 걸어 어떤 아프리카계 미국인이 위조수표를 사용했다고 신고했습니다. 출동한 경찰관 네 명은 곧 그 남자를 바닥에 눕혀 제압했고, 백인 경찰관 한 사람이 그의 목을 무릎으로 세게 눌렀습니다. 조지 플로이드라는 이름의 사나이는 몇 번씩이나 "숨을 쉴 수 없어요. 살려주세요"라고 말했고, 주위 사람들도 만류했으나 경찰의 폭력은 8분 48초 동안 계속되었습니다. 결국, 코피까지 흘리던 조지 플로이드는 의식을 잃었고 곧 사망했습니다. "I can't breathe." 이 말이 우리에게 화살처럼 날아와 박혔습니다. 시카고 기쁨의교회 손태환 목사님은 이 사건을 두고 페북에 이런 글을 올렸습니다.

> 세상이 창조되던 날, 숨이 있었다. 큰 숨이 온 세상에 생명을 부여했다. 온 세상은 같은 숨으로 숨 쉬었고 그분의 숨을 나눠 가진 세상은 평화로웠다. 사람이 빚어지던 날, 숨이 있었다. 작은 코에 불어넣은 숨으로 사람은 생령이 되었다. 사람은 같은 숨으로 숨 쉬었고 그분의 숨을 나눠 가진 사람들은 서로 사랑했다. 사람들이 세상의 숨통을 조이기 시작했다. 힘 있는 자들이 힘없는 자들의 숨통을 틀어막았다. 힘없이 쓰러진 이의 목을 무릎으로 짓눌렀다. 숨길을 끊어 버렸다. 하나님의 숨이었다. 하나님이 주신 숨이었다. 하나님의 숨통을 조이는 일이었다. 하나님이 신음하신다.

다시 시작하라는 초대

하나님의 숨통을 조이는 일이 다반사로 벌어지는 세상입니다. 혼돈과 흑암과 공허에 뒤덮인 세상에 질서를 가져오신 하나님의 창조를 무화시키는 일이 서슴없이 벌어집니다. 세상은 죽음의 그늘 아래 있습니다. 하나님은 질서를 만드시지만, 인간은 혼돈과 무질서를 만듭니다. 하나님은 빛을 창조하셨지만, 인간은 어둠을 빚고 있습니다. 사실 이런 현실은 어제오늘의 일이 아닙니다. 죄로 가득 찬 세상을 바라보며 시편 시인들은 땅이 흔들리고 산이 무너지고 물이 소리를 내며 거품을 내뿜는다고 말합니다. 그런 세상에서 사는 일의 괴로움을 그들은 이렇게 표현했습니다.

> 죽음*maveth*의 사슬*chebel*이 나를 휘감고 죽음*bêliya'al*의 물살*nachal*이 나를 덮쳤으며, 스올의 줄이 나를 동여 묶고, 죽음의 덫이 나를 덮쳤다(시 18:4-5).

극단적인 경우라고 생각할 수도 있지만, 지금도 이런 경험을 하며 사는 이들이 많습니다. 벼랑 끝에 내몰린 듯 삶이 위태로운 이들이 많습니다. 일용직 노동자들, 비정규직, 위험을 외주화하는 기업들로 말미암아 항시적인 위험 속에 사는 사람들, 빈민들, 복지 사각지대에 놓인 사람들, 이런저런 폭력에 노출된 사람들 말입니다. 사람들은 대체로 평범한 행복을 누리고 싶어 하지만, 그런 행복을 누릴 형편이 되지 않는 이들이 너무 많습니다. 돈이 주인 노릇을 하는 세상에서 안전과 인권을 보장받지 못하는 이들은 일상적으로 죽음의 위협 아래서 살아갑니다. 숨이 가쁘거나 숨이 막히는 현실입니다. 주인을 바꿔야 합니다. "자비롭고 은혜로우며, 노하기를 더디하고, 한결같은 사랑과 진실이 풍성한 하나님"(출 34:6)을 우리 주인으로 모셔야 합니다. 그분을 주인으로 모신 사람은 제멋대로 살 수 없습니다. 지금 곁에 있는 이들을 존귀한 존재로 대할 생각이 없는 이들은 하나님을 믿는다고 말할 수 없습니다. 누군가에게 수치심을 안기고 함부로 혐오를 드러내면서 하나님을 믿고 따른다는 말은 어불성설입니다. 사는 모습을 보면 그들이 섬기는 주인이 누구인지 알 수 있습니다.

이사야는 이스라엘이 하나님의 백성으로 부름받고도 하나님의 이름을 부르지 않았다고 말합니다. 하나님을 섬기는 일에 싫증을 냈고, 제물을 바치는 수고도 귀찮게 여겼다는 것입니다. 오히려 그들은 죄로 하나님을 수고롭게 했고, 악함으로 괴롭혔습니다(사 43:24). 그런데도 하나님은 그들을 용서하셨습니다. 당신의 거룩한 이름을 속되게 하지 않으려고 그리하신 겁니다. 용서는 사실 돌아오라는 초대입니다. 하나님께서 걸어 놓으신 노란 리본입니다. 〈Tie a Yellow Ribbon round the Old Oak Tree〉라는 노래가 떠오릅니다. 3년간의 복역을 끝낸 남자가 여인에게 편지를 보냅니다. 이제 나는 곧 자유의 몸이 됩니다. 나의 잘못을 잘 알고 있습니다. 당신이 나를 받아들일 생각이 있다면 함께 지내던 집 앞에 있는 떡갈나무에 노란 리본을 매주세요. 만일 노란 리본이 보이지 않으면 거절한 것으로 알고 버스에서 내리지 않겠습니다. 편지를 보내고 얼마 후 남자는 버스를 타고 마을 어귀에 들어섭니다. 그리고 멀리 떡갈나무 가지마다 걸려 있는 노란 리본을 봅니다. 얼마나 감동했을까요? 하나님이 걸어 놓으신 노란 리본을 보십시오. 하나님이 우리를 용서하시는 것은 다시 시작하라는 부름입니다.

마침내, 일어서다

"그러나 나의 종 야곱아, 내가 택한 이스라엘아, 이제 너는 들어라." 너를 지으신 분 네가 태어날 때부터 '내가 너를 도와주마' 하신 주님께서 말씀하신다. "나의 종, 야곱아, 내가 택한 여수룬아, 두려워하지 말아라. 내가 메마른 땅에 물을 주고 마른 땅에 시내가 흐르게 하듯이, 네 자손에게 내 영을 부어 주고, 네 후손에게 나의 복을 내리겠다. 그들은 마치 시냇물 가의 버들처럼, 풀처럼 무성하게 자랄 것이다. 그 때에는 '나는 주님의 것이다' 하고 말하는 사람도 있고, '야곱'의 이름을 써서 그의 자손임을 자칭하는 사람도 있을 것이며, 팔에다가 '나는 주님의 것'이라고 쓰는 사람도 있을 것이며, '이스라엘 사람'이라고 불리는 것을 영광으로 여기는 사람도 있을 것이다"(사 44:1-5).

이사야는 하나님을 "너를 지으신 분 네가 태어날 때부터 '내가 너를 도와주마' 하신 주님"으로 소개합니다. '도우시는 분'이라는 뜻의 '아자르*azar*'는 '둘러싸다, 보호하다, 구조하다'라는 뜻으로 새길 수 있습니다. 하나님은 이스라엘 공동체를 창조하신 분인 동시에 그들이 직면한 위기의 순간마다 방패처럼 그들을 감싸고 도우신 분입니다. 그 하나님이 무너진 이스라엘 공동체를 친근하게 부르십니다. "나의 종, 야곱아." "내가 택한 여수룬아." 여수룬은 성경에 딱 네 번 등장하는 단어입니다. 세 번은 신명기에 소개된 모세의 기도와 축복에 나오고(신 32:15, 33:5, 26, 개역개정), 한 번은 오늘 본문인 이사야서에 나옵니다. 새번역은 유감스럽게도 신명기에 나오는 '여수룬'을 다 '이스라엘'로 번역했습니다. '여수룬*Jesburun*'은 '정직한 사람upright one'이라는 뜻입니다. 일종의 애칭인 셈입니다. 마치 우리가 아기들을 보며 귀염둥이, 착한 녀석이라고 말하는 것과 같을 겁니다. 하나님은 죄를 지은 이스라엘, 죄책감에 사로잡힌 백성들을 친근하게 부르시며 곁을 내주고 계십니다. 그들에게 주신 첫 메시지는 "두려워하지 말아라"입니다. 현실이 제아무리 힘겨워도 주눅들지 말라는 것입니다. 강하고 담대하게 현실과 맞서라는 것입니다. 어떻게 그럴 수 있을까요? 주님이 함께 계심을 관념이 아니라 실상으로 경험해야 합니다. 주님은 의기소침해진 백성들을 격려하십니다.

> 내가 메마른 땅에 물을 주고 마른 땅에 시내가 흐르게 하듯이, 네 자손에게 내 영을 부어 주고, 네 후손에게 나의 복을 내리겠다(사 44:3).

하나님의 영이 우리 속에 들어올 때 우리는 '일어선upright 존재'가 됩니다. 하나님의 영은 일어서게 하는 힘입니다. 전에도 소개한 적이 있지만, 스위스 조각가 알베르토 자코메티의 말을 저는 참 좋아합니다. "마침내 나는 일어섰다. 그리고 한 발을 내디뎌 걷는다. 어디로 가야 하는지, 그리고 그 끝이 어딘지 알 수는 없지만, 그러나 나는 걷는다. 그렇다. 나는 걸어야만 한다." '마침내'라는 부사는 이전에 견뎌야 했던 세월의 무게를 짐작하게 합니다. '마침내'라는 단어 속에는 대지를 딛고 일어선 대견함이 담겨 있습니다. 우리도 자꾸 일어서야 합니다. 우리를 아래로 잡아끄는 중력, 죄, 무기력, 절망, 슬픔, 원망을 떨치고 일어서야 합니다. 그럴 힘을 하나님께서 우리 속에 불어넣고 계십니다. 그것이 바로 '복*berakah*'입니다. 복은 완제품이 아니라 가능성으로 우리에게 옵니다. 하나님은 아담과 하와에게 복을 베푸시면서 생육하고 번성하여 땅에 충만하라고 말씀하셨습니다. 하나님이 주신 복의 가능성을 현실로 바꾸며 사는 것이 인간의 소명입니다. 그는 "마치 시냇물 가의 버들처럼, 풀처럼 무성하게 자랄 것"(사 44:4)입니다.

우리가 원하는 모든 것을 얻어서, 어려움이 없어서 행복한 게 아닙니다. 삶은 본래 힘겹습니다. 어떤 이들은 남을 이용하려 듭니다. 주위 사람들을 정신적으로 고문하는 이들도 있습니다. 그러나 어려움 속에서도 다른 이들을 도우려는 이들이 있습니다. 인간성의 숭고함을 드러내는 사람들 말입니다. 하나님의 마음에 뿌리를 내렸기에 그들은 인생의 가뭄이 찾아와도 메마르지 않습니다.

시냇가에 심긴 버들처럼

지금 우리는 어떻습니까? 하나님의 백성이라는 사실이 자랑스럽습니까? 현실 기독교가 세상의 놀림거리로 변했지만, 우리는 이 고백 안에 머물러야 합니다. "나는 주님의 것이다." '하나님의 백성'의 공동체에 속해 있음이 자랑이 되도록 살아야 합니다. 하나님의 영은 하나님의 실재에 참여하라고 우리를 초대하고 계십니다. 세상 안에서 하나님의 뜻과 목적을 분별하고, 반영하고, 구체화하는 것이 우리의 소명입니다. 성령은 우리가 하나님의 성품에 참여하도록 초대합니다. 하나님의 성품에 참여한다는 것은 어떤 것일까요?

> 더욱 충만한 인간이 되어 간다는 것, 즉 하나님께서 창조하신 본래의 인간이 되어 간다는 것, 더 나아가 영적 감각들이 참여하고, 파트너가 되고, 신적 생명을 함께 나누는*koinonia* 피조물이 되어 하나님을 반영하는 형상으로 되어 간다는 뜻.[9]

하나님을 반영한다는 말이 이해하기 어렵다면, 하나님이 정녕 우리 가운데 계시다는 사실을 주위 사람들에게 삶으로 입증하는 존재가 되는 거라고 이해하면 됩니다. 무수한 '조지 플로이드들'이 "숨을 쉴 수 없어요"라고 외치는 소리가 도처에서 들려옵니다. 그들이 숨을 쉴 수 있게 억압을 제거하고, 그들이 인간다운 삶을 누리도록 기회를 제공하는 것이 우리의 소명입니다. 그런 소명을 따라 살 때 우리는 비로소 시냇가에 심긴 버들처럼 푸른 기운을 세상에 전하며 살 수 있습니다. 우울감에 사로잡힌 이들 속에 들어가 명랑함과 생기를 불어넣으십시오. 일어선 사람이 되어 자꾸만 주저앉으려는 이웃들을 일으켜 세우십시오. 우리는 혼자가 아닙니다. 성령께서 우리 속에 머물고 계시기 때문입니다. 오늘도 내일도 주님의 영 안에서 춤추며 기쁘게 사십시오.

3부

길 없는 곳에서 누군가의 길이 되길

삶이 선물이라는 것,

'삶은 여전히 힘겨워도 우리 일상의 모든 순간이

하나님의 은총이 당도하는 시간이라는 감각'을 잃어버려

우리는 빈곤감에 시달립니다.

삶의 자리로 이어지는 예배

길고 긴 격절의 시간을 건너 이렇게 다시 만나게 되었습니다. 얼싸안고 정을 나누진 못해도 얼굴을 보는 것만으로도 행복합니다. 신경림 선생은 〈파장罷場〉이라는 시에서 "못난 놈들은 서로 얼굴만 봐도 흥겹다"라고 노래했습니다. "이발소 앞에 서서 참외를 깎고/ 목로에 앉아 막걸리를 들으키면/ 모두들 한결같이 친구 같은 얼굴들."[1] 지금으로부터 50년 전의 풍경이긴 합니다만, 왠지 그 마음을 알 것만 같습니다. 하나님이 우리를 받아 주셨듯이 우리도 있는 모습 그대로 서로를 받아들일 수 있으면 좋겠습니다.

한동안 영상 예배를 인도하면서 늘 떠올리던 광경이 있었습니다. 바빌론에서 포로 생활을 하면서도 예루살렘을 향해 난 창문 앞에 무릎을 꿇고 앉아 하루에 세 번씩 기도하던 다니엘입니다. 그는 왕 이외의 신들에게 간구하는 자들을 사자 굴에 던지겠다는 왕의 지엄한 금령에도 불구하고 기도를 멈추지 않았습니다. 각자 가정에서 화면을 열어 드리는 예배를 다니엘의 기도와 연결하는 게 적절한지 모르겠지만, 왠지 그런 느낌이 들어 비감스러웠습니다. "우리가 바빌론의 강변 곳곳에 앉아서, 시온을 생각하면서 울었다"(시 137:1)라고 고백하던 이스라엘 포로민의 처지가 떠오르기도 했습니다. 속으로 '왜? 서둘러 교회 오지 않아도 되고, 편안하게 집에서 예배 드리니 좋기만 하더구먼' 하고 생각하는 분들도 계시겠지요? 외국의 한 신문 만평은 격리 생활에 익숙해진 아무개 여사가 모처럼 예배당에 참석한 모습을 보여 주었습니다. 푹신한 슬리퍼에 헐렁한 잠옷을 입고, 머리에는 헤어롤을 말고, 커피 한 잔을 들고 예배당에 들어서다가 '아차' 싶은지 당황하는 모습이었습니다.

오늘은 예배를 드리는 마음에 관해 다시 생각해 보려 합니다. 독일어로 예배를 뜻하는 단어는 'Gottesdienst'입니다. '하나님'을 뜻하는 'Gott'와 '섬기다'라는 뜻의 'dienen'이 결합한 단어입니다. 하나님을 섬기는 게 예배라는 말일 겁니다. 중앙루터교회 최주훈 목사님은 이 단어를 이해하려면 '방향성'에 주의해야 한다고 말합니다. 루터가 이해한 '예배Gottesdienst'는 죄인들을 위해 하나님Gott이 일하신다dienen는 데 강조점이 있다는 것입니다. "개신교적 예배란 은총의 수단인 말씀과 성례전을 통해 하나님께서 죄인을 위해 일하시는 것으로 출발하여, 인간이 그 은총에 기도와 찬송과 감사로 반응하는 상호 소통의 과정"[2]이라는 것입니다. 예배는 하나님이 우리를 위해 하시는 일이자 선물입니다. 물론 온전한 예배가 되려면, 우리가 기도와 찬송과 감사로 반응해야 합니다. 하나님의 '쿵~' 하는 장단에 우리가 '~더쿵' 하고 반응하는 것이 예배라는 말입니다.

예배를 예배되게 하는 것

오늘 본문은 사마리아 여인이 예수님을 만나는 이야기의 한 부분입니다.

> 여자가 말하였다. "선생님, 내가 보니, 선생님은 예언자이십니다. 우리 조상은 이 산에서 예배를 드렸는데, 선생님네 사람들은 예배드려야 할 곳이 예루살렘에 있다고 합니다." 예수께서 말씀하셨다. "여자여, 내 말을 믿어라. 너희가 아버지께, 이 산에서 예배를 드려야 한다거나, 예루살렘에서 예배를 드려야 한다거나, 하지 않을 때가 올 것이다. 너희는 너희가 알지 못하는 것을 예배하고, 우리는 우리가 아는 분을 예배한다. 구원은 유대 사람들에게서 나기 때문이다. 참되게 예배를 드리는 사람들이 영과 진리로 아버지께 예배를 드릴 때가 온다. 지금이 바로 그 때이다. 아버지께서는 이렇게 예배를 드리는 사람들을 찾으신다. 하나님은 영이시다. 그러므로 하나님께 예배를 드리는 사람은 영과 진리로 예배를 드려야 한다." 여자가 예수께 말했다. "나는 그리스도라고 하는 메시아가 오실 것을 압니다. 그가 오시면, 우리에게 모든 것을 알려 주실 것입니다." 예수께서 말씀하셨다. "너에게 말하고 있는 내가 그다"(요 4:19-26).

요한복음 4장은 마을 공동체에서 따돌림당하며 살던 한 여인과 예수의 마주침과 대화, 그 대화를 통해 열린 사마리아 선교의 가능성을 상세하게 보도합니다. 뜨거운 햇볕 때문에 아무도 우물을 찾지 않는 정오 무렵, 여인은 홀로 물을 길으러 나왔다가 예수님을 만납니다. 인생의 결정적인 순간은 늘 우연처럼 찾아옵니다. 존 웨슬리는 내키지 않는 마음으로 앨더스게이트가에서 열린 집회에 참석했다가 마음이 뜨거워지는 경험을 했습니다. 사울은 예수 믿는 자들을 색출하기 위해 다마스쿠스로 가다가 부활하신 주님과 만나 삶의 방향이 바뀌었습니다. 그렇게 극적이지는 않아도 우리 삶도 우연처럼 보이는 그런 만남을 통해 변전을 거듭합니다.

늘 헛헛함에 시달리던 여인은 예수를 만나 가슴에서 생수가 솟아나는 기쁨을 맛보았습니다. 여인은 대화를 통해 예수님이 범상한 분이 아님을 알아차렸습니다. 그러나 그분을 메시아라고 생각한 것 같지는 않습니다. 탐색의 과정 가운데 여인이 주님께 여쭙습니다.

> 우리 조상은 이 산에서 예배를 드렸는데, 선생님네 사람들은 예배드려야 할 곳이 예루살렘에 있다고 합니다(요 4:20).

여기서 말하는 '이 산'은 요단강 서안 나블루스 지역에 있는 그리심산을 가리킵니다. 해발 800미터쯤 되는 산으로 에발산을 마주 보고 있습니다. 출애굽 공동체는 가나안 입성을 앞두고 이 두 산에서 축복과 저주를 선포했습니다. 이 지역은 또 야곱에 관한 기억이 새겨진 장소인 베델과 세겜에서 가까웠습니다. 베델은 야곱이 형을 피해 달아날 때 돌베개를 베고 자다가 하나님을 만난 곳이고, 세겜은 근 20년 만에 고향으로 돌아온 그가 정착한 장소입니다. 유대인들에게 차별을 받던 사마리아 사람들은 그리심산에 성전을 세우고 그곳에서 예배를 드렸습니다. 유대 사람들은 그 성전을 절대로 인정할 수 없었습니다. 여인의 질문은 이런 맥락에서 나온 것입니다. 여인은 마을 사람들에게 외면당하면서도 문화적·종교적 관습이 만든 질서를 내면화하고 있습니다. 자기도 모르는 사이에 길든 것입니다.

바른 예배 장소를 묻는 물음에 예수님은 누구도 예상하지 못한 대답을 하셨습니다. 예배를 드리기에 합당한 '장소'를 묻는 물음에 '때'에 관해 말씀하십니다. "너희가 아버지께, 이 산에서 예배를 드려야 한다거나, 예루살렘에서 예배를 드려야 한다거나, 하지 않을 때가 올 것이다"(요 4:21). 예배를 예배되게 하는 것은 '장소'가 아니라 '때'입니다. 때를 나타내는 헬라어 호라*hora*는 자연법에 따른 특정한 시간을 가리키기도 하지만, 결정적 시간이라는 뜻도 내포합니다. 하나님의 말씀 혹은 마음과 만나는 결정적 시간이야말로 예배의 순간입니다. '예배하다'라는 뜻의 '프로스키네오*proskyneo*'에는 '누구의 손에 입을 맞추다, 무릎을 꿇고 이마를 땅에 대다'라는 뜻이 담겨 있습니다. 이는 거룩함과 만났을 때 사람들이 보이는 반응입니다.

예배의 때

나치에 의해 아우슈비츠 수용소에 갇혔다가 종전과 더불어 석방된 오스트리아 의사 빅터 프랭클이 쓴《죽음의 수용소에서》에 나오는 한 장면이 참 인상적입니다. 그는 전쟁이 끝나 지옥과도 같은 수용소에서 석방된 후에 벌어진 일을 들려줍니다.

석방이 된 며칠 후의 어느날 나는 꽃이 만발한 꽃밭을 지나 시골의 들판을 가로지르며 걷고 있었다. 수용소에서 가까운, 장이 서는 읍을 향해 몇 마일을 걷고 또 걸었다. 종달새가 푸드득하니 푸른 하늘로 날아올랐다. 나는 기뻐서 부르는 종달새의 노래를 들을 수 있었다. 주위 몇 마일 안에는 아무도 볼 수 없었다. 끝없이 펼쳐진 땅과 드높게 보이는 푸른 하늘, 그리고 종달새가 즐겁게 부르는 노랫소리를 제외하면 자유로운 공간만이 있을 뿐이었다. 문득 나는 걸음을 멈추었다. 사방을 두리번거렸다. 그리고 푸른 하늘을 우러러보았다. 갑자기 나는 무릎을 털썩 꿇었다. 이 순간, 나는 내 자신이나 이 세상에 관하여 아는 것이 거의 없었다. 언제나 마찬가지였지만 — 있다면 내 마음 속에 울려 나오는 한마디 뿐이었다.

"저는 저의 비좁은 감방에서 주님을 불렀나이다. 그리고 주님은 자유로운 공간 속에서 저에게 응답을 하셨나이다."

얼마나 오랜 시간을 두고 거기서 무릎을 꿇고 있었는지, 또 그와 같은 한 마디를 몇 번이나 되뇌었는지 이제 기억할 수 없다. 그러나 나는 그날 그 시간부터 나의 새로운 삶이 시작되었다는 것을 알고 있다. 나는 다시 인간이 될 때까지 한 걸음 또 한 걸음 앞으로 나아가게 될 것이다.[3]

정경이 저절로 그려집니다. 그는 호젓한 들판을 홀로 걸었습니다. 몇 년 동안은 꿈에도 생각할 수 없었던 자유를 만끽하고 싶었을 겁니다. 그를 사로잡고 있던 두려움의 먹장구름이 걷히자 세상이 온통 아름답고 친밀하게 느껴졌습니다. 인간은 그리도 슬프고 아픈 시간을 보내고 있었는데, 자연은 무심하게 그 자리를 지키고 있었습니다. 문득 푸른 하늘을 바라보는 순간 그는 털썩 무릎을 꿇을 수밖에 없었습니다. 그 비좁은 수용소에서 바쳤던 기도가 응답되었음을 깨달았기 때문입니다. 멀리 계신 것만 같았던 하나님이 그를 감싸 안고 계셨고, 그의 든든한 설 땅이 되어 주셨음을 자각하는 순간, 뭔가 신령하고 압도적인 느낌에 사로잡혔습니다.

그 체험 이후 그는 고단한 현실을 딛고 일어설 힘을 얻었습니다. 마음을 온통 사로잡고 있던 인간에 대한 회의와 절망을 털어 내며 인간이 되기 위한 여정에 오를 힘 말입니다. 예배의 '때'란 이런 것입니다. 그런 체험은 인위적으로 노력하여 얻은 것도 아니고 누군가가 조장한 것도 아니지만, 그는 어느 순간 온 세상을 가득 채우고 계신 하나님의 숨결을 느꼈던 것입니다. 하나님께서 열어 주시지 않으면 누구도 이것을 경험할 수 없습니다. 이 체험이 예배당 안에서 일어나지 않았다고 하여 누가 비난할 수 있겠습니까?

그리스도의 마음으로 샤워하고

주님은 여인에게 "참되게 예배를 드리는 사람들이 영과 진리로 아버지께 예배를 드릴 때가 온다. 지금이 바로 그 때이다"(요 4:23)라고 말씀하셨습니다. 옛 번역은 이것을 '신령과 진정으로'라고 옮겼습니다. 그래서 이 구절은 예배를 드리는 이가 가져야 할 진실하고 애틋한 태도를 가르치는 것으로 여겨지기도 했습니다. 그러나 그건 정말로 이 본문에 대한 오해에 불과합니다. '영'으로 예배하고, '진리'로 예배한다는 말은 둘이면서 하나입니다.

'영'은 예수께서 사마리아 여인에게 약속하신 생수, 곧 성령을 가리킵니다. 영으로 예배하는 사람은 어떤 사람입니까? 성령은 우리 마음을 하나님의 마음, 예수님의 마음과 접속시켜 줍니다. 그 마음에 감득된 상태에 있는 것이 바로 진정한 예배입니다. 영으로 예배한다는 것은 하나님의 아픔을 느끼고 그 아픔을 덜어 드리고 싶어 하는 것, 하나님의 기쁨을 느끼고 그 기쁨을 함께 기뻐하는 것입니다.

요한복음에서 '진리'는 '참된 이치'를 뜻하는 추상적 개념이 아니라 예수님 자신을 가리키는 말입니다. 진리로 예배한다는 것은 하나님의 뜻을 살리기 위해 자기 욕망을 내려놓으셨던 예수의 마음을 품는다는 뜻이 아닐까요? 예배를 잘 기획하고, 각본에 따라 정밀하게 수행하는 것이 참 예배가 아닙니다. 물론 예배는 잘 준비되어야 하지만, 본과 말을 뒤집으면 안 됩니다. 모처럼 현장에서 속개되는 이 예배가 '영과 진리'로 드리는 예배가 되기를 바랍니다. 우리끼리 즐겁고 반가운 예배가 아니라, 하나님과 그리스도의 마음으로 샤워하고, 그 뜻을 따라 살기로 작정하는 예배 말입니다.

사마리아 여인은 말귀를 알아들었을까요? 아직도 미심쩍은 데가 있었던 모양입니다. 여인은 "나는 그리스도라고 하는 메시아가 오실 것을 압니다. 그가 오시면, 우리에게 모든 것을 알려 주실 것입니다"라고 말합니다. 여인에게는 아직 눈앞에 계신 메시아를 알아볼 눈이 없습니다. 메시아의 현실은 저 먼데 어디 있는 것이지 자기 눈앞에 있다고 생각할 수 없었기 때문입니다. 예수님은 즉각 "너에게 말하고 있는 내가 그다" 하고 말씀하십니다. 메시아는 사람들을 속박에서 풀어 주는 분입니다. 우리는 그 주님과 동행하는 이들입니다.

예배당에서의 예배는 구체적인 삶의 자리로 이어져야 합니다. 삶이 예배가 되도록 살아야 한다는 말입니다. 우리는 일상을 성화하라는 소명을 받은 사람들입니다. 등불 하나가 천년의 어둠을 밝힌다一燈可破千年暗라는 말이 있습니다. 어두운 세상에 하늘빛을 가져가는 우리가 되기를 바랍니다. 바이러스는 소리 없이 퍼져 나가 우리 삶을 제약하지만, 우리의 선한 뜻과 의지가 조용히 그러나 끈질기게 퍼져 나가 세상 구석구석을 채울 때 삶이 아름다워질 겁니다. 주님이 앞서가시니 우리가 뒤따라야 합니다. 한 주간 동안의 우리 삶이 예배가 될 수 있기를 빕니다.

하나님을 공경하는 삶

어느새 초복이 지나고 장마철에 접어들었습니다. 세계 도처에서 기후 위기의 조짐이 나타나고 있습니다. 일본과 중국에서는 홍수로 많은 이재민이 발생했고, 북극의 빙하가 빠른 속도로 녹아내리고, 시베리아에서도 곳곳에서 산불이 번지고 있습니다. 지구 생태계가 몸살을 앓고 있다는 사실을 우리는 두렵게 실감하고 있습니다. 코로나19도 생태계 파괴와 떼려야 뗄 수 없이 연결되어 있습니다. 사람들이 이루는 권력의 생태계도 건강하지 못합니다. 서울시에서 벌어진 다양한 형태의 젠더 문제는 우리 사회가 아직도 남성 중심 문화를 청산하지 못했다는 사실을 여실히 보여 줍니다. 선배의 온몸에 끓는 물을 부으며 학대한 20대의 이야기를 들으며 소름이 끼쳤습니다. 인간 실격이라는 말이 절로 떠오릅니다.

여러 해 전에 세상을 떠난 영성신학자 헨리 나우웬은 신부로 살았음에도 울적한 기분을 떨치기 어렵고, 사람들과의 연결 고리가 끊어진 것 같고, 사람들에게 조롱당하는 것 같고, 혼돈에 빠진 것 같은 느낌에 시달리기도 했음을 고백한 바 있습니다. 별것 아닌 것들로 감정의 균형이 크게 흔들리더라고 했습니다. 어두운 충동에 속절없이 이끌리는 마음을 성찰한 끝에 그는 자기가 하나님의 빛보다 어둠을 선호했다고 고백합니다. 사람이 어둠에 이끌리는 까닭은 그것이 상당한 만족과 자신감을 주기 때문입니다.[4] 어두운 만족감에 취하는 순간 우리는 하나님에게서 멀어지고, 결국 더 깊은 어둠과 공허 속에 빠져들게 마련입니다.

이게 우리 현실입니다. 세상이 부글부글 끓고 있는 것 같습니다. "만물이 다 지쳐 있음을 사람이 말로 다 나타낼 수 없다. 눈은 보아도 만족하지 않으며 귀는 들어도 차지 않는다"(전 1:8)는 전도서 기자의 탄식이 자꾸만 떠오르는 나날입니다. 부질없는 말을 모두 내려놓고 세상의 소음과 결별한 채 잠시라도 머물 수 있는 장소가 있으면 참 좋겠다는 생각에 자주 사로잡힙니다. 조용한 가운데 무릎을 꿇고 있을 수 있는 장소, 하나님의 현존을 느낄 수 있는 장소, 가만히 있어도 숨을 편히 쉴 수 있는 장소 말입니다. 오늘 우리가 드리는 예배가 우리 영혼의 쉼터가 될 수 있으면 좋겠습니다.

전통에 집착하는 위험

예수님과 제자들이 게네사렛 땅에 머물던 어느 날, 예루살렘에서 사람들이 찾아왔습니다. 바리새파 사람들과 율법학자들이었습니다. 그들이 그 먼 길을 마다하지 않고 찾아온 이유는 제자가 되기 위해서가 아니라, 예수의 행태에 시비를 걸고, 그의 가르침을 무력화하기 위해서였습니다. 아마도 율법 해석에 관한 한 남에게 뒤지지 않는다고 자부하는 사람들이었을 겁니다. 그들은 다짜고짜 질문을 던집니다.

> 당신의 제자들은 어찌하여 장로들의 전통을 어기는 것입니까? 그들은 빵을 먹을 때에 손을 씻지 않습니다(마 15:2).

'어찌하여'라는 말 속에는 반드시 지켜야 할 '장로들의 전통'을 지키지 않았다는 고발이 담겨 있습니다. '전통'은 공동체의 오랜 기억과 습속이 축적된 것이라 할 수 있습니다. 어떤 상황에 닥쳤을 때 공동체 구성원이 일반적으로 반응하는 방식이 전통으로 굳어지곤 합니다. '장로들의 전통'은 율법 해석을 독점했던 소위 지식인들의 가르침을 뜻합니다. 사람들은 그것을 권위로 받아들였습니다. 마치 조선 사대부들이 주자학적 질서에 집착했던 것과 유사합니다. 그들은 성현들의 가르침을 배우고 익히는 데 집중했을 뿐 새로운 상황에 유연하게 대처하지는 못했습니다. 기본적으로 보수적일 수밖에 없었습니다. '술이부작述而不作'이라는 말을 들어 보셨을 겁니다. 성현들의 가르침을 풀어 설명할 수는 있어도 새로운 가르침을 만들어 내면 안 된다는 것입니다. 성정이 활달했던 《열하일기》의 저자 연암 박지원 선생 같은 분은 정조 임금에게 잡다한 글을 쓰지 말라는 엄중한 경고를 받기도 했습니다.

전문가를 자부하는 이들일수록 변통할 줄 모르는 폐단을 보입니다. 전문가보다는 오히려 아마추어가 사고의 유연성을 보일 때가 많습니다. 아마추어라는 말은 라틴어 '아마토르*amator*'에서 유래한 말인데 '애호가lover'를 뜻합니다. 이름을 알리거나 밥을 벌어먹기 위해 어떤 일을 하는 것이 아니라 그 일이 좋아서 하는 이들이 아마추어입니다. 그들은 늘 배움에 열려 있습니다. 종교인들에게 필요한 것은 전문성이지만, 태도는 아마추어적이어야 합니다. 뭐든 새롭게 배우려는 마음을 품어야 한다는 말입니다.

전통은 참 중요합니다. 감리교를 시작한 존 웨슬리도 '경험'을 감리교 신앙의 4대 원리 가운데 하나로 꼽았습니다. 우리는 모두 그리스도라는 푯대를 향해 나아가는 순례자입니다. 궁극적으로는 그리스도를 통해 하나님의 마음과 깊이 접속하려는 소망을 품고 삽니다. 그 순례길을 가는 동안 우리는 앞서 그 길을 걸어갔던 분들의 도움을 받아야 합니다. 그들은 참을 찾아가는 이들이 만나게 마련인 여러 장애물을 미리 일러 주고, 그 과정에서 찾아오는 두려움과 권태와 나른함을 어떻게 극복해야 하는지 귀한 가르침을 줍니다. 전통적인 지혜는 그런 의미에서 유용하지만, 그 가르침에만 집착하면 안 됩니다. 저마다 자기 시대의 도전에 응답해야 하기 때문입니다. 제가 좋아하는 철학자인 카를 야스퍼스는 "전통의 샘은 현재에서 새롭게 실현되기 위해 포착될 때에만 샘솟는 것"[5]이라고 말했습니다. 유구한 전통만 자랑할 게 아닙니다. 그 전통의 샘에서 새로운 샘물을 길어 올릴 수 있어야 합니다.

기게스의 반지 이야기

바리새파 사람들과 율법학자들은 예수를 옭아맬 든든한 밧줄을 가지고 왔습니다. 장로들의 전통을 어긴다는 것만으로도 예수는 유대교 사회에서 받아들여지기 어려운 존재로 낙인찍힐 수 있었던 것입니다. 그러나 상황은 그들의 뜻대로 흘러가지 않았습니다. 예수님은 그들의 질문에 가타부타 대답하지 않으시고 오히려 그들에게 다른 질문을 던집니다.

그러면 너희는 어찌하여 너희의 전통 때문에 하나님의 계명을 어기느냐? 하나님께서 말씀하시기를 "아버지와 어머니를 공경하여라" 하시고, 또 "아버지나 어머니를 욕하는 자는 반드시 죽을 것이다" 하셨다. 그러나 너희는 말하기를, 누구든지 아버지나 어머니에게 "내게서 받으실 것이 하나님께 드리는 예물이 되었습니다" 하고 말만 하면, 그 사람은 제 부모를 공경하지 않아도 된다고 한다. 이렇게 너희는 너희의 전통 때문에 하나님의 말씀을 폐한다. 위선자들아! 이사야가 너희를 두고 적절히 예언하였다. "이 백성이 입술로는 나를 공경해도, 마음은 나에게서 멀리 떠나 있다. 그들은 사람의 훈계를 교리로 가르치며, 나를 헛되이 예배

한다"(마 15:3-9).

소위 '고르반' 제도에 대한 비판입니다. 고르반은 '하나님께 바쳐진 것'이라는 뜻입니다만, 바벨론 포로기 이후의 유대교에서는 그 단어가 일종의 '맹세어'처럼 변질하였습니다. 사람들은 신앙의 진정성을 드러내기 위해 자기 소유물 가운데 어떤 것이 '고르반되었다'라고 선언하곤 했습니다. 자기 소유를 바치는 것은 예나 지금이나 쉬운 일이 아닙니다. 그런데 고르반 선언을 했다고 하여 곧 하나님께 바쳐야 했던 것은 아닙니다. 살아 있는 동안 사용권을 행사하되 사후에는 성전에 귀속되도록 하면 됐습니다. 고르반이라는 것이 굳이 나쁘다고 말할 수는 없지만, 어떤 제도든 악용되기 쉽다는 게 문제라면 문제겠습니다. 유대교에서 부모를 부양하는 것은 자식의 당연한 도리였습니다. 그러나 그 관계에 문제가 생기면 자식은 부모에게 드려야 할 것을 '고르반되었다'고 선언함으로써 부양의 의무에서 벗어나곤 했습니다. 경건을 가장한 자기 이익의 확대인 셈입니다.

성전 체제를 유지하려는 이들은 당장 수입으로 잡히지 않더라도 때가 되면 성전의 재산이 늘어난다고 보았기에 고르반 제도를 인정했습니다. 예수님이 하신 질문은 어느 계명이 더 본질적이냐는 것입니다. '부모를 공경하라'는 하나님의 근본 계명을 장로들이 가르친 '고르반 제도'로 무력화하는 것이 과연 합당하냐는 질문입니다. 예수님은 그들을 '위선자'라 부릅니다. 헬라어로 위선자를 뜻하는 '히포크리테스*hypokrites*'는 기본적으로 연기자를 가리킵니다. 속마음과 겉 행동이 일치하지 않는 이를 가리키는 말입니다. 스스로 경건하다 자부하는 이들 가운데는 겉으로는 경건하게 보여도 속으로는 하나님을 경멸하는 이들이 많습니다. 그들은 사람들의 시선을 의식하여 행동합니다.

플라톤의 책 《국가·政體》에서 글라우콘이라는 사람이 들려주는 기게스의 반지 이야기가 흥미롭습니다. 리디아의 왕에게 고용된 목자가 있었습니다. 어느 날 심한 뇌우와 지진으로 땅이 갈라진 것을 보고 그는 그 틈으로 내려가 보았습니다. 그리고 그곳에서 청동말 한 필과 사람 크기보다 더 큰 시체 한 구를 발견했습니다. 기게스는 시체의 손가락에 있는 금반지를 빼 자기 손에 끼었습니다. 시간이 좀 흐르고 왕에게 보고하러 갈 시간이 되자 목자들이 모여 그동안 있었던 일을 함께 나누었습니다. 무료했던 기게스는 반지의 보석 받이를 손 안쪽으로 돌려 보았습니다. 그러자 놀랍게도 자기 몸이 보이지 않는다는 사실을 알게 되었습니다. 보석 받이를 다시 밖으로 돌리자 자기 모습이 나타났습니다. 기게스는 궁궐로 들어가 반지를 이용해 왕비와 간통하고 왕을 살해한 후 왕국을 장악했습니다. 글라우콘이 이 이야기를 통해 들려주려 했던 메시지는 사람들의 올바른 처신은 내면에서 우러나온 것이라기보다 외적 강제 때문이라는 점이었습니다.[6] 기게스의 반지가 우리에게 있다면, 우리는 좀 다를까요?

예수님은 하나님을 공경한다고 말하면서도 내심으로는 하나님을 무시하는 바리새파 사람들과 율법학자들의 속내를 폭로하셨습니다. 오늘 우리는 어떻습니까? 우리가 나쁜 짓을 하지 않는 것이 우리 속에 있는 경외심 혹은 도덕 감정 때문입니까? 아니면 누군가 보고 있다는 두려움 때문입니까? 어떤 분은 우리 시대를 가리켜 양심조차 아웃소싱되거나 다른 이들에게 위임된 시대라고 말합니다. CCTV가 우리 행동을 규제하고 있다는 뜻일 겁니다.

하나님의 은총이 당도하는 시간

입술로는 하나님을 공경하면서도 마음으로는 하나님에게서 멀리 떠나 있는 이들이 많습니다. 교리를 지킨다고 말하면서도 하나님을 헛되이 예배하는 이들이 많습니다. 하나님을 공경하는 것은 인간의 겸허한 자기 성찰에서 시작됩니다. 시편 시인은 온 우주 만물을 조화롭게 창조하신 하나님 앞에 엎드려 "사람이 무엇이기에 주님께서 이렇게까지 생각하여 주시며, 사람의 아들이 무엇이기에 주님께서 이렇게까지 돌보아 주십니까?"(시 8:4) 하고 고백합니다. 또 다른 시인은 "내가 이렇게 빚어진 것이 오묘하고 주님께서 하신 일이 놀라워, 이 모든 일로 내가 주님께 감사를 드립니다"(시 139:14)라고 고백합니다.

하나님을 공경하는 이들은 세상에 존재하는 모든 것들 속에 하나님의 숨결이 깃들어 있음을 매 순간 경험하며 삽니다. 후기 자본주의 시대를 사는 우리가 잃어버린 가장 소중한 것이 있다면, 그것은 놀라고 경탄할 줄 아는 능력이 아닐까요? 삶이 선물이라는 것, '삶은 여전히 힘겨워도 우리 일상의 모든 순간이 하나님의 은총이 당도하는 시간이라는 감각'을 잃어버려 우리는 빈곤감에 시달립니다. 칸트는 우리 마음을 감탄과 외경심으로 채우는 것이 둘 있다고 말했습니다. 하나는 별이 빛나는 하늘이고, 다른 하나는 우리 속에 있는 도덕률입니다. 별이 빛나는 하늘을 바라볼 때 인간은 자신이 유한한 존재임을 깨닫습니다. 그러나 우리 속에 있는 도덕률은 우리가 하나님의 형상임을 깨닫게 해 줍니다. 나 좋을 대로 사는 것이 아니라 다른 이를 복되게 하며 사는 것이 인생임을 일깨워 줍니다. 하나님 공경이란 바로 이런 것이 아니겠습니까?

우리는 지금 예수의 뒤를 따르고 있습니까? 아니면 바리새파 사람들과 율법학자들의 길을 따르고 있습니까? 장로들의 전통, 교회의 가르침은 물론 중요합니다. 그러나 그것이 하나님과의 친밀한 사귐을 가로막을 수도 있다는 사실을 알아차려야 합니다. 잘 믿는 것처럼 보이지만, 실제로는 하나님을 무시하는 일이 벌어질 수도 있습니다. 삶의 갈피를 잡을 수 없다는 탄식이 도처에서 들려옵니다. 하나님의 빛 속으로 걸어가야 합니다. 그 빛이 인도하는 방향으로 나아가야 합니다. 오늘도 내일도 주님이 앞서가신 그 길 위에서 기쁨을 누릴 수 있기를 빕니다.

내일이 대한大寒이니까 24절기의 마지막 절기를 눈앞에 두고 있습니다. 〈농가월령가〉는 이맘때의 정경을 "설중雪中의 봉만峯巒들은 해저문 빛이로다"라고 노래했습니다. 흰 눈을 이고 있는 산봉우리가 저녁 해를 받아 빛나는 모양을 묘사한 것인데, 올해는 눈이 거의 안 와서 이런 광경을 보지 못했습니다. 기후 위기 시대에는 노래조차 달라져야 하는 모양입니다.

세상이 아주 빠르게 변하고 있습니다. 이전에는 상상조차 할 수 없었던 일들이 현실이 되고 있습니다. 인터넷은 세계를 하나로 이어 주고 있습니다. 그러나 인터넷 세상이 우리가 느끼는 근원적 외로움을 해소해 주는 것 같지는 않습니다. 기계와 대면하는 시간이 길어지면서 우리는 다른 이들과의 친밀한 소통에서 멀어지기도 합니다. 사람은 만남을 통해 자기를 형성하는 존재입니다. 아브라함 요수아 헤셸은 "만난다는 것은 서로 마주 서는 것뿐만 아니라 서로 동의하고 손을 잡고 하나가 되는 것"[7]이라고 말했습니다. 이런 친밀한 만남이 이어질 때 우리는 안정감을 느끼고, 나다운 삶을 기획할 수 있습니다.

누군가 어떤 형태로든 인사를 건네 오고 거기에 반갑게 응답하면서 우리는 외로움을 견딜 힘을 얻습니다. 이 시대를 살아가는 슬픔은 다들 마음이 한껏 달아오른 것처럼 보인다는 데 있습니다. 뜨거워지는 것은 지구만이 아닙니다. 경쟁이 치열해지면서 마음의 여백이 줄어들고 사소한 차이조차 견디지 못하는 이들이 많습니다. 편을 가르고, 너는 어느 편이냐고 묻고, 견해가 다르면 부르대며 적대감을 보입니다. 느긋한 평화를 누리기 어려운 세상입니다. 세상에 평화를 가져가야 할 기독교인들조차 평화롭지 못합니다. 눈빛이 맑고, 마음이 따뜻하고, 말에 품위가 있고, 여백이 많은 사람을 만나고 싶습니다. 아니, 우리가 그런 사람이 되어야 합니다. 이것이 어쩌면 이 시대의 우리의 소명인지도 모르겠습니다.

신약성서에서 큰 비중을 차지하는 바울 사도의 서신은 대개 각 지역 교회들이 직면하고 있던 문제들을 해결하기 위해 발송된 회람 편지였습니다. 교회를 가리켜 그리스도의 몸이라 하지만, 교회는 정말 다양한 사람이 모인 곳입니다. 인간적인 허물과 약점, 각자의 욕망까지 그리스도의 사랑의 용광로에 들어가 다 녹으면 좋겠지만 그렇지 못한 경우가 많습니다. 그래서 교회에는 갈등이 많습니다. 생각하는 바와 지향하는 바가 다르기 때문입니다. 모두가 그리스도라는 푯대를 바라본다면 다행이지만, 사람들은 눈앞에 있는 대상들을 바라보며 호불호를 표할 때가 많습니다. "누구든지 나를 따라오려거든, 자기를 부인하고, 제 십자가를 지고, 나를 따라 오너라"(마 16:24)라고 하신 말씀이 새록새록 떠오르는 요즘입니다. 따름의 전제 조건은 자기 부인否認입니다. 자기를 부인한다는 말은 자기를 내려놓거나 자기 이익에 따라 처신하지 않는 것입니다. 근본이 무너진 세상에서 우리는 다시 한번 우리가 누구인지 재확인해야 합니다. 오늘은 바울 사도를 우리 길잡이로 삼으려 합니다.

부르신 까닭

데살로니가 교회는 바울 사도의 제2차 전도 여행의 결실입니다. 빌립보를 떠나 데살로니가에 도착한 바울 일행은 회당에 들어가 세 안식일에 걸쳐 성경 말씀을 풀어 설명하였습니다. 그리스도께서 반드시 고난을 당하시고 죽은 사람들 가운데서 살아나셔야 한다는 것을 해석하고 증명하려 노력했습니다(행 17:3). 유대인 가운데 몇 사람, 경건한 그리스 사람, 그리고 적지 않은 귀부인들이 바울의 말에 깊은 공감을 드러냈습니다. 그것이 유대인들의 시기심을 자극했습니다. 그래서 불량배들을 동원하여 소란을 일으키고, 바울 일행을 붙잡으려 했습니다. 신도들은 밤을 틈타 그들을 베뢰아로 보냈습니다. 복음의 씨를 뿌리자마자 그들을 돌볼 겨를도 없이 데살로니가를 떠나야 했던 바울은 마치 갓난아이를 두고 먼길을 떠나온 엄마처럼 마음이 편치 않았습니다. 바울은 디모데를 그곳으로 보내

교인들의 형편을 살피게 했습니다. 그리고 여행에서 돌아온 디모데가 전하는 소식을 듣고 크게 기뻐했습니다.

바울은 곤경과 환난 속에서도 데살로니가 교인들이 믿음을 지키고 있고, 그를 그리워한다는 소식을 듣고 큰 위로를 받았습니다. 비로소 그는 숨을 쉴 수 있게 되었다고 말합니다. 얼마나 노심초사했으면 이런 표현을 썼겠습니까? 바울은 큰 애정을 담은 편지를 보내 그들에게 신앙의 근본을 다시 가르칩니다.

> 하나님께서 우리를 불러 주신 것은, 더러움에 빠져 살게 하시려는 것이 아니라, 거룩함에 이르게 하시려는 것입니다. 그러므로 이 경고를 저버리는 사람은, 사람을 저버리는 것이 아니라, 여러분에게 성령을 주시는 하나님을 저버리는 것입니다. 교우들에 대한 사랑을 두고서는, 여러분에게 더 쓸 필요가 없겠습니다. 여러분이 직접 하나님께로부터 서로 사랑하라고 하시는 가르침을 받아서, 온 마케도니아에 있는 모든 형제자매에게 그것을 실행하고 있기 때문입니다. 형제자매 여러분, 우리는 여러분이 더욱더 그렇게 하기를 권면합니다. 그리고 우리가 여러분에게 명령한 대로, 조용하게 살기를 힘쓰고, 자기 일에 전념하고, 자기 손으로 일을 하십시오. 그리하여 여러분은 바깥 사람을 대하여 품위 있게 살아가야 하고, 또 아무에게도 신세를 지는 일이 없도록 해야 할 것입니다(살전 4:7-12).

하나님의 사람으로 택함을 받은 이들은 더러움에서 벗어나 거룩함에 이르러야 한다고 바울은 말합니다. 여기서 '더러움*akatharsia*'은 욕심에 사로잡힌 상태, 사치의 노예가 된 상태, 불순한 동기를 품은 상태를 일컫는 말입니다. 그러므로 택함 받은 사람은 욕심을 자꾸 덜어 내는 연습과 단순하게 사는 연습을 해야 합니다. 덜 먹고, 덜 갖는 훈련이 필요합니다. 소유를 통해 행복을 사려는 생각을 내려놓고 조화롭고 평온한 상태에서 주어진 것을 한껏 누리는 소박한 삶을 지향해야 합니다. 소박素朴한 삶은 꾸밈이 없는 삶입니다. 꾸밈이 없기에 다른 사람들을 기만하거나 이용할 생각을 품지 않습니다. 그렇게 살 때 비로소 우리는 거룩함의 입구에 당도합니다. 삶이 단순해야 삶의 순도가 높아집니다.

'거룩함*hagiasmos*'이란 특별한 목적을 위하여 구별된 것을 의미하지만, 동시에 우리가 일상 속에서 구현해야 할 삶의 내용입니다. 그 내용은 성화된 삶입니다. 성화된 삶은 일상의 모든 일을 하나님 앞에서 행하는 것입니다. 바울 사도가 "여러분의 몸을 하나님께서 기뻐하실 거룩한 산 제물로 드리십시오. 이것이 여러분이 드릴 합당한 예배입니다"(롬 12:1)라고 말한 것이 바로 이것입니다. 밥을 먹든, 길을 가든, 사람을 만나든, 일을 하든 그 모든 것을 하나님께 바칠 만한 것이 되게 해야 합니다. '더러움'에 익숙해진 사람들에게 '거룩함'은 낯선 가치일 수 있습니다. 그러나 우리는 거룩한 삶을 살라고 부름을 받았습니다.

거룩한 삶의 특징

거룩한 삶을 추구하는 이들의 특징이 몇 가지 있습니다. 첫째, 그들은 일상에서 대면하는 이들을 사랑으로 대합니다. 바울은 이런 말로 데살로니가 교인들을 칭찬합니다. "또 우리는 하나님 우리 아버지 앞에서 여러분의 믿음의 행위와 사랑의 수고와 우리 주 예수 그리스도께 둔 소망을 굳게 지키는 인내를 언제나 기억하고 있습니다"(살전 1:3). 믿음이 행위와 결합하고, 사랑은 수고와 떼려야 뗄 수 없이 연결되어 있습니다. 소망은 인내를 요구합니다. 여기서 특히 우리 마음을 붙잡는 것은 '사랑의 수고'라는 표현입니다. '수고 *kopas*'의 문자적 의미는 '슬픔으로 가슴을 두드리다'라는 뜻이지만, '번거로움을 마다하지 않다', '고통을 받아들이다'라는 뜻도 있습니다. 누군가를 사랑한다는 것은 그를 위해 번거로움을 피하지 않는 것입니다. 마음만이 아니라 몸이 따라야 한다는 말입니다. 데살로니가 교인들은 이런 사랑의 수고에 모범이 된 사람들이었습니다.

둘째, 그들은 조용하게 살기를 힘씁니다. 조용하게 산다는 말은 여기저기 경중거리며 뛰어다니지 않는다는 말입니다. 내적인 고요와 침묵을 소중히 여긴다는 말입니다. 중뿔나게 자기를 드러내거나 돋보이게 하려고 나서지 말아야 합니다. 동방 교회 전통에서 끊임없이 기도하고 명상하며 고요함을 추구하는 것을 일러 '헤시카즘 hesychasm'이라 하는데, 이 말은 '조용하게 산다'라는 뜻의 '헤시카조 *hesychazo*'에서 온 말입니다. 조용하게 살기를 원해도 사랑의 수고가 필요할 때는 몸을 일으켜야 합니다. 그때도 고요함을 유지해야 합니다. 자기가 하는 일을 떠벌리거나 광고할 필요 없습니다. 사람의 눈에 띄기 위해 하는 일을 하나님은 신통찮게 여기십니다.

셋째, 자기 일에 전념하고 자기 손으로 일을 해야 합니다. 사실, 이 권고는 초대교회가 처한 상황에 꼭 필요한 권고였습니다. 성령의 능력 안에 있던 초대교회는 아주 강력한 영적 일치를 맛보았습니다. 사람들을 가르던 모든 담이 무너졌고, 유무상통하는 인류 초유의 공동체를 형성했습니다. 그러나 최초의 감격이 지난 후에 남는 것은 지루한 일상입니다. 그런 지루함 속에서도 그들을 하나로 묶어 주었던 것은 주님의 재림 약속이었습니다. 그들은 머지않은 장래에 주님이 다시 오실 거라고 믿었습니다. 어떤 이들은 정결한 신부로 자기를 바치기 위해 하던 일을 작파하기도 했습니다. 교회는 그런 이들까지 품고 가야 했습니다. 그러나 재림이 지연되면서 그들의 존재는 교회에 큰 부담이 되었습니다. 불평불만이 터져 나왔습니다. 교회의 일치가 흔들렸습니다. 그래서 바울 사도가 "자기 일에 전념하고, 자기 손으로 일을 하십시오"(살전 4:11)라고 말한 것입니다. 내일 당장 주님이 재림하신다 해도 오늘의 일에 충실해야 한다는 것입니다. 자기 일에 전념하라는 말은 세상일에 오불관언의 태도를 보이라는 말이 아닙니다. 교회의 부담이 되지 않도록 애쓰라는 말입니다.

그리스도인의 품격

그렇게 사는 것이 바깥 사람들 보기에도 품위 있는 삶이라는 것입니다. 바울이 여기서 왜 하필이면 '품위*euschemonos*'라는 단어를 썼는지 궁금합니다. 사전은 품위를 '사회생활 과정에서 형성된 사회적 관념으로서, 사회 성원들이 각각의 지위나 위치에 따라 갖추어야 한다고 생각되는 품성과 교양의 정도'라고 풀이하고 있습니다. 성경에는 이 단어가 몇 번 더 나오는데, 번역자들은 이것을 '단정하게'(롬 13:13), '적절하게'(고전 14:40)로 번역했습니다. 품격이란 말도 떠오릅니다. 물건을 뜻하는 '품品' 자는 '입 구口' 자 세 개가 위아래로 겹쳐 있는 모양입니다. 이것이 인간에게 적용될 때는 우리가 한 말이 쌓이고 쌓여 품성을 이룬다는 뜻으로 새기면 어떨까요? '품격' 할 때 '격格'은 '바로잡다'라는 뜻입니다. 주님의 사람들은 말이나 행동을 그리스도의 본을 따라 자꾸 바로잡아야 합니다. 그래야 품격이 생깁니다.

품격이 있는 사람은 있음 그 자체로 다른 이들을 교정합니다. 오늘 우리의 현실은 이에 한참 못 미칩니다. 사도행전은 초대교회 교인들의 삶이 얼마나 매력 있었는지를 이렇게 표현하고 있습니다. "그래서 그들은 모든 사람에게서 호감을 샀다. 주님께서는 구원 받는 사람을 날마다 더하여 주셨다"(행 2:47). 매력은 잡아당기는 힘입니다. 선교란 '매력의 감염'입니다. 나도 저렇게 살고 싶다는 마음을 불러일으키는 것이 진정한 선교입니다. 성도들은 질그릇 같은 몸에 보화를 간직하고 있다고 바울 사도는 말합니다. 보화를 간직한 이들의 삶은 당당합니다.

> 우리는 사방으로 죄어들어도 움츠러들지 않으며, 답답한 일을 당해도 낙심하지 않으며, 박해를 당해도 버림받지 않으며, 거꾸러뜨림을 당해도 망하지 않습니다(고후 4:8-9).

이것이 믿는 이들의 품위입니다. 그러나 세상은 오늘의 기독교인들을 보며 볼썽사납다고 합니다. 품위가 없다는 말입니다. 믿지 않는 이들과 구별되지 않습니다. 마음 씀씀이나 지향이 똑같습니다. 오히려 지나친 자기 확신으로 다른 사람을 무시하거나 미워합니다. 기본 교양이나 상식, 예의조차 없는 기독교인들이 많습니다. 인간이 된다는 것은 자기를 문제로 여기고, 자기를 비판적으로 바라보는 것입니다. 자기 비판적인 사람은 자기만족에 빠지지 않습니다. 믿는다고 하는 이들 가운데 자기만족에 빠진 이들이 많습니다. 그래서 볼썽사나워집니다. 최소한 볼썽사나운 사람은 되지 말아야 합니다. 우리가 한순간도 잊지 말아야 할 것이 있습니다. "우리는 하나님의 작품입니다. 선한 일을 하게 하시려고, 하나님께서 그리스도 예수 안에서 우리를 만드셨습니다"(엡 2:10). 하나님은 지금도 시간 속에서 우리를 새로운 존재로 빚고 계십니다. 하나님의 손에 우리를 겸허하게 맡기고, 하나님의 뜻이 우리의 몸과 마음에 새겨지기를 소망해야 합니다. 그때 비로소 우리는 세상의 빛과 소금이 될 수 있습니다. 일상의 모든 순간 주님과 동행하는 기쁨을 누리시길 빕니다.

주님께
알려진 존재

소서, 대서를 지나 중복에 이르렀습니다. 어제오늘 서울 하늘이 아름다웠습니다. 많은 이들이 예쁜 노을 사진과 청명한 도시 풍경을 찍어 SNS에 올렸더군요. 아름다움과 맑음에 대한 갈망이 깊습니다. 현실 속에서도 이런 시원함을 맛보고 싶지만, 아쉽게도 우리는 그런 사치를 허락받지 못한 채 나날을 보내고 있습니다. 하나의 세계가 무너지고 새로운 세계가 다가오고 있는 것 같은데, 도무지 그 실체를 가늠하기 어려워 난감해하고 있습니다.

지속적인 발전 신화는 이미 무너졌고, 미래에 대한 불안감은 더욱 커지고 있습니다. 미래를 전망하기 어려운 젊은이들 가운데는 지금 누릴 것을 다 누리며 살자는 '욜로족'이 늘어나고 있습니다. 미래를 위해 오늘을 유보하며 살지는 않겠다는 태도입니다. 건강한 듯하지만, 왠지 슬픈 느낌이 듭니다. 폴란드 출신의 사회학자 지그문트 바우만은 모든 견고한 것이 녹아내리고, 모든 가치가 상대화되고, 모호성과 불안이 증대된 오늘의 현실을 가리켜 '액체 근대Liquid Modernity'라는 표현을 썼습니다. 뭔가 손에 딱 잡히는 게 없는 유동하는 현실을 가리키는 말입니다. 이렇게 삶이 난감할 때, 바라보거나 귀를 기울일 큰 정신이 없는 세대이기에 삶은 납작해지고 말았습니다. 길이 보이지 않을 때, 마음이 답답할 때, 절망감이 밀려올 때 찾아갈 대상이 있는 사람은 행복합니다. 그의 있음 자체가 누군가에게 힘이 되는 사람, 그를 떠올리는 것만으로도 마음이 맑아지는 사람이 있다면 우리는 행복한 사람입니다. 존경할 사람이 없는 것처럼 우리 삶을 빈곤하게 만드는 것이 없습니다.

꽤 많은 이들이 삶의 답답함을 호소합니다. 바르게 살려고 몸부림치는 사람일수록 더 그렇습니다. 덕, 지혜, 사랑, 용기, 공감이라는 전통적 가치가 더는 설 땅이 없는 것처럼 보이니 왜 안 그렇겠습니까? 그런데 이런 암담함은 우리 시대만의 문제는 아니었던 것 같습니다. "기초가 바닥부터 흔들리는 이 마당에 의인인들 무엇을 할 수 있겠는가?"(시 11:3) 이 구절을 대할 때마다 사람살이의 고단함이 절로 느껴집니다. 생텍쥐페리의 어린 왕자는 사막을 가로지르다가 우연히 만난, 꽃잎이 셋인 꽃에게 사람들이 어디 있냐고 묻습니다. 꽃은 몇 해 전에 사람을 본 적은 있지만, 그들을 어디 가야 만날 수 있는지는 알 수 없다면서 이렇게 말합니다. "바람 따라 돌아다니니까. 사람들은 뿌리가 없어. 그래서 많은 불편을 느끼는 거야." 정말 그런지도 모르겠습니다. 뿌리가 없기 때문일까요? 삶이 가벼운 만큼 사람들의 말도 가볍기 이를 데 없습니다.

언어 안에 거주하는 인간

홍수에 마실 물 없다는 말처럼, 이 시대의 슬픔은 '참' 말을 듣기 어렵다는 데 있습니다. 요즘은 누구나 자기표현을 하며 삽니다. SNS를 통해 자기 생각을 드러내고, 소소한 일상을 전하기도 합니다. 인터넷 세상은 세상의 거리를 지울 뿐만 아니라, 서로 만나기 어려웠던 이들이 소통하게 해 줍니다. 참 좋은 일입니다. 그러나 폐단도 있습니다. SNS에 글을 남기는 이들이나 유튜브에 영상을 올리는 이들은 다른 이들의 반응에 지나치게 민감합니다. '좋아요'와 '댓글' 숫자에 집착합니다. 어떤 이들은 사람들의 시선을 끌기 위해 자극적인 말을 쏟아 내기도 합니다. 조롱, 비난, 냉소, 편향된 말이 넘칩니다.

마르틴 하이데거는 '언어는 존재가 드러나는 장소ort'라고 했습니다. 인간은 언어 안에 '거주한다wohnen'라고도 말합니다. 사용하는 언어가 우리가 어떤 사람인지 보여 줍니다. 언어는 의사소통의 수단이기도 하지만, 우리의 생각을 지배하기도 합니다. 우리가 언어를 사용하는 것처럼 보이지만, 언어가 우리를 부리기도 합니다. 창세기 1장은 하나님께서 말씀으로 세상을 창조하셨다고 가르칩니다. 기독교 전통은 예수님을 육신을 입은 말씀이라고 고백합니다. 이런 고백은 매우 심오한 신학적 사고를 내포하고 있지만, 우리의 일상에도 적용되는 말씀입니다. 우리도 말로 세상을 짓고 있습니다. 우리가 한 말이 누군가에게 영향을 미치고 변화를 만들어 냅니다. 기분 좋은 말도 있고, 기분 나쁜 말도 있습니다. 넘어지게 하는 말도 있고, 일으켜 세우는 말도 있습니다. 우리가 지금 사용하는 말이 우리가 사는 세상의 분위기를 만들고 있습니다.

가짜 뉴스를 만들고 유포하면서 자기 이익을 챙기는 이들이 많습니다. 그들의 말에 귀를 기울이는 순간, 우리 영혼은 고요함을 잃고 거칠어집니다. 비루하고 야비한 말은 자극적이어서 우리 마음을 뒤흔들어 판단을 흐리게 만듭니다. 말이 새로워지지 않으면 역사는 새로워질 수 없습니다. 한 가지 사안을 놓고도 사람들의 견해가 갈릴 수밖에 없는 게 현실입니다. 서 있는 자리가 다르기 때문입니다. 네가 옳으니 내가 옳으니 싸우는 동안 사랑은 식고, 참은 멀어집니다. 정약용 선생의 시가 떠오릅니다.

> 작은 산이 큰 산을 가렸네小山蔽大山
> 멀고 가까움의 지세가 다른 탓이지遠近地不同

작은 산이 큰 산을 가리는 일이 많습니다. 작은 산 바로 앞에서 있는 사람의 눈에 큰 산은 들어오지 않습니다. 자기가 보고 있는 게 세상의 전부인 것처럼 생각하는 이들은 어리석습니다. 일단, 그들은 배우려는 마음이 없습니다. 사람들은 97퍼센트가 일치해도 3퍼센트의 차이 때문에 죽일 듯이 싸우곤 합니다.

기초 위에 굳게 서서

초대교회는 '다른 복음'을 전하는 이들로 인해 흔들렸습니다. 예수의 이름을 들먹이면서도 자기들의 이익을 위해 그 가르침을 곡해하고 오도하는 이들이 많았던 것입니다. 부활은 이미 지나간 때의 일이라고 말하며 쾌락과 방종을 부추기는 이들도 있었고, 십자가의 복음이 아닌 영광의 환상으로 사람들을 미혹하는 이들도 있었습니다. 거룩한 삶에 관한 이야기를 속된 잡담으로 바꿔 버리는 이들도 있었습니다. 그릇된 말이 그릇된 현실을 낳는 법입니다. 후메내오와 빌레도는 교회를 어지럽히는 사람들이었습니다.

신도들에게 이것을 일깨우십시오. 하나님 앞에서 그들에게 엄숙히 명해서 말다툼을 하지 못하게 하십시오. 그것은 아무 유익이 없고, 듣는 사람들을 파멸에 이르게 할 뿐입니다. 그대는 진리의 말씀을 올바르게 가르치는 부끄러울 것 없는 일꾼으로 하나님께 인정을 받는 사람이 되기를 힘쓰십시오. 속된 잡담을 피하십시오. 그것이 사람을 더욱더 경건하지 아니함에 빠지게 합니다. 그들의 말은 암처럼 퍼져 나갈 것입니다. 그들 가운데는 후메내오와 빌레도가 있습니다. 그들은 진리에서 멀리 떠나버렸고, 부활은 이미 지나갔다고 말하면서, 사람들의 믿음을 뒤엎습니다. 그러나 하나님의 기초는 이미 튼튼히 서 있고, 거기에는 "주님께서는 자기에게 속한 사람을 아신다"는 말씀과 "주님의 이름을 부르는 사람은 다 불의에서 떠나라"는 말씀이 새겨져 있습니다(딤후 2:14-19).

시절이 수상할수록 하나님이 세우신 기초 위에 굳게 서야 합니다. 하나님의 기초는 굳게 서 있습니다. 구약은 하나님께서 세우신 세상의 기초가 '정의'와 '공의'라고 말합니다. 그게 무너지면 우리 삶이 허물어진다는 것입니다. 그런데 오늘 본문이 말하는 기초는 이사야 28장 16절이 말하는 '시온에 놓인 주춧돌'로 '예수 그리스도'를 가리킵니다. 믿는 이들에게 그리스도 말고 다른 기초는 없습니다. 그런데 사도는 그 기초에 두 가지 메시지가 적혀 있다고 말합니다. 하나는 "주님께서는 자기에게 속한 사람을 아신다"라는 말씀이고, 다른 하나는 "주님의 이름을 부르는 사람은 다 불의에서 떠나라"라는 명령입니다.

주님은 "나는 선한 목자이다. 나는 내 양들을 알고, 내 양들은 나를 안다"(요 10:14)라고 말씀하셨습니다. 우리의 콩팥과 심장을 살피시는 주님은 우리를 속속들이 다 아십니다. 성경에서 '안다'라는 말은 어떤 정보에 대한 지식을 말하는 것이 아닙니다. 히브리어 '야다*yada*'는 '체험으로 깨닫다', '마음을 쓰고 보살피다'라는 뜻을 내포합니다. 하나님이 우리를 아신다는 말, 그리스도께서 우리를 아신다는 말에는 우리를 보살피고 지키신다는 약속이 내포되어 있습니다. 우리가 잊지 말아야 할 것은 우리가 주님께 '알려진 존재'라는 것입니다. 바울은 믿는 이들을 가리켜 '하나님의 작품*poiema*'이라고 말했습니다(엡 2:10). 우리가 함부로 살 수 없는 이유는 하나님이 우리를 공들여 만드셨기 때문입니다. 그런데 내가 왜 이 모양이냐고 투덜거리실 분도 계시겠습니다. 남들과 자꾸 비교하지 마십시오. 어떤 경우에도 내가 하나님의 작품이라는 사실을 잊지 마십시오. 하나님은 우리를 통해 세상을 아름답게 가꾸려 하십니다.

주님을 참으로 믿는 이들은 불의에서 떠나야 합니다. 세상에 적응하며 살 수밖에 없는 상황이라 해도 우리의 신앙 양심에 어긋나는 일은 한사코 거부해야 합니다. 그런 행동이 불이익을 가져올 수도 있지만, 그 불이익을 받아들일 때 우리 영혼의 뿌리는 더욱 깊어질 것입니다.

삶의 의미를 구성하는 네 기둥

미국의 심리학자 에밀리 에스파니 스미스가 "삶에는 행복보다 더 중요한 것이 있다"라는 제목으로 한 TED 강연을 흥미롭게 들었습니다. 그는 우리 삶의 의미를 구성하는 네 개의 기둥이 있다고 말합니다. 간단히 말하면, 첫째는 유대감입니다. 서로의 가치를 인정하고 받아들이는 든든한 유대가 우리를 살게 합니다. 둘째는 목적에 대한 자각입니다. '목적이 이끄는 삶' 부류의 이야기가 아닙니다. 그는 누군가에게 필요한 존재가 되려 할 때 우리 삶이 든든해진다고 말합니다. 셋째는 초월성입니다. 현실 너머를 볼 수 있는 능력이 있어야 한다는 말입니다. 예술 작품을 감상하고 예배에 참여하고 글을 쓰는 행위는 바로 그런 능력을 우리에게 부여합니다. 넷째는 '스토리텔링'입니다. 인간은 이야기를 만드는 존재입니다. 사람은 저마다 자기 삶의 저자입니다. 누구도 우리 인생의 책을 대신 써 줄 수 없습니다. 가끔 이야기가 이상하게 흘러가기도 합니다. 그러나 우리에게는 그 이야기를 수정하고 재구성할 능력이 있습니다. 실패와 쓰라림, 부끄러웠던 기억 속에 머물 수도 있지만, 그 기억을 넘어 새로운 삶을 시작할 수도 있습니다. 그 경험들을 사회적 자산으로 만드는 이들도 있습니다. 바로 그것이 새로운 이야기를 쓰는 일이고, 존재의 용기입니다.

에밀리는 강연 끄트머리에 자기 아버지 이야기를 들려줍니다. 수피교도였던 아버지는 늘 가족들과 더불어 명상하는 시간을 참 좋아했고, 성실한 시민으로 살았습니다. 그런데 갑작스러운 심근 경색으로 사경을 헤매게 되었습니다. 수술에 앞서 마취실에 들어간 그는 잠들기 전에 숫자를 헤아리기보다는 자기 아들과 딸의 이름을 반복해서 불렀습니다. 깨어나지 못하고 죽는대도 자기가 한 마지막 말이 사랑하는 이들의 이름이기를 바랐기 때문입니다. 그는 정말 살고 싶어 했습니다. 돌보아야 할 가족이 있었기 때문입니다. 이 이야기에는 에밀리가 말하는 '네 기둥' 즉, 유대감, 목적, 초월성, 스토리텔링이 다 담겨 있습니다.

이 네 기둥을 굳게 붙잡아 주는 것은 '하나님이 우리를 아신다'

는 근본적 사실입니다. 그 확신이 있을 때 비로소 '불의를 떠난 삶'이 가능해집니다. 삶이 곤고해도, 세상이 여전히 혼탁해도 하나님의 뜻이 이루어질 것입니다. 이 믿음이 있어야 낙심하지 않을 수 있습니다. 코로나19 시대를 지나면서 여러 가지 어려움을 겪고 계신 교우들을 보면서 마음이 참 아픕니다. 그러나 그런 가운데서도 새로운 생명들이 태어나고, 새로운 일들이 시작되고 있습니다. 고단하지만 삶은 이렇게 계속됩니다. 최악의 순간을 최고의 순간으로 바꾸는 것이 믿음입니다. 쾌활함과 친절함으로 무장하고, 지향을 분명히 하고 뚜벅뚜벅 걸어가십시오. 오늘과 내일, 우리 입에서 나가는 말이 갈라진 사람들의 마음을 이어 주고, 낙심한 이들을 일으켜 세우고, 냉랭한 세상에 사랑의 온기를 퍼뜨리는 말이 되기를 빕니다.

하나님의 숨결에 잇대어

그칠 줄 모르는 폭우가 삶에 큰 상처를 남기고 있습니다. 물가에 살아도 산 밑에 살아도 안전을 보장할 수 없는 세월을 살고 있습니다. 창졸간에 사랑하는 가족을 잃은 사람들, 재산상 큰 손실을 본 이들이 절망을 딛고 다시 일어설 수 있기를 빕니다. 재해를 당한 이들을 곁부축하려는 이들이 많아져야 할 것입니다. 우리도 할 수 있는 일을 찾아 최선을 다해 섬기려 합니다.

레바논의 수도인 베이루트 항구에 있는 창고에서 대형 폭발 사고가 발생해 많은 인명 피해가 났습니다. 어려움 속에서도 레바논 사람들이 희망을 잃지 않고 다시 일어서기를 빕니다. 여러 해 전에 레바논을 방문한 적이 있습니다. 제게 레바논은 칼릴 지브란의 나라로 기억되는 나라였고, 시로페니키아 문명을 만날 수 있는 나라였습니다. 그러나 차를 타고 레바논 이곳저곳을 둘러보면서 마음 가득 아픔이 밀려들었던 기억이 있습니다. 1975년에 시작되어 1990년에 종료된 레바논 내전의 상처가 곳곳에 남아 있었기 때문입니다. 아랍과 이스라엘의 전쟁을 피해 레바논으로 유입된 팔레스타인 난민 문제로 벌어진 마론파 기독교도들과 모슬렘 정파 사이에 벌어진 전쟁은 참혹했습니다. 노변 건물에 새겨진 총알 자국, 포탄 자국, 망가진 탱크와 장갑차의 잔해가 고스란히 남아 그 땅의 슬픈 역사를 증언하고 있었습니다. 그 나라의 평화를 구하는 기도를 올리지 않을 수 없었습니다. 이번 폭발 사고로 레바논은 또다시 큰 위험에 맞닥뜨렸습니다. 주님의 도우심과 아울러 국제 사회의 도움이 필요한 때입니다.

하나님은 질서를, 인간은 혼돈을

대형 재해가 발생할 때마다 우리는 인간의 한계를 뚜렷하게 자각합니다. 4차 산업혁명이니 AI니, 5G니 떠들지만, 우리 삶은 마치 활화산 위에 집을 짓고 사는 것처럼 위태롭기만 합니다. 기후 위기에 대한 경고의 나팔은 이미 울렸습니다. 그러나 사람들은 그 소리에 귀를 기울이지 않습니다. 매스컴이 기후 문제를 다룰 때 사용하는 표제가 눈에 띄게 변했습니다. 기후 변화, 기후 위기, 기후 재앙, 기후 붕괴…. 길지도 않은 기간에 일어난 변화입니다. 주님이 오실 날을 기다린다 하면서도 도무지 자기 삶을 성찰하지 못한 채 욕망의 벌판을 겅중거리며 사는 이들을 보며 예수님은 탄식하셨습니다.

홍수 이전 시대에, 노아가 방주에 들어가는 날까지, 사람들은 먹고 마시고 장가가고 시집가며 지냈다. 홍수가 나서 그들을 모두 휩쓸어 가기까지, 그들은 아무것도 알지 못하였다. 인자가 올 때에도 그러할 것이다(마 24:38-39).

지금은 위기의 시간입니다. 북극 빙하가 녹아내리고, 알프스 대빙하도 붕괴 직전이고, 시베리아 동토층이 녹으면서 산불이 연이어 일어나고, 수천만 명이 사는 멕시코시티는 지하수 고갈로 땅 꺼짐 현상이 빈발합니다. 이런 위기는 세계 도처에서 벌어지고 있고, 그 규모는 점점 커지고 있습니다. 이런 상황을 돌이킬 수 있을까요? 돌이킬 수 없다는 비관론이 점점 사람들의 의식을 잠식하고 있는 것 아닌가요? 이런 시대에 하나님을 믿는다는 것은 어떤 의미일까요? 하나님은 우리가 어떻게 살기를 바라실까요?

하나님은 질서를 창조하시지만, 인간은 혼돈을 빚어냅니다. 하나님이 창조하시고 기뻐하셨던 세상이 너무 많이 망가졌습니다. 우리는 피조물의 신음이 아니라 통곡 소리를 듣고 있습니다. 무한 발전에 대한 기대나 낙관론이 무너지면서 사람들은 두려움을 느낍니다. 불확실성이 증대되면서 삶이 위태로워졌습니다. 우리 상식이나 이성으로 납득하기 어려운 일이 많이 벌어집니다. 그때마다 우리는 당혹감에 사로잡힙니다. 그 당혹감을 파고들어 사람들의 영혼을 사로잡아 노예로 삼으려는 이들이 많이 등장합니다. 거짓 예언자들입니다. 그들은 자기가 정답을 가지고 있다고 주장합니다. 사람들은 그들에게 자기의 판단을 맡기고 맹목적인 추종자가 됩니다.

하나님의 뜻을 찾는 사람들

스스로 믿음이 좋다고 생각하는 사람들일수록 하나님의 뜻에 집착합니다. 존 웨슬리는 "광신의 본성"이라는 설교에서 광신자들을 경계하라고 말합니다. '광신'하면 떠오르는 이미지들이 있을 겁니다. 종교적 열광, 종말의 날짜에 대한 집착, 배타적 태도 등. 그런 것들을 제외하더라도 광신의 무리에 속하는 이들이 있습니다. '스스로 성령의 특별한 능력을 받았다'라고 상상하는 사람, "생활의 가장 사소한 일들에서까지 하나님으로부터 '특별한 지시'를 받고 있거나 받을 것이라고 상상하는 사람들"[8]입니다. 그들은 인류를 경멸할 뿐만 아니라 교만하기까지 합니다. 답을 이미 알고 있다고 생각하기에 권면을 받을 생각이 없습니다. 이야기가 통할 리 없고, 설득당할 가능성 또한 없습니다. 문제는 이렇게 사람들을 오도하는 이들이 많은 추종자를 거느린다는 데 있습니다. 그들은 추종자들에게서 경제적 이익을 얻는 데 주저함이 없습니다.

정말 하나님의 뜻은 특별한 계시를 통해서만 인간에게 알려지는 것일까요? 세상에는 하나님께서 숨기시기 때문에 알 수 없는 일도 많습니다. 그렇기에 우리는 겸손히 하나님의 창의적인 사랑을 깨닫게 해 달라고 기도해야 합니다. 우리 이름을 불러 당신의 일에 동참시키시는 주님의 은총을 기다려야 합니다. 그렇지만 하나님은 우리가 사는 데 필요한 가르침을 이미 주셨습니다. 오늘 본문은 모세의 긴 설교 가운데 일부입니다. 모세는 백성들이 가나안 땅에 들어가기 전에 꼭 명심해야 할 것을 일일이 일러 주었습니다. 주님의 뜻을 따라 산다는 것이 무엇인지를 가르친 후에 모세는 말합니다.

> 오늘 내가 당신들에게 내리는 이 명령은, 당신들이 실천하기 어려운 것도 아니고, 당신들의 능력이 미치지 못하는 것도 아닙니다. 이 명령은 하늘 위에 있는 것이 아니므로, 당신들은 '누가 하늘에 올라가서 그 명령을 받아다가, 우리가 그것을 듣고 지키도록 말하여 주랴?' 할 것도 아닙니다. 또한 이 명령은 바다 건너에 있는 것도 아니니 '누가 바다를 건너가서 명령을 받아다가, 우리가 그것을 듣고 지키도록 말하여 주랴?' 할 것도 아닙니다. 그 명령은 당신들에게 아주 가까운 곳에 있습니다. 당신들의 입에 있고 당신들의 마음에 있으니, 당신들이 그것을 실천할 수 있습니다(신 30:11-14).

그 명령은 하늘 위에 있는 것도 아니고, 바다 건너에 있는 것도 아닙니다. 하나님 백성들의 입에 있고, 마음에 있습니다. 달리 말하자면, 우리는 이미 하나님의 뜻이 무엇인지 안다는 말입니다. 다만 그 뜻대로 살고 싶지 않기 때문에 이런 핑계 저런 핑계를 대면서 하나님의 뜻이 무엇인지 알고 싶다고 말하는 것일 뿐입니다.

세례자 요한이 세례를 받으러 나오는 이들을 보면서 "회개에 알맞는 열매를 맺어라"(눅 3:8)라고 외치자 사람들은 "그러면 우리는 무엇을 해야 합니까?"(눅 3:10)라고 반문합니다. 요한의 대답은 아주 간명합니다. 속옷 두 벌 가진 사람은 없는 사람에게 나누어 주고, 먹을 것을 가진 사람도 그렇게 하라는 것이었습니다. 세리들에게는 정해 준 것보다 더 받지 말라 했고, 군인들에게는 사람들을 협박하여 잇속을 차리지 말라고 했습니다(눅 3:11-14). 나눔, 배려, 존중을 실천하라는 것입니다. 회개를 뜻하는 헬라어 '메타노이아 *metanoia*'는 '마음 바꾸기'라는 뜻이지만, 더 나아가 '새롭게 인식하고 반응하는 것'을 뜻합니다. 간단하게 말하겠습니다. 회개란 세상에서 환영받지 못하는 이들, 무시당하는 이들을 귀히 여기는 것입니다. 마태복음 25장에서 주님은 세상에서 가장 보잘것없는 사람 하나에게 한 것이 곧 당신께 한 것이라고 가르치셨습니다. 하나님의 뜻대로 사는 것은 실천하기 어려운 것도 아니고, 우리 능력이 미치지 못하는 것도 아닙니다. 거룩한 삶은 일상 속에서 시작되고 일상 속에서 마무리됩니다. 전면적으로 하지 못하더라도 일단 시작해야 합니다. 섬김, 나눔, 돌봄, 존중의 삶으로 개종해야 합니다.

하나님의 뜻은 우리 입과 마음에

앞에서 기후 붕괴에 관한 이야기를 했습니다. 기후 붕괴에 대처할 방법이 있을까요? 세계 정치 지도자들의 결단과 아울러 사람들의 인식이 변해야 합니다. '더 많이', '더 편리하게' 살고 싶다는 마음을 먼저 내려놓아야 합니다. 무엇보다 창조 신앙을 회복해야 합니다. 우리는 하나님께서 천지를 창조하셨다고 고백합니다. 하나님은 당신의 뜻대로 창조된 세상을 보시고 기뻐하셨습니다. 오늘 우리가 만들어 놓은 이 세상을 보고 하나님은 뭐라고 말씀하실까요? 창세기는 실낙원 이후의 세상을 인류의 악행이 늘어난 시간으로 규정하고 있습니다. 하나님께서 주신 자유 의지로 세상을 망가뜨린 인간을 보며 하나님은 탄식하셨습니다.

> 주님께서는, 사람의 죄악이 세상에 가득 차고, 마음에 생각하는 모든 계획이 언제나 악한 것뿐임을 보시고서, 땅 위에 사람 지으셨음을 후회하시며 마음 아파 하셨다(창 6:5-6).

자기 작품을 부정할 수밖에 없는 하나님의 마음 아픔이 절절하게 느껴지는 대목입니다. 우리가 정녕 하나님을 믿는 사람이라면 이런 하나님의 마음 아픔에 반응할 수 있어야 합니다. 이제는 돌이켜야 합니다. 자유 의지로 세상을 망가뜨린 것도 인간이지만, 그 자유 의지로 망가진 세상을 고칠 수 있는 것도 인간입니다. 먼저 깨달은 사람이 시작해야 합니다. 기독교인들의 책임이 큽니다. 하나님의 아름다움을 아름다움으로 인식할 수 있어야 합니다. 자본주의 세상이 우리에게서 빼앗아 간 것 가운데 가장 중요한 것은 경탄의 능력입니다. 풀꽃 한 송이의 아름다움 앞에 멈춰 설 수 있는 사람, 바람과 햇빛, 노을과 구름, 달과 별을 가만히 바라보며 마음을 고요히 할 수 있는 사람은 욕망의 종살이로부터 조금은 벗어날 수 있습니다. 소유에서 행복을 찾는 이들은 영원히 목마를 것입니다. 하나님의 숨결에 잇대어 사는 이들은 세상이 줄 수 없는 기쁨을 누릴 수 있습니다.

우리 속에 그런 여백이 있어야 욕망의 벌판을 질주하는 일을 멈출 수 있습니다. 쓰레기를 만드는 삶을 부끄러워하고, 기후 위기가 가난한 이들을 더 큰 위기로 몰아넣는다는 사실을 알아차립니다. 우리가 편리하게 사용하는 플라스틱이 뭇 동물들의 생존을 위협한다는 사실을 깨닫고 즐겁게 불편을 선택할 수 있습니다. 대규모 절멸을 향해 가는 인류의 수레바퀴를 되돌릴 수는 없다 해도, 그 몰락의 과정에 연료를 공급하는 일은 피해야 합니다. 코로나19로 모두 마스크를 쓰는 것이 일상이 된 것처럼 불편하고 소박한 삶을 의도적으로 선택해야 합니다. 인간의 탐욕을 위해 자연을 파괴하는 일을 멈추라고 요구해야 합니다. 얼마 전에 본 외국의 만평을 잊을 수 없습니다. 물에 잠겨 간신히 손만 내민 채 구해 달라는 젊은이를 보며 "대단해요"라며 하이파이브를 하는 기성세대의 모습이었습니다. 10대들의 환경 운동을 대하는 기성세대의 태도를 풍자한 것일 겁니다. 이제부터 우리의 모든 선택은 우리 후손들을 염두에 둔 선택이어야 합니다. 할 수 있기 때문이 아니라 해야만 하기에 해야 할 일이 있습니다. 우리는 다만 생명과 평화의 씨앗을 심을 뿐입니다. 훗날 우리 후손들이 그것을 거둘 수 있다면 그보다 좋은 일이 어디에 있겠습니까?

오늘 본문은 하나님의 뜻이 우리 입에 있고 우리 마음에 있다고 말합니다. 물론 그렇습니다. 그러나 우리가 아는 상식적인 삶만으로는 부족합니다. 조금 더 깊이 들어가야 합니다. 우리는 십자가의 사랑과 신비를 붙들어야 합니다. 주님의 십자가는 자기를 희생하여 남을 살리는 삶이 영생임을 일깨웁니다. 교회에서 드리는 예배의 진실됨은 이웃들과 함께하는 삶을 통해 입증되는 법입니다. 교회 바깥에서의 삶이 우리가 참된 예배자인지를 드러냅니다. 비록 서 있는 삶의 자리는 달라도 우리는 깊이 연결되어 있습니다. 우리를 깊이 결속시키는 끈은 하나님나라에 대한 꿈입니다. 이 꿈은 절대 허망하지 않습니다. 오늘도 내일도 우리 일상에 하나님의 마음을 끌어들이며 사십시오. 주님은 우리를 통해 세상을 정화하려 하십니다. 그 꿈을 실천하며 기쁨의 노래를 부르십시오. 우리가 먼저 생명과 평화의 노래를 시작하면, 그 노래는 온 세상을 울리는 합창이 될 것입니다. 주님의 손 붙잡고 기쁨을 전하는 이들이 되십시오.

단련된 인격이 낳는 희망

우리 마음을 다 아시는 주님께서 상한 영혼의 제사를 드리는 모든 이의 마음을 치유해 주시기를 빕니다. 시간 속을 바장이며 사는 동안 우리는 이런저런 내상을 입습니다. 여유작작하게 사는 사람들에게도 차마 남에게 드러내지 못하는 아픔과 그늘이 있습니다. 그 아픔과 그늘을 자기 성숙의 계기로 승화시키는 사람들도 있지만, 그것을 바늘로 만들어 주위 사람들을 콕콕 찌르는 이들도 있습니다. 내 생의 무게가 너무 무겁다고 생각할 때 원망의 마음이 찾아듭니다. 사회를 원망할 수도 있고, 특정 집단을 원망할 때도 있습니다. 원망을 풀 곳이 없을 때 사람들은 주변 사람들에게 짜증을 내기 시작합니다. 가족들이 원망받이가 되는 경우가 제법 많습니다. 가정家庭은 '집 가家' 자와 '뜰 정庭' 자로 이루어져 있습니다. 뜰은 여백입니다. 뜰이 사라졌기 때문일까요? 가정을 족쇄처럼 여기는 이들이 꽤 많습니다.

코로나19로 학생들이 격주로 등교하면서 가정마다 비상이 걸렸습니다. 서로 생활 리듬을 침해할 소지가 많아졌기 때문입니다. 서로 배려하며 조화를 이루면 좋겠지만, 그렇지 못한 가정도 제법 많은 것 같습니다. 함께 지내는 시간이 많아지면 우애가 돈독해질 것 같지만, 오히려 감정적으로 얽혀 들어 피차 상처를 입고 또 입힙니다. 집에서는 사회가 우리에게 부여한 역할을 연기하지 않아도 된다고 생각하기에 가족들이 나를 있는 그대로 수용해 주기를 바랍니다. 그러다 자기 기대에 어긋나는 반응이 돌아오면 짜증을 냅니다. 그건 어른들도 마찬가지입니다. 어른들에게도 누군가 자기를 토닥거려 주기를 바라는 '어린아이'가 숨어 있는 법입니다. 아무리 가족이라도 자기를 우선시하는 마음을 내려놓지 않는 한 갈등을 피하기 어렵습니다. 가족일수록 섬세한 배려가 필요합니다. 칼릴 지브란은 "아이들에 대하여"라는 글에서 이렇게 말합니다.

> 그대들의 아이라고 해서 그대들의 아이는 아닌 것.
> 아이들이란 스스로 갈망하는 삶의 딸이며 아들인 것.
> 그대들을 거쳐 왔을 뿐 그대들에게서 온 것은 아니다.
> 그러므로 비록 지금 그대들과 함께 있을지라도
> 아이들이란 그대들의 소유는 아닌 것을.[9]

모든 생명은 독립적 주체입니다. 나를 통해 왔다고 해서 내 맘대로 해서는 안 된다는 말입니다. 그들은 저마다 스스로 갈망하는

'생명'의 아들딸입니다. 이 사실을 인정하는 것이 참 중요합니다. 그들은 내 꿈을 실현하거나 나의 사회적 체면을 높이기 위한 도구가 아니라는 말입니다. 가정에서 존중받지 못하는 사람은 사회에서도 존중받기 어렵습니다.

세상을 향해 "숨을 쉴 수 없어요"라는 메시지를 남긴 채 세상을 떠난 조지 플로이드는 인류의 양심이 어디에 있는지 묻고 있습니다. 그런데 그 못지않게 참혹한 일들이 이 땅에서 자꾸 벌어집니다. 어린아이가 거짓말을 한다는 이유로 여행 가방에 가두어 죽게 하는 일이 벌어지고, 어린아이의 버릇을 고친다고 뜨겁게 달군 프라이팬에 손을 짓눌러 데게 만들기도 하고, 쇠줄을 목에 감아 놓기도 했습니다. 그 어린 생명에게 가한 학대가 참담하기 이를 데 없습니다. 사람들의 심성이 왜 이렇게 모질어졌는지 모르겠습니다. 근본이 무너졌기 때문입니다. 사람들이 욕망의 벌판에서 길을 잃고 떠돌기 때문입니다.

고난이 유익이 될 때

요즘은 보기 어렵지만 얼마 전까지만 해도 '가화만사성家和萬事成'이라는 편액이 집집마다 걸려 있었습니다. 집안이 화목해야 모든 일이 순조롭게 이루어진다는 말입니다. 가정이야말로 받아들여짐을 경험하는 현장, 언제라도 자기답게 존재할 수 있는 곳이 되어야 합니다. 그때 우리는 표류하지 않을 수 있습니다.

마른 빵 한 조각을 먹으며 화목하게 지내는 것이, 진수성찬을 가득히 차린 집에서 다투며 사는 것보다 낫다. 슬기로운 종은 부끄러운 일을 하는 주인집 아들을 다스리고, 그 집 자녀들과 함께 유산을 나누어 받는다. 도가니는 은을, 화덕은 금을 단련하지만, 주님께서는 사람의 마음을 단련하신다. 악을 행하는 사람은 사악한 말에 솔깃하고, 거짓말을 하는 사람은 중상하는 말에 귀를 기울인다. 가난한 사람을 조롱하는 것은 그를 지으신 분을 모욕하는 것이다. 남의 재앙을 기뻐하는 사람은 형벌을 면하지 못한다(잠 17:1-5).

히브리의 지혜자는 "마른 빵 한 조각을 먹으며 화목하게 지내는 것이, 진수성찬을 가득히 차린 집에서 다투며 사는 것보다 낫다"(잠 17:1)라고 가르칩니다. 바로 앞에서 그는 "노하기를 더디 하는 사람은 용사보다 낫고, 자기의 마음을 다스리는 사람은 성을 점령한 사람보다 낫다"(잠 16:32)라고 했습니다. 이것이 수신修身에 관한 가르침이라면, 가족끼리 화목하게 지내는 것은 제가齊家에 해당한다 하겠습니다. 마른 빵 한 조각은 최소한의 거친 음식을 이르는 말입니다. 그런 음식을 먹으면서도 서로 측은히 여기고 고맙게 여기는 것이 호화로운 식탁 앞에서 다투는 가정보다 낫습니다.

흥미로운 것은 '진수성찬'으로 번역된 히브리어 '제바흐*zebach*'는 기본적으로 '희생' 혹은 '의의 제사', '감사의 제물'을 뜻합니다.

결국, 종교 행위는 열심히 하면서도 다투는 이들이 있다는 것입니다. 가정에서나 사회에서 화해자, 혹은 생명의 향기가 되지 못한 이들이 많습니다. 신앙생활이 혹은 물질적 풍요로움이 정신적인 넉넉함으로 연결된다면 얼마나 좋겠습니까만, 그렇지 못한 경우가 비일비재합니다. 마른 빵 한 조각이라도 함께 나누려는 마음이야말로 예배에 가까운 마음이라 하겠습니다.

다음 구절을 볼까요? "슬기로운 종은 부끄러운 일을 하는 주인집 아들을 다스리고, 그 집 자녀들과 함께 유산을 나누어 받는다"(잠 17:2). '슬기롭다'로 번역된 히브리어 '사칼*sakal*'은 '신중하다, 사려 깊다, 통찰력이 있다'라는 뜻입니다. 슬기로운 종은 일과 자기를 분리하지 않습니다. 할당량을 채우는 데 급급하지 않고, 일의 전모를 이해하고 거기에 맞는 역할을 하려고 노력합니다. 주인집 아들이 어리석어 제 역할을 못 할 때 주인은 슬기로운 종에게도 유산을 나누어 주어 재산의 소실을 막으려 했습니다. 적절한 예가 있습니다. 아브람은 아직 약속의 유업을 받지 못했을 때 다마스쿠스 사람 엘리에셀이 자기 상속인이라고 말합니다(창 15:2).

부끄러운 일을 하는 주인집 아들이 예전에도 많았던 모양입니다. 풍요롭게 살면서 원하는 것을 모두 누린 사람들 가운데는 공감 능력이 부족한 이들이 많습니다. 공감 능력이 부족하다는 말은 타자를 이해하거나 배려할 줄 모른다는 말입니다. 갑질하는 사람들이 그 한 예입니다. 물론 사람은 누구나 다 이기적인 데가 있습니다.

자기를 중심에 놓으려는 습성이 있다는 말입니다. 설익은 사람일수록 목소리가 큽니다. 앙앙거리는 이들이 있는 곳에는 평화가 없습니다. 인격의 향내가 묻어나는 사람, 무르익은 사람을 만나야 우리 삶이 가지런해집니다. 그런데 살면서 경험하는 것이지만, 그런 분들은 대개 고난의 시간을 잘 겪어 낸 분들인 경우가 많습니다. 고난을 좋아할 사람은 없지만, 고난이 유익이 될 때가 있습니다. 자기가 얼마나 연약한 존재인지를 자각하게 되기 때문입니다. 내 지식이, 내 입장이, 내 세계관이, 내 생각이 참된 인식에 기반한 것이 아니라 편견에 찬 것임을 깨달을 때 성숙함이 시작됩니다.

신앙이라는 연금술

다음 구절입니다. "도가니는 은을, 화덕은 금을 단련하지만, 주님께서는 사람의 마음을 단련하신다"(잠 17:3). 어린 시절 시골에서 학교에 다닐 때 면사무소 근처에 있던 대장간 앞을 서성거리곤 했습니다. 너무 낯설고 신기한 광경이 펼쳐졌기 때문입니다. 대장장이 아저씨가 풀무에 공기를 주입하면 불이 이글이글 타오르는 모습을 경외심을 품고 바라보곤 했습니다. 불이 쉭쉭 소리를 내며 솟아오르던 그 모습과 소리가 지금도 들리는 듯합니다. 아저씨가 집게로 벌겋게 달아오른 쇠붙이를 꺼내 모루 위에 놓고 두들길 때 나는 리드미컬한 망치 소리가 참 매혹적이었습니다. 아저씨의 팔뚝에 불끈 일어난 근육과 힘줄도 멋졌습니다. 쇠가 열이 식어 검게 바뀔 무렵 물속에 푹 담그면 푸시식 소리와 함께 수증기가 피어오르던 광경이 지금도 눈에 선합니다. 풀무 불, 모루, 망치질, 물속을 오가는 담금질 과정을 반복하면서 마침내 거칠던 쇳덩이는 칼이나 호미, 괭이 따위의 도구로 바뀌었습니다. 어쩌면 삶에 꼭 필요한 것들은 이런 과정을 거쳐 얻어지는 것들인지도 모르겠습니다.

사람도 그렇습니다. 시련과 고통의 풀무와 망치질, 절망의 심연을 거치면서 더 깊고 성숙한 심성을 얻습니다. 그러나 저절로 그렇게 되는 것은 아닙니다. 고난과 시련을 겪는다고 하여 사람들이 다 맑아지는 것은 아닙니다. 오히려 더 거칠어지고, 다른 이들을 원망하면서 사는 이들도 많습니다. 고난이 닥쳐올 때 그것을 유익으로 바꾸는 일이 바로 신앙입니다. 그래서 저는 신앙을 연금술이라고 말합니다. 쉽지 않은 일이지만 지향은 분명해야 합니다. 바울 사도는 바로 고난을 생의 보화로 승화시킨 사람입니다.

> 그뿐만 아니라, 우리는 환난을 자랑합니다. 우리가 알기로, 환난은 인내력을 낳고, 인내력은 단련된 인격을 낳고, 단련된 인격은 희망을 낳는 줄을 알고 있기 때문입니다(롬 5:3-4).

물론 바울이 말하는 환난은 하나님의 뜻대로 살려다가 겪는 환난을 말합니다. 누가는 복음을 전하던 사도들이 공의회에 끌려가 다시는 예수의 이름으로 말하지 말라는 위협과 함께 채찍질을 당하고 풀려났을 때의 반응을 이렇게 기록하고 있습니다. "사도들은 예수의 이름 때문에 모욕을 당할 수 있는 자격을 얻게 된 것을 기뻐하면서, 공의회에서 물러나왔다"(행 5:41). 환난은 인내를, 인내는 단련된 인격을 낳는다는 말이 바로 이런 것일 겁니다. 그리고 단련된 인격은 희망을 낳습니다. 절망에 빠지지 않습니다. 앙앙불락하지 않습니다.

누구나 일생에 몇 번은 한계 상황 앞에 섭니다. 스스로는 어떻게 해 볼 수 없는 일들이 느닷없이 닥쳐와 삶을 뒤흔듭니다. 질병, 죽음의 위기, 실패, 무의미성의 자각, 허무 의식, 견딜 수 없는 슬픔, 유한성에 대한 자각이 찾아올 때 우리는 참 무력해집니다. 하지만 그런 인생의 위기는 우리 인생에서 정말 본질적인 것이 무엇인지를 돌아보게 만듭니다. 시급한 일들을 처리하느라 놓치고 살던 중요한 일들을 다시 붙들게 만듭니다. 당연하게 여기던 일상이 얼마나 소중한지 깨닫습니다. 때때로 무겁게 여겨지던 가족들이 더없이 고맙게 느껴지고, 어려운 시기에 내 곁에 다가오는 이들이 얼마나 귀한지 깨닫게 됩니다. 고난은 돈과 명예와 권세를 좇던 삶이 허망할 수도 있다는 사실을 일깨워 줍니다. 모든 고난이 유익한 것은 아니지만, 고난을 유익하게 만든 사람들이 지혜자입니다.

악과 결별할 용기

"악을 행하는 사람은 사악한 말에 솔깃하고, 거짓말을 하는 사람은 중상하는 말에 귀를 기울인다"(잠 17:4). 아우구스티누스는 악은 선의 부재라고 말했습니다. 악은 실체가 있는 것이 아니라는 말을 하고 싶은 것이겠지만, 세상에는 정말 악인들이 있는 것 같습니다. 타인의 불행을 기뻐하는 이들이 있습니다. '샤덴프로이데 Schadenfreude'라는 말이 있습니다. 샤덴schaden은 상처를 준다는 뜻이고, 프로이데freude는 기쁨과 환희를 뜻합니다. 강상중 교수는 이 단어를 '타인의 불행은 꿀맛'이라고 옮깁니다. 우리 마음에는 이런 게 없을까요? 악에 사로잡힌 이들은 참된 말을 멀리합니다. 이런저런 음모론에 휘둘립니다. 자기들만 세상의 이면을 다 보고 있다고 믿습니다. 그 어리석은 믿음이 그들을 더욱 어리석게 만듭니다. 그런 태도는 결국 타인에 대한 의심, 조롱, 멸시, 폭력을 낳습니다. 자기 속에 있는 어둠이 또 다른 어둠을 부르기 때문입니다.

오늘 잠언의 지혜자는 아주 분명하게 말합니다. "가난한 사람을 조롱하는 것은 그를 지으신 분을 모욕하는 것이다. 남의 재앙을 기뻐하는 사람은 형벌을 면하지 못한다"(잠 17:5). 누군가를 조롱한다는 것은 그 사람 속에 있는 하나님의 형상을 부인한다는 말입니다. 이웃 사랑의 기초는 선한 의지가 아니라, 이웃을 하나님의 형상으로 존중하는 태도입니다. 이 마음을 잃어버리는 순간 영혼의 전락이 시작됩니다. 한국 원양 어선에서 일하는 이주어선원에 대한 노동 착취와 인권 침해 문제가 심각하게 대두되고 있습니다. 정말 속상합니다. 돈 때문에 인권에 대한 감수성이 마비되는 현실을 극복할 때 비로소 선진국이 될 수 있습니다.

말씀 앞에서 살아가는 이들은 사회 구석구석에서 그리스도의 향내를 풍겨야 합니다. 십자가 목걸이를 달고 다니고, 식사할 때 기도하는 것만으로는 부족합니다. 다른 이들을 존중하고 아끼는 문화를 만들기 위해 노력해야 합니다. 어려운 시대일수록 근본에 충실한 사람들이 등장해야 합니다. 여러분이 머무는 삶의 자리 한 구석이라도 밝히는 작은 등불이 되십시오. 여러분 주위에 따뜻하고 상쾌한 분위기를 만들고, 서로 아끼는 마음이 쉽게 자리 잡을 수 있게 하십시오. 바로 그것이 하나님나라를 지향하는 이들의 마땅한 태도입니다. 한 주 동안 아무에게도 해 끼치지 말고, 할 수 있는 선한 일을 모두 다 하고, 하나님의 은혜와 사랑 안에 머무십시오.

평화의 씨,
정의의 열매

태풍이 지나가니 새로운 태풍이 다가오고 있습니다. 다행히 한반도를 비켜 간다고 합니다. 첩첩산중이라는 말이 요즘처럼 실감 날 때가 없습니다. 숨 돌릴 틈도 없이 닥쳐오는 이런 재난 상황에 도시에 사는 이들은 그런대로 견딜 만하지만, 수확을 앞두고 논에 엎드린 벼 포기, 밭에 뒹구는 낙과를 바라보는 농부들의 마음은 참담하기 이를 데 없을 겁니다. 가두리 양식장을 하는 어부들의 사정도 다르지 않을 것입니다. '거리 두기 2.5단계'가 계속되면서 자영업자들이 겪는 피해는 실로 어마어마합니다. 모두가 겪는 일이긴 하지만, 특히 취약 계층이 체감하는 공포와 절망감은 큽니다. 정치인들의 눈길과 손길이 세심하게 그분들을 살필 수 있으면 좋겠습니다.

작은 교회들도 큰 어려움에 빠져들고 있습니다. 어찌어찌 근근이 버티고는 있다지만, 미래를 가늠하기 어려운 현실인지라 속이 바짝 타들어 가고 있을 겁니다. 이럴 때일수록 교회들의 따뜻한 연대가 절실합니다. 사도행전에는 예루살렘 교회가 어려움에 부닥쳤을 때 소아시아와 유럽의 교회들이 마음을 모아 모 교회를 도왔던 사실이 적혀 있습니다. 교회의 공교회성은 그렇게 확보되었던 것입니다. 누차 이야기했지만, 지금은 다시 시작할 때입니다. 가장 낮은 자리에서, 예수의 십자가 정신을 꼭 붙들어야 합니다. 베드로는 믿음의 사람들을 일러 '흩어져서 사는 나그네들', '택하심을 입은 이들'이라고 명명했습니다(벧전 1:1). 나그네는 길 위의 사람입니다. 잠시 우정을 나누기 위해 사람들 곁에 머물지만, 궁극적인 목표를 향해 나아가는 사람입니다. 바울은 기독교인의 실존을 일러 "뒤에 있는 것은 잊어버리고, 앞에 있는 것을 향하여 몸을 내밀면서"(빌 3:13) 달려가는 삶이라 했습니다.

한마디로 기독교인은 '세상에 있으나 세상에 속하지 않은in the world, but not of the world' 사람들, 곧 죄의 중력과 맞서 싸우는 사람들입니다. 우리는 세상의 가치관을 맹목적으로 따르지 않습니다. 길들지 않는다는 말입니다. 누릴 것을 다 누리고 사는 이들에게 그런 이들은 눈엣가시입니다. 불의에 공모하기를 거부함으로써 자기들의 어둠을 드러내기 때문입니다. 진실하게 믿는 이들은 조롱, 천대, 사회적 박탈, 박해를 받았습니다.

하나님의 꾸지람

오늘 본문에서 사도는 고난의 현실 앞에서 어쩔 줄 모르는 교인들을 향해 "여러분은 죄와 맞서서 싸우지만, 아직 피를 흘리기까지 대항한 일은 없습니다"라고 말합니다.

여러분은 죄와 맞서서 싸우지만, 아직 피를 흘리기까지 대항한 일은 없습니다. 또 여러분은, 하나님께서 여러분을 향하여 자녀에게 말하듯이 하신 이 권면을 잊었습니다. "내 아들아, 주님의 징계를 가볍게 여기지 말고, 그에게 꾸지람을 들을 때에 낙심하지 말아라. 주님께서는 사랑하시는 사람을 징계하시고, 받아들이시는 아들마다 채찍질하신다." 징계를 받을 때에 참아내십시오. 하나님께서는 자녀에게 대하시듯이 여러분에게 대하십니다. 아버지가 징계하지 않는 자녀가 어디에 있겠습니까? 모든 자녀가 받은 징계를 여러분이 받지 않는다고 하면, 여러분은 사생아이지, 참 자녀가 아닙니다. 우리가 육신의 아버지도 훈육자로 모시고 공경하거든, 하물며 영들의 아버지께 복종하고 살아야 한다는 것은 더욱더 당연한 일이 아니겠습니까? 육신의 아버지는 잠시 동안 자기들의 생각대로 우리를 징계하였지만, 하나님께서는 우리를 자기의 거룩하심에 참여하게 하시려고, 우리에게 유익이 되도록 징계하십니다. 무릇 징계는 어떤 것이든지 그 당시에는 즐거움이 아니라 괴로움으로 여겨지지만, 나중에는 이것으로 훈련받은 사람들에게 정의의 평화로운 열매를 맺게 합니다. 그러므로 여러분은 나른한 손과 힘 빠진 무릎을 일으켜 세우고, 똑바로 걸으십시오. 그래서 절름거리는 다리로 하여금 삐지 않게 하고, 오히려 낫게 하십시오(히 12:4-13).

믿음은 계산이 아니라 헌신입니다. 믿음으로 산다는 것은 자기 욕망과 싸우는 것인 동시에 우리를 길들이려는 세상에 맞서는 것입니다. 바울 사도는 거짓 사도들에게 미혹되는 교인들에게 바른 신학 이론이 아니라 상처 입은 자신의 몸을 보여 주었습니다. "이제부터는 아무도 나를 괴롭히지 마십시오. 나는 내 몸에 예수의 상처 자국을 지고 다닙니다"(갈 6:17). 이보다 더 강력한 증언이 어디에 있겠습니까? 이런 상처가 우리에게도 있는지요? 그리스도가 아닌 잘못된 지도자들을 따르다가 비난의 표적이 되는 이들도 있습니다. 그들은 박해받고 있다는 이미지를 강화함으로써 자기들의 반사회적 행태를 종교적으로 치장하기도 합니다. 누군가를 위험으로 몰아가는 일은 명분이 무엇이든 악합니다. 분별이 필요합니다.

우리 마음은 그리스도를 따른다고 하면서도 아차 하는 순간 옛 삶의 인력에 끌려 들어가곤 합니다. 자각하지 못하는 사이에 세상의 지배를 받아들입니다. 하나님의 나그네 된 백성으로 사는 것이 아니라 정착민으로 살곤 합니다. 가야 할 길을 잊고 산다는 말입니다. 일상의 무게에 짓눌려 혹은 세상의 달콤한 것에 마음이 팔려 우리 영혼이 깊은 잠에 빠져들 때마다 하나님은 우리를 징계하십니다. '징계'라는 단어의 사전적 정의는 '허물을 뉘우치도록 주의를 시키고 나무람, 또는 부정이나 부당한 행위를 되풀이하지 못하도록 제재를 가함'이지만, 이 단어가 우리에게 연상시키는 것은 감봉, 견책, 면직, 파면 등입니다. '징계'라는 단어를 듣는 순간 우리는 자기도 모르게 움찔합니다. 징계를 유쾌하게 받아들일 사람이 어디 있겠습니까?

하지만 헬라어로 '징계'를 뜻하는 '파라클레시스*paraklesis*'는 '가까이 부름, 간청, 훈계, 격려'라는 뜻을 포괄합니다. 이 단어는 성령의 다른 이름인 보혜사, 곧 파라클레토스*parakletos*와 유사합니다. 보혜사는 도와주고, 조언해 주고, 하나님 마음에 접속되게 해 주는 분입니다. 그러니까 징계는 부정적 질책이라기보다는 긍정적 질책이라 해야 할 것입니다. '꾸지람'이라는 단어는 '파이데이아*paideia*'를 번역한 것입니다. 아이를 훈육하여 잘못을 바로잡고 그릇된 열정을 제어하는 것을 가리킵니다. 꾸지람은 한 사람이 이기적으로 처신하지 않고 다른 이들과 더불어 사는 인격을 갖추도록 이끌기 위해 하는 것입니다. 칭찬은 고래도 춤추게 한다는 말도 있지만, 그래서 격려하고 북돋는 일은 매우 중요하지만, 하지 말아야 할 일을 가르치는 것도 매우 중요한 교육입니다. 유대인들은 어릴 때부터 할라카*halakha*와 아가다*aggada*를 통해 해야 할 일과 하지 말아야 할 일을 배웁니다. 할라카는 유대인들의 삶을 지배하는 법, 규례, 규범을 가리키고, 아가다는 이야기 형태로 전승되는 교훈을 가리킵니다.

하나님의 징계 혹은 꾸지람의 방식은 참 다양합니다. 선포되는 말씀, 벗들과의 대화, 실패의 경험, 관계의 어려움, 질병, 예기치 않은 재난 등이 그것입니다. 징계하시기 위해 하나님께서 그런 불행을 일으키신다는 말이 아니라, 그런 재난이나 고통이 우리 마음의 지각을 깨뜨려 하나님과 만날 수 있게 한다는 말입니다. 하나님은 출애굽 공동체를 저주해 달라는 모압 왕의 요청을 받고 길을 떠나던 발람을 꾸짖고 그의 눈을 열어 주시려고 그가 타고 가던 나귀의 입을 여셨습니다. 주님이 예루살렘에 입성하실 때 제자의 온 무리가 기쁨의 노래를 부르는 것을 보고 바리새파 사람들이 몰려와 "선생님, 선생님의 제자들을 꾸짖으십시오"(눅 19:39) 하고 요구했을 때 주님이 뭐라 하셨습니까? "내가 너희에게 말한다. 이 사람들이 잠잠하면, 돌들이 소리지를 것이다"(눅 19:40). 문제는 들을 귀가 있느냐입니다.

거룩함에 참여한다는 것

하나님이 우리를 징계하시는 까닭은 분명합니다. 거룩함에 참여하게 하시려는 것입니다. 징계 혹은 꾸지람은 우리 몸과 마음에 붙은 더러운 것들, 부적절한 것들을 털어 내기 위해 주어지는 사랑입니다. 조금 겸손해지기 위해서는 많은 시련을 겪어야 한다는 말이 있습니다. '정화의 불'이라는 말도 마찬가지입니다. 불과 물 사이를 몇 번씩 통과해야 조금쯤 깨끗해지는 게 우리 마음입니다. 하나님은 당신이 사랑하는 사람만 징계하시고, 받아들이는 사람만 채찍질하십니다. 아프고 쓰리지만 이게 진실입니다.

여기서 의문이 생깁니다. 거룩함은 오직 하나님께 속한 것입니다. 거룩함을 뜻하는 히브리어 카도쉬*kadosh*나 헬라어 하기오테스*hagiotes*는 '구별되다, 뛰어넘다'라는 뜻입니다. 거룩함은 하나님과 인간이 구별되는 지점입니다. 그런데 거룩함에 참여한다는 말은 어찌 보면 언감생심입니다. 햄릿의 말처럼 인간은 그저 먼지에 지나지 않습니다. 그런 먼지에게 거룩하라 하심은 어떤 뜻일까요? 하나님은 출애굽 공동체에 말씀하셨습니다. "너희의 하나님인 나 주가 거룩하니, 너희도 거룩해야 한다"(레 19:2). 이 명령 속에 하나님의 사랑이 담겨 있습니다. 무신론적 과학주의자들은 인간이 '벌거벗은 유인원' 혹은 '이기적인 유전자'에 불과하다고 말합니다. 인간은 진화의 산물일 뿐 거룩한 삶의 목적 따위는 없고 자기 DNA를 남기려는 본능에 충실할 뿐이라는 것입니다. 정말 그런가요?

성경은 그렇지 않다고 말합니다. 하나님은 인간을 당신의 형상을 따라 만드셨습니다. 인간의 인간다움은 하나님의 성품을 닮는 데 있습니다. 하나님의 형상으로서의 인간은 자기 좋을 대로 처신하지 않습니다. 자극에 반응하는 즉자적 존재가 아니라는 말입니다. 다른 사람을 배려할 뿐만 아니라, 다른 이들의 행복을 위해 자기를 희생하기도 합니다. 본능 혹은 욕망에 굴복하지 않을 때 사람은 아름답습니다. 허무와 패배가 예견된다 해도 부조리에 항거하고, 누군가의 이웃이 되려 할 때 사람은 하나님을 가리켜 보이는 존재가 됩니다. 예수 그리스도의 십자가는 인간이 얼마나 고귀한 존재일 수 있는지를 보여 줍니다.

레위기는 거룩함의 내용을 종교적 진술로 채우지 않습니다. 진짜 거룩함은 일상에서 드러나는 법입니다. 추수할 때 가난하고 소외된 이웃들을 배려하여 밭의 한 모퉁이를 남겨 두는 것, 이웃을 속이지 않는 것, 품꾼의 삯을 떼먹지 않는 것, 듣지 못하는 사람을 저주하지 않는 것, 눈이 먼 사람 앞에 걸려 넘어질 것을 놓지 않는 것, 재판할 때 제멋대로 판단하지 않는 것, 남의 생명을 위태롭게 하면서 이익을 보려 하지 않는 것, 바로 이런 것이 거룩함입니다. 이런 거룩한 삶을 한마디로 요약한 것이 "다만 너는 너의 이웃을 네 몸처럼 사랑하여라"(레 19:18)라는 구절입니다. 거룩함에 참여한다는 것은 바로 그런 삶을 능동적으로 선택하며 산다는 뜻입니다.

정의의 평화로운 열매

하나님의 징계와 꾸지람을 통해 우리가 그런 삶을 살 수 있게 된다면 그보다 고마운 일이 어디에 또 있겠습니까? 그렇게 훈련된 사람들이 있는 곳에 열리는 열매가 있습니다. '정의의 평화로운 열매'입니다. 정의를 구현함으로써 얻는 평화의 열매일 수도 있고, 평화를 지향함으로써 얻는 정의의 열매일 수도 있습니다. 야고보도 같은 진실을 말한 바 있습니다. "정의의 열매는 평화를 이루는 사람들이 평화를 위하여 그 씨를 뿌려서 거두어들이는 열매입니다"(약 3:18). 평화의 씨를 뿌려 정의의 열매를 거두는 것이 기독교인의 삶이라는 것입니다. 하나님은 호세아를 통해 "정의를 뿌리고 사랑의 열매를 거두어라. 지금은 너희가 주를 찾을 때이다. 묵은 땅을 갈아 엎어라. 나 주가 너희에게 가서 정의를 비처럼 내려 주겠다"(호 10:12)라고 약속하셨습니다. 여기서는 정의와 사랑의 열매가 연결되고 있습니다.

정의와 평화, 정의와 사랑, 이 둘은 떼려야 뗄 수 없는 한 몸입니다. 우리의 지향은 분명합니다. 나그네로서 인생길을 걷는 동안 이런 목표를 향해 나아가야 합니다. 가끔 세찬 바람이 불어 우리 삶을 뒤흔들어 놓을 때도 있고, 폭우가 쏟아져 우리 길을 끊을 때도 있습니다. 그렇다고 하여 투덜거리며 주저앉아서는 안 됩니다. 그래서 사도는 말합니다.

> 그러므로 여러분은 나른한 손과 힘 빠진 무릎을 일으켜 세우고, 똑바로 걸으십시오. 그래서 절름거리는 다리로 하여금 삐지 않게 하고, 오히려 낫게 하십시오(히 12:12-13).

욕망의 벌판을 비틀걸음으로 걷지 마십시오. 똑바로 걸으십시오. '똑바로'라는 뜻의 헬라어 '오르토스*orthos*'는 '곧은, 직립한'이라는 뜻입니다. 자꾸 죄에 이끌리는 마음을 은총을 향해 들어 올리십시오. 중력에 이끌리는 몸을 일으켜 이웃에게 다가가십시오. 자세가 달라지면 마음도 달라지는 법입니다. 하나님의 뜻을 이루기 위해 위험을 무릅쓸 때 우리 속의 비애는 줄어들고 불확실성도 가실 것입니다. 주님의 징계를 고마움으로 받아들이십시오. 칭얼거리는 어린아이가 아니라, 하나님의 일에 동참하는 사람의 당당함으로 현실의 무게를 견디십시오. 우리가 주님을 신뢰하듯이 주님도 우리를 신뢰하십니다. 창조 절기가 시작되고 있습니다. 우리 삶이 이 무너진 세상을 일으켜 세우시려는 하나님의 창조 역사에 동참하는 나날이 되기를 빕니다.

4부

푯대를 향해 뚜벅뚜벅

믿음으로 산다는 것은 푯대이신 그리스도를 바라보며 산다는 것입니다.
가끔 목표가 눈앞에서 사라진 것처럼 보일 때도 있지만,
기어코 그 방향으로 나아가는 끈질김이 필요합니다.
달콤한 것들에 마음을 빼앗기는 순간, 영혼은 누추해집니다.

굽은 마음을 펴고

현장 예배를 재개하자마자 또다시 영상 예배로 전환하게 되어 마음이 무겁습니다. 어려운 시절인 것은 분명하지만, 우리는 이런 상황에서도 능동적으로 대처해야 합니다. 한순간도 긴장을 늦추지 말라는 경고로 받아들여야 할 것 같습니다. 지난 주일에 모처럼 모여 예배를 드리면서 참 묘한 감정이 들었습니다. 다들 마스크를 끼고 계시니 그 표정을 살필 수 없었고, 마치 익명의 대중을 향해 말하는 것 같은 기묘한 느낌이 들었습니다. 친교의 시간조차 없이 황급히 헤어지고 나니 아쉬움이 뭉게구름처럼 피어올랐습니다. 언제쯤이면 얼굴과 얼굴을 마주하고 반가운 인사를 나눌 수 있을지 모르겠습니다. 허전한 마음이 가시지를 않습니다.

5.18 광주민주화항쟁 40주년입니다. 여전히 진상 규명은 요원하고, 피해자들의 한은 신원되지 않았습니다. 좋은 나라의 꿈은 여전히 미완성입니다. 이래저래 우리 사회의 민낯이 폭로되는 나날입니다. 입주민의 폭언과 폭력에 모멸감을 느낀 아파트 경비원이 스

스로 목숨을 끊었습니다. 자기보다 약자처럼 보이는 이들에게 서슴없이 모멸감을 안기는 이들을 보면 암담합니다. 사람이 왜 저 지경이 됐나 싶어 속상합니다. 불교는 인간이 삼독三毒에 빠져 있다고 말합니다. 사람의 마음을 해치는 세 가지 독은 만족할 줄 몰라 애착하는 '탐욕貪欲'과 눈을 부릅뜨고 성을 내는 '진에瞋恚'와 우매하고 어리석은 '우치愚癡'입니다. 불교의 가르침이긴 하지만, 우리의 현실을 이해하는 데 부족함이 없습니다. 우리는 어쩌면 탐진치가 욕망을 숙주로 하여 경쟁의 이름으로 제도화된 세상에서 살고 있는지 모르겠습니다. 이런 세상에서 타자들은 경쟁자 혹은 적으로 인식되고 존중과 아낌의 마음은 저절로 줄어듭니다. 그렇기에 지금은 참회와 혁신의 시간입니다. 코로나19로 잠시 멈추어 선 지금이야말로 우리 삶을 근본으로부터 다시 돌아보아야 할 때입니다.

요즘 많은 이들이 욜라 비스의 말을 인용합니다. "우리는 서로의 환경이다." 따지고 보면 다른 이들을 위해 좋은 환경이 되는 것이 이웃 사랑의 기본입니다. 이웃에 대한 존중과 이해와 사랑이 사라지면, 세상은 욕망의 전장으로 변하고 맙니다. 기본을 다시 세울 때입니다. 미국의 16대 대통령 에이브러햄 링컨은 남북전쟁이 한창이던 1863년에 '국가 기도의 날'을 제창했습니다. 그러면서 그가 했던 말은 오늘 우리에게도 시의적절하게 들립니다.

우리는 제어되지 않는 성공에 도취되어 하나님을 잊었습니다. 우리는 자기만족에 겨워 구속하시고 보호하시는 은총의 필요성을 느끼지 않게 되었고, 오만에 빠져 우리를 지으신 하나님께 기도하지 않았습니다. 이제 우리는 모욕당하신 전능자 앞에서 겸손하게 엎드려 우리의 국가적 죄를 고백해야 합니다. 그리고 하나님의 관용과 용서를 청해야 합니다.

지금은 철저하게 죄를 고백하고 새로운 삶을 지향해야 할 때입니다. 우리는 어떠한 사람입니까? 누구나 좋은 평판 듣기를 원합니다. 칭찬을 들으면 기분 좋고, 비난을 들으면 괴롭습니다. 세평에 지나치게 민감할 필요는 없지만, 세평에 전혀 영향을 받지 않을 도리도 없습니다. 그런 평가에 휘둘리지 않으려면 스스로 자기 삶의 주체가 되어야 합니다. 자꾸 이런 질문을 던져야 합니다. 나는 누구인가? 남들이 뭐라 하든지 나는 나답게 살고 있는가? 남들이 기대하는 역할을 그저 연기하고 있는 것은 아닌가? 내가 세상에 주어야 할 선물은 무엇인가?

자기가 살아갈 시대를 선택할 수는 없지만, 자기에게 할당된 시대를 어떻게 살아갈 것인지는 선택할 수 있습니다. 돈과 명예와 권세를 성공과 실패의 기준으로 삼는 세상에 살면서도 여전히 신앙인답게 살고 있는지요? 저는 적극적으로 선을 행하지는 못하더라도 남에게 해가 되지는 말자고 늘 다짐하며 삽니다. 물론 선한 뜻으로 한 일이 누군가에게 괴로움을 안겨 줄 때도 있습니다. 예측하지 못한 일이 끼어들기도 합니다. 그래서 삶은 늘 조심스럽습니다.

인자한 사람, 잔인한 사람

히브리의 지혜자는 "인자한 사람은 자기의 생명을 이롭게 하고, 잔인한 사람은 자기의 몸을 해친다"라고 말합니다.

> 인자한 사람은 자기의 생명을 이롭게 하고, 잔인한 사람은 자기의 몸을 해친다. 악인에게 돌아오는 삯은 헛것이지만, 정의를 심는 사람은 참 보상을 받는다. 정의에 굳게 서는 사람은 생명에 이르지만, 악을 따르는 사람은 죽음에 이른다(잠 11:17-19).

여기서 인자한 사람은 '헤세드*chesed*'입니다. 어려움을 겪는 이들을 보면 마음이 움직여서 돕지 않고는 못 배기는 사람입니다. 출애굽 공동체가 하나님과 맺은 언약의 돌판을 담고 있던 증거궤를 떠올려 보십시오. 증거궤를 덮은 뚜껑 위에는 케루빔 천사 둘이 마주 보고 있습니다. 그 케루빔 사이를 일컬어 속죄판mercy-seat이라고도 하고, 하나님께서 은혜를 베푸시는 자리라 해서 시은좌施恩座라고도 부릅니다. 그런데 이스라엘 랍비들은 그 이야기 속에서 아주 심오한 진실을 읽어 냅니다. "하나님은 두 사람이 사랑과 포옹, 너그러움과 돌봄의 마음으로 얼굴을 마주한 곳에서 말씀하신다"[1]는 것입니다.

그러니까 하나님은 사람들이 사랑 안에서 서로를 받아들이려는 곳 어디에나 계신다는 말입니다. 하나님이 함께하시는 그 자리에서 발현되는 마음이 인자함입니다. 맹자도 인간에게는 측은지심惻隱之心이 있다 하지 않았습니까. 인자무적仁者無敵이란 말도 있습니다. 어진 사람은 아무도 적으로 대하지 않는다는 말입니다. 상대방의 아픔과 연약함까지 감싸 안는 넉넉함이 있기 때문입니다. 이런 마음과 만나면 거칠었던 마음도 정화됩니다.

하지만 사람 속에는 잔인함도 있습니다. 잔인殘忍이라는 단어에서 '잔殘'은 '부서진 뼈 알歹' 자에 '창 과戈' 자가 겹쳐 있는 모양입니다. '참을 인忍'에는 '잔인하다, 동정심이 없다'라는 뜻도 있습니다. 잔인한 사람은 무기를 들고 다른 이들을 동정심 없이 해치는 사람입니다. 사이코패스 같은 이들을 생각해 보면 됩니다. 홉스는 자연상태에서 인간이 다른 이들을 잠재적 적으로 여기는 모습을 가리켜 "호모 호미니 루푸스*homo homini lupus*"라고 했습니다. "인간은 인간에게 늑대다"라는 뜻입니다. 화가인 조르주 루오의 판화집《미제레레》에는 사람들을 목매달아 죽이는 모습을 형상화한 작품이 있습니다. 그는 그 작품에 〈인간은 인간에게 늑대다〉라는 제목을 붙였습니다.

잔인한 이들은 다른 사람의 처지에서 생각하는 능력, 즉 공감능력이 부족한 사람들입니다. 동의는 '동질성'을 전제로 하지만, 공감은 '이질성'을 전제로 합니다. 나와 생각이 다르고 생활 방식이 다른 이들까지도 소중한 이웃으로 아우르려 할 때 평화가 다가옵니다. 다른 이들을 자기 방식대로 동질화하려는 태도는 폭력입니다. 잔인한 이들은 다른 이들의 마음을 헤아릴 생각이 없습니다. 그렇기에 자기 이익을 위해 다른 이들을 수단으로 이용하는 일을 꺼리지 않습니다. 그러나 그 결국은 자기 파괴입니다.

오세영 시인은 〈그릇1〉이라는 시에서 "깨진 그릇은/ 칼날이 된다/ 무엇이나 깨진 것은/ 칼이 된다"[2]라고 노래했습니다. 깨진 마음 또한 마찬가지입니다. 깨진 마음은 다른 이를 찔러 상처를 입히지만, 더 자주 자기 마음을 상하게 합니다. 남을 아프게 하려면 먼저 자기 마음을 뾰족하게 만들어야 하지 않던가요? 잔인한 사람이 자기 몸을 해친다는 지혜자의 말은 이런 현실에 맞닿아 있습니다. 몸만 상하게 하는 것이 아닙니다. 마음까지 상하게 합니다.

'이익'이 아닌 '공의'를

18절과 19절은 악인의 삯과 공의를 뿌린 자가 받는 상 혹은 운명을 다룹니다. 악인도 의인도 자기 일을 열심히 합니다. 우리는 복잡한 일에 연루되기 싫어서 입장을 분명하게 밝히지 않을 때가 많습니다. 그런데 자아가 강하거나 자기 이익에 발밭은 사람들, 강고한 이데올로기에 사로잡힌 이들은 참 열정적입니다. 그들이 목소리를 높이면 할 말이 있어도 입을 꾹 다무는 이들이 많습니다. 선한 이들의 침묵이야말로 악이 번성하는 조건이라는 말이 딱 맞습니다. 편견과 무지에 찬 이들이 그릇된 확신에 차서 세상을 어지럽히는 일이 많습니다. 그들은 참 부지런합니다. 세상에 간섭하지 않는 게 없습니다. 욥기의 서막에 나오는 한 장면이 떠오릅니다. 하나님께서 사탄에게 "어디를 갔다가 오는 길이냐?" 하고 물으시자 사탄은 주님께 "땅을 이리저리 돌아다니다가 오는 길입니다" 하고 대답합니다(욥 1:7). 사탄은 가지 않는 곳이 없고, 간섭하지 않는 일이 없습니다.

악인도 마찬가지입니다. 그러나 악인의 열심은 좋은 결과를 낳지 못합니다. 분별력이 없는 열심, 자기 욕망 충족을 최우선으로 삼는 열심은 남을 해칩니다. 히브리의 지혜자는 악인이 거두어들일 삯은 허무라고 단호하게 말합니다. 그러나 공의의 씨를 뿌린 자에게 주어지는 것은 생명입니다. 슬프고, 고통스럽고, 외롭기도 한 것이 인생입니다. 그러나 '이익'이 아닌 '공의'를 생의 중심 가치로 삼고 사는 이들은 그런 부정적인 삶의 계기조차 우리를 하나님께로 이끄는 안내인으로 삼습니다. 때로는 길을 잃은 것처럼 답답할 때도 있지만 크게 염려하지 않아도 괜찮습니다. 파커 J. 파머는 "하느님은 GPS처럼 임하시진 않지만, 제가 가장 어둔 곳을 더듬을 때 저와 동행합니다"[3]라고 고백했습니다.

하나님이 GPS처럼 우리가 가야 할 길을 정확하게 일러 주면 얼마나 좋겠습니까만, 하나님은 우리를 그렇게 인도하시지 않습니다. 그렇기에 우리는 어두운 곳에서 더듬더듬 진실을 향해 한 걸음씩 나아갑니다. 주님은 그 길에서 우리와 동행하십니다. 이것이 공의를 생의 목표로 삼은 사람의 든든함입니다. 많은 이들이 생의 좌표를 잃고 헤맵니다. 실수와 혼란 속에서 방향을 잃고 헤맵니다. 불안하기 때문에 뭔가에 탐닉합니다. 그럴수록 허무와 죽음은 더욱 확고하게 그를 사로잡습니다. 이제 우리 생의 방향을 하나님의 마음으로 향할 때입니다.

펴진 마음에 차오르는 기쁨

주님은 마음이 비뚤어진 사람은 미워하시지만, 올바른 길을 걷는 사람은 기뻐하신다. 악인은 틀림없이 벌을 받지만, 의인의 자손은 반드시 구원을 받는다(잠 11:20-21).

같은 이야기가 변주되고 있습니다. 마음이 비뚤어진 사람도 처음부터 비뚤어지지는 않았을 겁니다. 아우구스티누스는 우리 마음이 어떻게 죄의 종이 되는지 기가 막히게 보여 줍니다. "삿된 마음에서 육욕이 생기고, 육욕을 따르다 보면 버릇이 생기고, 버릇을 끊지 못하면 필연이 생기게 되는 것이옵니다."[4] 삿된 마음은 제 이익에 발밭은 마음입니다. 그 마음을 따라 살면 우리도 모르는 사이에 마음에 습관이 생기고, 그 습관은 결국 고질병이 된다는 것입니다. 마음을 자꾸 인색하게 쓰다 보면 다른 이들을 좋게 봐주지 못하는 사람이 되기 쉽습니다. 더 큰 문제는 자기가 그렇다는 사실을 자기만 모른다는 데 있습니다. 나이 듦이 주는 선물 가운데 하나는 자신이 얼마나 부족한 존재인지 자각하는 것입니다. 부족함을 알기에 함부로 말하지 못하고 조심스럽게 행동합니다. 물론, 나이가 들어도 여전히 강고한 자아를 내려놓지 못하는 이들도 많습니다. 안타까운 일입니다.

거칠고 험한 세상이지만 우리는 참사람의 길을 가르쳐 주신 예수를 따르는 사람들입니다. 주님은 우리에게 인간의 등불이 되라 하십니다. 우리는 예수 그리스도를 바라보며 그분을 닮으려 애쓰는 사람들입니다. 세상이 어둡다고 투덜거리기보다는 작은 등불 하나 밝히는 마음으로 살면 좋겠습니다. 그때 우리의 굽은 마음도 조금씩 펴질 겁니다. 펴진 마음에 차오르는 것은 감사와 감격과 기쁨입니다. 마음이 펴지면 이웃들이 소중한 존재로 여겨집니다. 이 위기의 시대에 주님은 우리를 통해 세상을 고치려 하십니다. 아버지께서 이제까지 일하시니 나도 일한다고 하셨던 예수의 마음으로 오늘도 내일도 주님의 일에 동참하는 기쁨을 누리시길 빕니다.

마음속 구름을 닦고

코로나19가 주춤해지자 봄의 불청객 미세먼지가 찾아왔습니다. 이래저래 불편합니다. 그래도 우수 절기를 앞둔 때인지라 산수유는 벌써 노란 꽃망울을 터뜨리며 봄소식을 전하고 있습니다. 이러니저러니 해도 삶은 계속됩니다. 그러니 힘겨워도 우리는 각자의 시간을 살아 내야 합니다.

사람들은 예수님을 가리켜 '유랑하는 설교자'라고 말합니다. 랍비들처럼 한곳에 머물며 가르치는 분이 아니라 마치 물이 낮은 곳으로 흐르듯, 바람이 임의로 불듯 어떤 그리움에 이끌려 이곳저곳을 다니며 하나님나라를 전파하셨다는 말입니다. 이방 지역이라고 하여 외면하지도 않으셨습니다. 마가는 주님께서 바리새파 사람들, 율법학자들과 더불어 정결한 삶에 관해 논쟁을 벌이신 뒤 두로 지역으로 이동하셨다고 말합니다. 두로는 지금의 레바논 지역입니다. 사람들의 시선에서 벗어나 조용히 지내길 원했지만 그럴 수 없었습니다. 기적 행위자로서의 예수에 대한 소문을 들은 많은 이들이 찾아왔습니다.

그 가운데는 악한 귀신 들린 딸을 둔 시로페니키아 출생의 그리스 여인도 있었습니다. 그 여인은 자기 딸에게서 귀신을 쫓아내 달라고 주님께 간청했습니다. 그때 주님이 하신 말씀은 성경에서 가장 당혹스러운 대목 가운데 하나입니다. "자녀들을 먼저 배불리 먹여야 한다. 자녀들이 먹을 빵을 집어서 개들에게 던져 주는 것은 옳지 않다"(막 7:27). 예수님이 하신 말씀이라고는 믿어지지 않는 냉정한 반응이었습니다. 그래서 사람들은 예수님이 여인의 믿음을 시험하기 위해 짐짓 냉혹하게 말씀하신 것이라고 해석하기도 합니다. 유대인들과 벌인 소모적 논쟁으로 예수님이 심정적으로 매우 날카로워져 있었다고 말하는 이들도 있습니다. 사실 이것은 저의 견해입니다. 어느 경우가 되었건 여인은 포기하지 않았습니다. "주님, 그러나 상 아래에 있는 개들도 자녀들이 흘리는 부스러기는 얻어먹습니다"(막 7:28). 딸의 치유를 원하는 어머니의 절박함은 모욕적으로 들릴 수 있는 언어의 장벽을 가볍게 뛰어넘었습니다. 마침내 주님은 여인의 소원을 들어주셨습니다.

귀먹고 말 더듬는 사람

오늘 본문은 이 사건이 벌어진 이후의 일을 보여 줍니다.

예수께서 다시 두로 지역을 떠나, 시돈을 거쳐서, 데가볼리 지역 가운데를 지나, 갈릴리 바다에 오셨다. 그런데 사람들이 귀 먹고 말 더듬는 사람을 예수께 데리고 와서, 손을 얹어 주시기를 간청하였다. 예수께서 그를 무리로부터 따로 데려가서, 손가락을 그의 귀에 넣고, 침을 뱉어서, 그의 혀에 손을 대셨다. 그리고 하늘을 우러러보시고서 탄식하시고, 그에게 말씀하시기를 "에바다" 하셨다. (그것은 열리라는 뜻이다.) 그러자 곧 그의 귀가 열리고 혀가 풀려서, 말을 똑바로 하였다. 예수께서 이 일을 아무에게도 말하지 말라고 그들에게 명하셨으나, 말리면 말릴수록, 그들은 더욱더 널리 퍼뜨렸다. 사람들이 몹시 놀라서 말하였다. "그가 하시는 일은 모두 훌륭하다. 듣지 못하는 사람도 듣게 하시고, 말 못하는 사람도 말하게 하신다"(막 7:31-37).

주님은 두로 지역을 떠나, 시돈을 거쳐, 데가볼리 지역 가운데를 지나, 갈릴리 바다에 오셨습니다. 시돈은 두로보다 북쪽에 있는 지중해변의 도시입니다. 시돈을 거쳐서 간 데가볼리 지역은 갈릴리 호수의 동편 지역입니다. 상당히 먼 거리입니다. 복음서에서 예수님의 행적을 이렇게 소상하게 기록한 곳은 아마 없을 겁니다. 괜히 그런 것은 아닐 겁니다. 이사야 9장의 예언과 연결해 보아야 합니다. "어둠 속에서 고통받던 백성에게서 어둠이 걷힐 날이 온다"라고 말한 이사야는 "주님께서 서쪽 지중해로부터 요단 강 동쪽 지역에 이르기까지, 그리고 이방 사람이 살고 있는 갈릴리 지역까지, 이 모든 지역을 영화롭게 하실 것이다"(사 9:1)라고 말합니다. 그러니까 마가가 전하는 주님의 행로는 이 예언의 실현이었던 셈입니다. 주님은 '어둠이 걷힐 날'을 가져오시는 분이십니다.

그 여정의 끝에서 주님은 사람들이 데려온 '귀먹고 말 더듬는 사람'을 만나셨습니다. 귀먹고 말 더듬는 사람이야말로 어둠 속에 갇힌 사람입니다. 마가복음에서 이것은 분명해 보입니다. 주님은 하나님나라의 비밀을 알아차리지 못하는 사람들을 가리켜, 보기는 보아도 알지 못하고 듣기는 들어도 깨닫지 못한다고 말씀하셨습니다(막 4:12). 스승과 함께 있으면서도 여전히 눈을 뜨지 못한 제자들을 향해 "너희는, 눈이 있어도 보지 못하고, 귀가 있어도 듣지 못하느냐? 기억하지 못하느냐?"(막 8:18) 하고 책망하시기도 했습니다.

귀먹고 말 더듬는 사람은 어쩌면 말씀을 알아듣지 못하고 깨닫지 못하는 모든 이를 가리키는 말일 수도 있습니다. '귀먹었다'로 번역된 단어 '코포스*kophos*'는 시력 혹은 청력이 '무디다, 둔하다'라는 뜻입니다. '말 더듬다'로 번역된 '모길랄로스*mogilalos*' 역시 '간신히, 힘들게 말한다'라는 뜻입니다. 왠지 잔뜩 주눅이 들어 있는 것 같지 않습니까? 주님은 그 사람을 무리로부터 따로 데려가십니다. 말씀으로 귀신을 내쫓으실 수 있는 분이 그를 따로 데려가신 까닭이 무엇일까요? 마가복음에는 이와 유사한 장면이 또 나옵니다. 마가복음 8장에서 벳새다의 눈먼 사람을 만나신 주님은 그를 마을 바깥으로 데리고 나가셨습니다(막 8:23).

‘무리’ 혹은 ‘마을’은 익숙한 세계, 곧 통념이 작동하는 현장입니다. 예언자가 고향에서는 대접을 받지 못한다는 말처럼 익숙한 세계는 정신의 늪일 때가 많습니다. 익숙한 세계에서는 새로운 사건이 벌어지기 어렵습니다. 모든 게 당연한 세계에는 감사가 없고 경탄이 없고 새로움이 없습니다. 시인 김승희 선생은 그래서 “당연의 세계에서 나만 당연하지 못하여/ 당연의 세계가 항상 낯선 나”의 괴로움을 토로합니다. 그래서 그는 “당연의 세계에 소송을 걸어라”라고 도발합니다. 이런 내용이 담긴 시의 제목은 〈세상에서 가장 무거운 싸움2〉입니다.[5] 세상에서 가장 무거운 싸움은 통념과의 싸움입니다.

예수님이 귀먹고 말 더듬는 사람을 따로 불러 세운 것은 그에게 새로운 시각을 열어 주시기 위함입니다. 통념에 사로잡혀 있는 동안에는 자기 삶을 새롭게 바라볼 수 없는 법입니다. 가끔 아주 보수적인 교회에서 신앙 훈련을 받은 이들에게 질문을 받을 때가 있습니다. 그들은 자기들이 머무는 세계가 너무 협소하다는 사실을 알고 답답함을 느끼지만, 그 신앙의 틀을 벗어날 엄두를 내지 못합니다. 두렵기 때문입니다. 차근차근 설명을 해 주어도 공감은 하면서도 께끔한 느낌을 떨쳐 버리지 못합니다. 그럴 때마다 틀 밖에서 바라보아야 한다고 말합니다. 주님이 그를 따로 불러 세우신 것은 그 때문입니다.

주님의 탄식

그런데 치유의 과정이 좀 독특합니다. 손가락을 그의 귀에 넣고, 침을 뱉어서, 그의 혀에 손을 대셨습니다. 어떤 이들은 이게 당시의 치유자들이 하던 행태를 따른 것이라고 말합니다. 침에 있는 치유력을 사용한 것이라고 말하는 이들도 있습니다. 사람들에게 익숙한 방식을 사용하셨다는 것이지요. 사람들을 당연의 세계, 익숙한 세계에서 끌어내려 하시는 주님이 그런 방법을 사용했다고 말하는 게 좀 납득하기 어렵습니다. 손가락을 귀에 넣었다는 말은 은유적 표현으로 보아야 합니다. 성경에서 '하나님의 손가락'은 하나님의 능력을 나타내는 단어입니다. 침을 뱉는다는 것은 대개 모욕의 의미인데 주님이 침을 뱉으신 까닭은 성경에서 참 이해하기 어려운 대목입니다. 주님은 그 사람의 혀에 손을 대시고, 하늘을 우러러보시고 탄식하셨습니다. '탄식하다'는 뜻의 '스테나조*stenazo*'는 뭔가에 눌려 답답한 상황, 혹은 그로 인해 터져 나오는 내적 신음을 가리키는 말입니다. 이 단어는 로마서에서도 사용됩니다.

우리도 자녀로 삼아 주실 것을, 곧 우리 몸을 속량하여 주실 것을 고대하면서, 속으로 신음하고 있습니다(롬 8:23).

우리는 어떻게 기도해야 할지도 알지 못하지만, 성령께서 친히 이루 다 말할 수 없는 탄식으로, 우리를 대신하여 간구하여 주십니다(롬 8:26).

주님의 탄식은 들어야 할 것을 듣지 못하고, 말해야 할 것을 말하지 못하는 이들에 대한 답답한 마음, 안타까운 마음을 가감 없이 드러낸 것입니다. 주님은 마침내 "에바다"라고 외치셨습니다. "에바다"는 명령법 수동태로 "열려라"라는 뜻의 아람어입니다. 아람어는 예수님 당시에 히브리 사람들이 일상적으로 사용하던 언어인데 헬라어로 기록된 신약에 이 아람어가 몇 개 남아 있습니다. 우리에게 익숙한 것들도 꽤 있습니다. 압바, 달리다쿰, 마라나타, 엘리 엘리 라마 사박다니 등. 민중들의 기억에 각인된 말을 번역하지 않고 남겨 둔 셈입니다. 사투리 혹은 방언에는 그 지역 사람들의 정서나 감정이 고스란히 담겨 있습니다. 그래서 평소에는 서울말을 쓰던 사람들도 고향 사람을 만나면 고향 말을 사용하는 경우가 많습니다. 사투리를 통해 정서적 일치 혹은 연대감을 느끼는 것입니다.

"에바다"라는 외침이 떨어지자 그는 곧 귀가 열리고 혀가 풀려서, 말을 똑바로 하였다고 합니다. 놀라운 기적입니다. 그런데 이 구절 역시 이사야의 예언이 성취된 것입니다. 이사야는 '주님의 영광의 날'이 올 거라면서 이렇게 말합니다.

그 때에 눈먼 사람의 눈이 밝아지고, 귀먹은 사람의 귀가 열릴 것이다. 그 때에 다리를 절던 사람이 사슴처럼 뛰고, 말을 못하던 혀가 노래를 부를 것이다. 광야에서 물이 솟겠고, 사막에 시냇물이 흐를 것이다(사 35:5-6).

티 없이 맑은 영원의 하늘

결국, 이 이야기는 귀먹고 말 더듬는 사람에 관한 놀라운 치유 이야기이지만, 메시아 시대의 도래를 알리는 이야기이기도 합니다. 주님을 통해 온전함을 회복한 그 사람은 말을 똑바로 하였습니다. 이것은 치유의 이적이 일어났다는 사실을 증언하는 것을 넘어 그가 메시아적 질서 속에 들어갔음을 암시합니다. 예수와 만난 그는 완전히 새로운 세상과 만났습니다. 신동엽 시인의 말을 빌리자면 먹구름을 하늘로 알고 일생을 살던 사람이 마음속 구름이 스러져 푸른 하늘을 보게 된 겁니다. 머리를 덮은 쇠 항아리를 하늘로 알던 사람이 그 쇠 항아리를 찢고 맑은 하늘을 보게 된 겁니다. 시인은 〈누가 하늘을 보았다 하는가〉라는 시에서 "아침 저녁/ 네 마음속 구름을 닦고/ 티없이 맑은 영원의 하늘/ 볼 수 있는 사람은/ 외경畏敬을/ 알리라"라고 노래합니다.[6] 티 없이 맑은 구원의 하늘을 볼 수 있는 사람은 연민을 알고, 차마 발걸음도 조심스럽게 살 것입니다. 이 사람의 경우 예수를 만나기 전과 후의 삶이 완전히 달라졌습니다. 이제 다른 이들의 눈치를 보거나 쭈뼛거리며 살지 않고, 당당하게 자기 인생을 살 수 있게 되었습니다.

주님은 사람들에게 이 일을 아무에게도 말하지 말라고 하셨지만, 말리면 말릴수록 그들은 더욱더 널리 퍼뜨렸습니다. 가슴에 불이 붙은 사람은 침묵하기 어려운 법입니다. 손자 손녀 이야기에 열을 올리는 할아버지 할머니의 마음도 이런 것일 겁니다. 얼마 전에 색맹으로 태어나 녹색과 적색을 구분하지 못하던 남자가 색맹 교정용 안경을 끼고 감동하는 동영상을 본 적이 있습니다. 처음에 그는 아내가 생일 선물로 선글라스를 선물한 것으로 알았습니다. 그런데 안경을 쓰는 순간 뭔가 달라진 것을 느낍니다. 하늘도 보고 꽃도 보더니 울먹이기 시작합니다. 안경을 벗었다 다시 쓰고는 바닥에 털썩 주저앉습니다. 아내는 남편에게 아이들 눈을 들여다보라고 말합니다. 귀여운 아이들의 눈을 가만히 바라보던 남편은 돌아앉아 눈물을 훔칩니다. 그 눈물이 모든 것을 말해 줍니다.

자기를 사로잡고 있던 불행의 무게를 떨쳐 버린 사람과 목격자들은 주님의 금지 명령에도 불구하고 그 놀라운 일을 사람들에게 전했습니다. 말리면 말릴수록 더욱더 널리 퍼졌습니다. 사람들은 놀라서 말했습니다. "그가 하시는 일은 모두 훌륭하다. 듣지 못하는 사람도 듣게 하시고, 말 못하는 사람도 말하게 하신다"(막 7:37). 예수 믿는 사람들의 행적이 이러하면 얼마나 좋겠습니까? 스스로 말 잘한다, 영적으로 밝다 하는 이들의 말 때문에 개신교회는 조롱거리가 되고 있습니다. 우리로 인해 주님의 이름이 더럽혀지는 현실이 안타깝습니다. 말의 홍수 속에서 들어야 할 말을 바로 들어야 우리 영혼이 맑아집니다. 하지 말아야 할 말은 하지 않고 해야 할 말은 할 수 있어야 당당해집니다. 우리가 하는 말과 행동이 하나님의 영광을 드러낼 수 있어야 하겠습니다. "에바다"라고 외치시는 주님의 음성이 우리 가슴에도 우렁우렁 들려오기를, 그래서 우리의 귀가 밝아지고 혀가 풀리기를 기원합니다.

거룩하신 하나님을 바라보며

주춤하는 것 같던 코로나19가 전국적으로 확산하면서 불안감이 고조되고 있습니다. 위기 상황을 벗어나기 위해 국가적인 모든 역량을 동원해도 부족한 때인데, 정략적으로 접근하며 정부 비판에만 열을 올리는 이들이 있습니다. 일부 종교인들은 코로나19가 교회를 박해한 우한시에 대한 하나님의 징벌이라는 말을 유포하고 있습니다. 인과응보라는 것이지요. 이런 말에 넘어가지 말아야 합니다. 신령한 지혜처럼 보일지 모르겠으나 사실은 이치를 가리는 무지한 말일 뿐입니다. 사람들의 불안 심리를 이용하여 그들을 정신적으로 지배하려는 이들, 마음이 온통 자기 이익에 쏠려 있으면서 입만 열면 거룩을 가장한 말을 쏟아내는 이들을 경계해야 합니다. 특별한 깨달음을 얻었다고 말하거나, 특별한 계시를 받았다고 말하는 이들은 우리 영혼을 도둑질하려는 사람들이 대부분입니다. 그들은 '영적'이라는 말로 사람들을 옭아맵니다. 그들은 사람들의 마음에 두려움이라는 독을 주입하여 마비시킵니다. 예수님은 "양 우리에 들어갈 때에, 문으로 들어가지 아니하고 다른 데로 넘어 들어가는 사람은 도둑이요 강도이다"(요 10:1)라고 말씀하셨습니다. 신앙은 인간의 이성으로 미처 다 파악할 수 없는 측면을 내포하지만, 몰상식을 신앙으로 포장하면 안 됩니다. 하나님이 우리에게 주신 건전한 이성을 활용하는 것이 책임 있는 신앙인들의 태도입니다.

정의를 사랑하시는 주

시편 99편은 세 부분으로 나눌 수 있는 데, 각 부분은 "주님은 거룩하시다!"라는 구절로 끝납니다. 이 시 전체가 주님의 거룩하심을 드러내기 위한 것임을 미루어 짐작할 수 있습니다. 이 시는 매우 독특합니다. 두 가지 전승이 결합되어 있기 때문입니다. 구약 성경은 시온산 전승과 시내산 전승이 뒤섞여 있습니다. 시내산과 시온산은 성서신학의 두 기둥입니다. 시온산 전승은 남왕국 예루살렘을 중심으로 삼고 있기에 성전, 법궤, 그룹 등이 자주 등장합니다. 하나님은 다윗과 맺은 언약을 이루어 가시는 분으로 자주 소개됩니다. 시내산 전승은 북이스라엘의 관점을 반영하고 있고, 출애굽 정신을 기반으로 하고 있습니다. 시내산 전승은 주님의 보좌를 지탱하는 두 기둥이 공의*mishpat*와 정의*tsedaqah*라고 말합니다(시 97:2). 시온산 전승은 체제 내적인 사고를 하기에 다소 보수적으로 보입니다. 반면 시내산 전승은 변혁을 지향할 때가 많아 진보적으로 보입니다. 이 두 전통은 경쟁적이라 할 수 있습니다.

그런데 시편 99편에서는 이 두 전통이 무리 없이 결합합니다. 그 두 전통을 이어주는 접착제가 있다면 그것은 '주님의 다스리심'에 대한 경외심입니다.

주님께서 다스리시니, 뭇 백성아, 떨어라. 주님께서 그룹 위에 앉으시니, 온 땅아, 흔들려라. 시온에 계시는 주님은 위대하시다. 만백성 위에 우뚝 솟은 분이시다. 만백성아, 그 크고 두려운 주님의 이름을 찬양하여라. 주님은 거룩하시다! 주님의 능력은 정의를 사랑하심에 있습니다. 주님께서 공평의 기초를 놓으시고, 야곱에게 공의와 정의를 행하셨습니다. 우리의 주 하나님을 찬양하여라. 그분의 발 등상 아래 엎드려 절하라. 주님은 거룩하시다! 그의 제사장 가운데는 모세와 아론이 있으며, 그 이름을 부르는 사람 가운데는 사무엘이 있으니, 그들이 주님께 부르짖을 때마다, 그분은 응답하여 주셨다. 주님께서 구름기둥 속에서 그들에게 말씀하시니, 그들이 그분에게서 받은 계명과 율례를 모두 지켰다. 주 우리 하나님, 주님께서 그들에게 응답해 주셨습니다. 그들이 한 대로 갚기는 하셨지만, 주님은 또한, 그들을 용서해 주신 하나님이십니다. 주 우리 하나님을 높이 찬양하여라. 그 거룩한 산에서 그분을 경배하여라. 주 우리 하나님은 거룩하시다(시 99:1-9).

시인은 뭇 백성과 온 땅을 향해 말합니다. "주님께서 다스리시니, 뭇 백성아, 떨어라. 주님께서 그룹 위에 앉으시니, 온 땅아, 흔들려라"(시 99:1). 그룹cherubim은 커다란 날개를 펼쳐 법궤의 덮개인 속죄소를 가리는 천사입니다. 하나님은 그룹 위에 앉으셔서 온 땅을 다스리십니다. 하나님 앞에서 뭇 백성은 떨고, 온 땅은 흔들립니다.

거룩 앞에 설 때 사람은 두려움을 느낍니다. 자기가 어둠임을 인정하지 않을 수 없기 때문입니다. 게네사렛 호수에서 물고기잡이 기적을 체험한 베드로는 주님 발 앞에 엎드려 "주님, 나에게서 떠나 주십시오. 나는 죄인입니다"(눅 5:8)라고 고백합니다. 거룩을 경험한 사람의 당연한 반응입니다. 우리는 대개 거짓된 안정 속에 머물며 살아갑니다. 내가 그런대로 괜찮은 사람이라고 여기며 삽니다. 그러나 하나님의 거룩하심 앞에 설 때 우리는 자신의 허물과 죄, 연약함과 유한함을 자각할 수밖에 없습니다. 그때 사람이 보이는 반응이 바로 '떨림'과 '흔들림'입니다.

'떨어라'와 '흔들려라'라는 명령은 법궤가 출현할 때 사람들이 보인 반응을 전용한 것입니다. 고대의 전쟁은 신들의 전쟁이었습니다. 그래서 자기들이 믿는 신들을 전장에 모셔 오곤 했습니다. 이스라엘도 전황이 불리할 때면 법궤를 전장으로 끌어냈습니다. 시편에 반복적으로 등장하는 "주님, 일어나십시오"라는 기원은 법궤를 멘 제사장들이 외치는 말이었습니다. 일어나시는 주님은 불의를 징치하시는 용사입니다.

그런데 시인은 "주님의 능력은 정의를 사랑하심에 있습니다"(시 99:4)라고 고백합니다. 주님의 힘은 정의를 사랑하시는 데서 극명하게 드러난다는 말입니다. 정의를 무너뜨리는 이들에게 하나님은 분노하십니다. 정의를 무너뜨리는 이들은 대개 강자들입니다. 이사야는 주님이 하시는 일에는 관심이 없고 자기 살 궁리만 하는 악인들을 보며 이렇게 선언합니다. "악한 것을 선하다고 하고 선한 것을 악하다고 하는 자들, 어둠을 빛이라고 하고 빛을 어둠이라고 하며, 쓴 것을 달다고 하고 단 것을 쓰다고 하는 자들에게, 재앙이 닥친다!"(사 5:20) 정의와 공의, 곧 사법적 정의와 불쌍하고 가련한 사람에게 다시 설 기회를 부여하는 회복적 정의는 하나님이 세우신 세계 질서의 기본입니다. 정의와 공의라는 토대가 흔들릴 때 삶은 불안정해지고, 신뢰가 무너져 세상은 혼돈에 빠지게 마련입니다.

기도의 사람들

우리가 거룩하신 왕을 찬양해야 할 이유는 무엇일까요? 주님은 부르짖는 이들에게 응답하시는 분이기 때문입니다. 6절에는 세 사람의 이름이 등장합니다. 모세와 아론 그리고 사무엘입니다. 조금 낯선 조합입니다. 그들은 기도의 사람으로 그려지고 있습니다. 시인은 "그들이 주님께 부르짖을 때마다, 그분은 응답하여 주셨다"라고 말합니다. 그들은 어떤 기도를 드렸기에 하나님의 응답을 받았을까요?

그들에게는 한 가지 공통점이 있습니다. 그들은 동족들이 위기에 빠질 때마다 하나님의 노여움을 살 위험이 있음에도 중보의 기도를 드렸습니다. 모세는 금송아지 사건 이후에 하나님이 그 백성을 버리시려고 할 때 "그러나 이제 주님께서 그들의 죄를 용서하여 주십시오. 그렇게 하지 않으시려면, 주님께서 기록하신 책에서 저의 이름을 지워 주십시오"(출 32:32) 하고 기도했습니다. 고라의 반역으로 하나님이 진노하셔서 이스라엘 백성들을 치려 하실 때 모세와 아론은 땅에 엎드린 채 "하나님, 모든 육체에 숨을 불어넣어 주시는 하나님, 죄는 한 사람이 지었는데, 어찌 온 회중에게 진노하십니까?"(민 16:22) 하고 항의했습니다. 사무엘은 하나님의 진노 가운데 있던 백성들을 미스바로 모이게 한 후에 백성들에게서 "우리가 주님을 거역하여 죄를 지었습니다!"(삼상 7:6)라는 고백을 끌어냈습니다. 하나님은 그 기도에 응답하셨고, 결국 오래 참으시는 사랑을 보여 주셨습니다. 그리고 예언자들을 보내 하나님의 뜻을 전하심으로써 그들이 참된 길에서 벗어나지 않게 하셨습니다. 지금 우리 현실도 이런 기도의 사람들을 부르고 있습니다.

흔들리지 않는 토대 위에

그러나 우리가 잊지 말아야 할 것이 있습니다. 하나님은 용서하시는 분이지만 불순종의 책임까지 면하여 주시지는 않는다는 사실입니다. 용서는 참회를 전제합니다. 참회 없는 용서는 가짜입니다. 디트리히 본회퍼 목사는 값싼 은혜는 교회의 숙적이라면서 이렇게 말합니다.

> 값싼 은혜란 투매投賣 상품인 은혜, 헐값에 팔리는 은혜, 헐값에 팔리는 위로, 헐값에 팔리는 성찬, 교회의 무진장한 저장고에서 무분별한 손으로 거침없이 무한정 쏟아내는 은혜, 대가나 희생을 전혀 요구하지 않는 은혜를 의미한다.[7]

교회는 죄를 은폐해 주는 덮개가 되지 말아야 합니다. 많은 이들이 인간의 행위로는 구원받을 수 없다고 말하며 은혜가 모든 것을 처리해 준다고 믿습니다. 그러나 이것은 믿음이 아닙니다. 이런 싸구려 은혜가 기독교 신앙을 천박하게 만듭니다. 본회퍼는 '개인의 참회가 없는 죄 사함', '본받음이 없는 은혜', '십자가 없는 은혜', '사람이 되신 예수 그리스도가 없는 은혜'를 경계해야 한다고 말하면서 값비싼 은혜를 추구하라고 말합니다. 값비싼 은혜는 밭에 숨겨진 보화와 같아서 그것을 얻으려는 자는 자기가 가진 모든 것을 팔아서 그 밭을 사야 합니다.

하나님은 용서하시는 분이지만, 더러워진 옷을 던져 넣기만 하면 깨끗하게 빨아 주는 자동 세탁기가 아닙니다. 자비롭고 은혜로우며 노하기를 더디 하시고, 한결같은 사랑과 진실이 풍성한 하나님은 악과 허물과 죄를 용서하시는 분이지만, "죄를 벌하지 않은 채 그냥 넘기지는 아니"(출 34:7) 하시는 분입니다. 이것이 하나님의 엄

위하심입니다. 하나님의 거룩함은 온 땅을 다스리는 주님의 위엄, 공평의 기초를 놓으신 주님의 사랑, 부르짖는 이들에게 응답하시는 주님의 사랑을 통해 드러납니다.

온 세상이 자기 이익을 추구하느라 정신이 없습니다. 정의와 공의의 토대를 허무는 여우들이 많습니다. 그러나 세상을 다스리시는 분은 하나님이십니다. 우리가 진정 그런 믿음을 가지고 있다면, 세상이 어떠하든지 흔들리지 않는 토대 위에 우리 인생의 집을 지어야 합니다. 하나님의 아들이신 예수님은 죽음이 예기되는 상황에서도 사랑과 정의의 길을 포기하지 않으셨습니다. 그 사랑이 우리를 살게 합니다. 뒤숭숭한 시절입니다만 거룩하신 하나님을 바라보며 우리 삶을 가지런히 해야 할 때입니다. 혐오와 배제의 언어를 버리십시오. 두려워하지 마십시오. 주님이 우리의 방패가 되어 주실 것입니다. 주님의 손과 발이 되어 두려움에 떨고 있는 이들의 위로자가 되십시오. 어려울 때일수록 빛이신 주님을 우리 마음에 모셔야 합니다. 한 주간 거룩하신 주님께서 우리의 빛과 그늘, 인도자와 보호자가 되어 주시기를 기원합니다.

내면의
나침반을 들고

참 심란한 세월입니다. 전혀 예상치 못한 일이 벌어져 우리를 참담하게 합니다. 사람은 누구나 자기가 형성해 온 인생관과 가치관이 무너질 때 파멸과도 같은 고통을 느낍니다. 부끄러움과 회오 속에서 극단적인 선택을 한 이들을 매도하지는 말아야 하겠습니다. 그로 인해 마음에 깊은 상처를 입은 피해자도 지키고 존중해야 합니다. 하나님의 자비하심 앞에 겸손히 엎드릴 뿐입니다. 하나님은 인간을 당신의 파트너로 만드셨습니다. 신앙이란 사랑으로 세상을 다스리시는 하나님의 파트너가 되는 것입니다. 인간이 전능하신 하나님의 파트너라는 말은 얼토당토않아 보입니다. 하지만 전능하신 하나님도 하시지 못하는 일이 하나 있습니다. 그것은 우리 마음에 임의로 들어와 사시는 일입니다. 주님은 강제로 우리 마음 문을 열고 들어오시지 않습니다. 문을 열고 맞아들이거나 거부할 자유를 주셨기 때문입니다. 물론 그 자유의 선물이야말로 하나님의 사랑의 증거입니다.

하나님은 우리가 잘못된 길로 갈 때 늘 경고하십니다. 가인이 아벨에게 분심을 품고 낯빛이 변한 것을 보신 하나님은 그에게 "죄가 너의 문에 도사리고 앉아서, 너를 지배하려고 한다. 너는 그 죄를 잘 다스려야 한다"(창 4:7)라고 말씀하셨습니다. 하나님은 경고는 하시되 인간의 자유를 회수하지는 않으십니다. 죄는 언제나 우리 문에 도사리고 있습니다. 세상에서 가장 선한 사람이라 해도 한순간 죄의 덫에 걸려들 수 있습니다. "나는 다르다"라고 말하는 사람은 자기 자신을 알지 못하는 사람입니다. 젊은 날에는 내가 내 의지의 주인일 수 있다고 생각했습니다. 그러나 지금은 그렇지 못합니다. 살면서 우리가 얼마나 연약한 존재인지 절감했기 때문입니다. 끊임없이 하나님의 은혜를 구하지 않으면 안 되는 까닭이 거기에 있습니다. 사람은 누구나 넘어질 수 있습니다. 그러나 얼른 그 넘어진 자리를 딛고 일어나서 지향을 바로 할 수 있어야 합니다.

그러려면 길을 함께 가는 동료들이 필요합니다. 지금은 비록 친밀하게 얼굴을 맞대고 만나지 못한다 해도 계속해서 연결되어야 하는 까닭이 여기에 있습니다. 인간의 뇌 속에 있는 뉴런neuron을 생각해 보십시오. 뉴런은 서로 연결되어 자극을 전달하고 운동, 생각 등의 생명 활동을 이어가게 합니다. 그 뉴런이 튼튼하게 연결되어 있지 않으면, 기억이나 사고력, 운동 능력이 쇠퇴합니다. 교인들의 사귐, 곧 코이노니아는 그런 신경망과 같습니다.

바울 사도의 선교 활동은 마치 지중해 세계에 생명의 회로를 까는 행위처럼 느껴집니다. 거미가 거미줄을 치는 것처럼 그의 발걸음이 닿는 곳마다 교회가 세워졌고, 그 교회들은 서로 든든하게 연결되었습니다. 저만치 어딘가에 하나님나라를 꿈꾸는 이들이 있다는 사실을 피차 확인하며 그들은 위안과 더불어 깊은 동지애를 느꼈을 것입니다.

세상을 소란하게 한 그 사람들

오늘 살펴볼 데살로니가전서 3장 1-5절은 바울이 데살로니가 교회에 보낸 편지의 한 부분입니다. 이 서신은 신약성서 27권 가운데 가장 먼저 기록된 문헌입니다. 알다시피, 복음서보다 서신이 먼저 기록되었습니다. 바울은 2차 전도 여행 중에 유럽의 관문인 빌립보에서 복음을 전했고, 거기서 고발을 당해 실라와 함께 감옥에 갇혔다가 풀려났습니다. 그가 겪게 될 시련의 시작이었습니다. 바울은 데살로니가로 옮겨가 거기서 복음을 전했습니다. 데살로니가는 그때나 지금이나 그리스의 대도시입니다. 바울은 유대인의 회당에서 세 안식일에 걸쳐서 성경을 가지고 토론을 벌였습니다.

유대교 성경 토론의 특색은 정해진 답이 없다는 것입니다. 그건 히브리어나 아람어의 특색과도 관련이 있습니다. 이들 언어에는 모음이 없습니다. 발음하기 위한 장치가 없는 것은 아니지만, 자음에 어떤 모음 기호를 적용하느냐에 따라 단어의 의미가 달라지곤 합니다. 모호하고 복잡한 삶을 담아내기에 적합한 언어입니다. 히브리어는 글자를 오른쪽에서 왼쪽으로 씁니다. 어떤 이들은 이것을 우뇌의 활성화와 연결해 설명하기도 합니다. 좌뇌는 정보를 축적하고 분석하는 역할을 감당하고, 우뇌는 공감과 감정을 관장합니다. 히브리어는 뉘앙스와 미묘한 것들을 다루기에 적합합니다. 그렇기에 유대인들의 공부는 시끄럽습니다. 저마다 자기 견해를 말할 수 있기 때문입니다.

유대교와 그리스 철학에 정통한 바울의 이야기를 듣고 많은 경건한 그리스 사람들과 귀부인들이 복음을 받아들였습니다. '경건한' 사람들이란 이방인으로서 유대교에 깊이 공감하는 사람들을 이르는 말입니다. 그들은 지역 사회와 유대 공동체를 연결하는 통로 역할을 하던 사람들입니다. 그들이 바울의 말을 따르는 것을 본 유대인들은 시기심에 사로잡혔습니다. 든든한 후원자를 잃었다는 생각 때문이었을 겁니다. 그들은 불량배들을 동원하여 도시에 소요를 일으켰습니다. 사도들을 붙잡으려고 바울 일행을 맞아들인 야손의 집을 습격하기도 했습니다. 사도들을 끌어다가 군중 앞에 세우고 일종의 인민재판을 하려 했던 것 같습니다. 그러나 사도들은 이미 몸을 피했습니다. 유대인들은 애꿎은 야손을 붙잡아 관원들 앞에 세우고 사도 일행을 고발했습니다. "세상을 소란하게 한 그 사람들이 여기에도 나타났습니다"(행 17:6). 사도들은 기존 질서의 토대를 뒤흔든다는 비난을 받았습니다. 로마 황제가 아닌 또 다른 왕이 있다면서 황제의 명을 거슬러서 행동한다는 것이었습니다.

비난하기 위해 한 말이지만, 이 말은 어떤 의미에서 사실입니다. 힘이 정의처럼 여겨지는 세상, 그래서 로마 시민이 아닌 사람들의 인권은 전혀 존중받지 못하는 세상에서 사도 일행은 전혀 다른 세상의 꿈을 사람들에게 심어 주었습니다. 신분 고하, 남자와 여자, 주인과 종, 피부색, 인종, 시민과 나그네를 막론하고 모든 사람이 하나님의 형상으로 존중받는 세상, 세상이 만들어 놓은 수많은 경계와 담이 무너진 채 사람들이 서로 소통하는 세상 말입니다. 누릴 것을 다 누리고 사는 사람들에게 사도들은 말썽거리였습니다. 자기들의 안온한 삶의 토대를 흔들어 대니 말입니다. 예수를 믿고 따르는 이들은 세상이 당연하게 여기는 질서를 당연하게 받아들이면 안 됩니다. 힘없는 이들에게 수치심과 굴욕감을 안기고 그들이 설 땅을 빼앗는 일은 하나님의 뜻을 거스르는 일임을 알기 때문입니다. 그들은 죄에 사로잡힌 세상을 향해 '아니요'라고 말하는 이들입니다. 그렇기에 그들은 환난과 박해를 면하기 어렵습니다. 요한은 심판에 관해 설명하면서 "빛이 세상에 들어왔지만, 사람들이 자기들의 행위가 악하므로, 빛보다 어둠을 더 좋아하였다는 것을 뜻한다"(요 3:19)라고 말했습니다.

어려움을 회피하지 않는 믿음

바울 일행은 데살로니가를 떠나 베뢰아를 거쳐 아테네에 이르렀습니다. 감당해야 할 일이 많았지만, 못내 그의 마음을 떠나지 않는 것이 바로 데살로니가 교인들이었습니다. 아직 확고하게 서기도 전에 박해라는 태풍을 만났으니 신도들이 좌절할까 두려웠던 것입니다. 바울은 그 교회를 향해 최초의 서신을 썼습니다. 그곳에서 만났던 사람들, 가르침을 받고 그리스도와 잇대어 살기로 작정한 사람들을 떠올릴 때마다 바울은 가슴이 벅차올랐던 것 같습니다.

> 우리 주 예수께서 오실 때에, 그분 앞에서, 우리의 희망이나 기쁨이나 자랑할 면류관이 무엇이겠습니까? 그것은 여러분이 아니겠습니까? 여러분이야말로 우리의 영광이요, 기쁨입니다(살전 2:19-20).

하나님의 나라와 그의 의를 구하는 이들의 존재야말로 바울의 존재 이유이자 기쁨이었습니다. 바울은 믿음의 아들이라 할 수 있는 디모데를 그들에게 보냈습니다. 환난 속에 있는 신도들을 굳게 하고 그들의 믿음을 격려하기 위해서였습니다.

> 그러므로, 우리는 참다 못하여, 우리만 아테네에 남아 있기로 하고, 우리의 형제요, 그리스도의 복음을 전하는 하나님의 일꾼인 디모데를 여러분에게로 보냈습니다. 그것은, 그가 여러분을 굳건하게 하고, 여러분의 믿음을 격려하여, 아무도 이러한 온갖 환난 가운데서 흔들리지 않게 하려는 것입니다. 여러분도 아는 대로,

우리는 이런 환난을 당하게 되어 있습니다. 우리가 여러분과 함께 있을 때에, 장차 우리가 환난을 당하게 되리라는 것을 여러분에게 미리 말하였는데, 과연 그렇게 되었고, 여러분은 그것을 알고 있습니다. 그러므로 내가 참다 못하여, 여러분의 믿음을 알아보려고, 그를 보냈습니다. 그것은, 유혹하는 자가 여러분을 유혹하여 우리의 수고를 헛되게 하지 못하게 하려는 것이었습니다(살전 3:1-5).

환난患難은 우리 마음을 뒤흔들 때가 많습니다. 근심, 걱정, 고통, 병을 뜻하는 '환患' 자를 파자해 보면, 중심이 하나가 아니라 복수임을 알 수 있습니다. 마음의 통전성이 뒤흔들린 상태라는 말입니다. 환난이 다가오면 사람들은 누구나 환난이 속히 지나가기를 기다립니다. 당연한 본능입니다.

환난은 우리를 과거로 되돌리게 만드는 힘입니다. 출애굽 공동체도 광야에서 어려움을 당할 때 '애굽'을 그리워했습니다. 옛 질서가 무너지고 아직 새로운 질서가 수립되기 전에 사회가 혼란 가운데 있을 때면 사람들은 습관처럼 "옛날이 좋았어"라고 말합니다. 옛 질서 속에서 누릴 것을 다 누리고 살던 사람들은 새로운 질서를 만들려는 이들에게 수모를 안기고 고통을 가하여 지레 지치게 만듭니다. 디모데의 소명은 그들로 환난을 면하게 해 주는 것이 아니라, 그 환난을 능동적으로 견디면서 복음적 삶을 살게 하는 것이었습니다. 어려움을 회피하는 버릇이 들면, 결국 옛 삶의 인력에 끌려갈 수밖에 없습니다. 그것을 뚫고 나갈 때 새로운 삶의 지평이 열립니다. 이전에 민주화를 위해 모두가 진력하던 시절에 많이 부르던 찬송가가 있습니다. 336장입니다.

환난과 핍박 중에도 성도는 신앙 지켰네
이 신앙 생각할 때에 기쁨이 충만하도다
성도의 신앙 따라서 죽도록 충성하겠네

옥중에 매인 성도나 양심은 자유 얻었네
우리도 고난받으면 죽어도 영광되도다
성도의 신앙 따라서 죽도록 충성하겠네

주중에 이 찬송가를 반복하여 부르며 가슴이 뭉클해졌습니다. 신앙은 사소한 행복을 보장받기 위한 것이 아니라, 새로운 세상을 열어 가시려는 하나님의 꿈에 동참하는 일이고, 그 과정에서 겪는 어려움을 회피하지 않는 것임을 새삼스레 느꼈기 때문입니다.

마음을 훔치는 자들

바울이 걱정하는 것은 유혹하는 자들이 신도들의 마음을 훔치는 것이었습니다. 유혹은 늘 달콤하게 다가옵니다. 달콤함이 없다면 이미 유혹이 아닙니다. 달콤한 것은 우리 기분을 좋게 만듭니다. 성경은 인간을 찾아오시는 하나님과 하나님을 한사코 피하려는 인간의 숨바꼭질을 보여 줍니다. 사람들이 하나님의 은혜를 입고도 자꾸 하나님을 멀리하는 까닭은 분명합니다. 하나님은 우리에게 자기 좋을 대로 살지 말라고 요구하시기 때문입니다. 그들이 우상들 앞에 절한 이유는 우상들은 그들에게 도덕적인 삶, 희생적인 삶을 요구하지 않고 그들이 바라는 것을 준다고 여겼기 때문입니다.

풍요와 다산의 신들은 지금도 우리를 유혹합니다. 광고는 끊임없이 우리의 욕망을 자극합니다. 체험해 보라고 제안하고 기분 전환을 하라고 유혹합니다. 정보 과잉 시대에 사는 우리는 삶을 깊이 통찰할 시간조차 없이 정보의 바다를 떠다닙니다. 모든 사람이 자기와 무관한 일로 지나치게 분주합니다. 화를 내고, 조롱하고, 비난하는 일로 감정을 소비합니다. 그러다 보니 자기가 누구인지, 무엇을 위해 사는지, 어디를 향해 가는지조차 잊고 살 때가 많습니다. 신경생물학자인 게랄트 휘터는 우리에게 내면의 나침반이 필요하다며 이렇게 말합니다.

> 외부에서 주어지는 각종 유혹과 약속, 인생을 살면서 꼭 있어야 한다고 여겨지는 모든 것에 용기를 내어 저항하기 위해서는, 그것을 위해 가용할 만한 힘이 있어야 한다. 그 모든 것에도 불구하고 자신을 깨어 있게 하며, 세상이 말하는 그 모든 유혹과 약속,

상품들보다 더 강인하고 확고하게 뿌리를 내릴 내면의 힘. 바로 이것이 내가 당신과 함께 찾으려 하는 내면의 나침반이다.[8]

그가 말하는 나침반은 존엄에 대한 자각입니다. 그렇다면 우리 내면의 나침반은 무엇입니까? 그리스도가 아닙니까? 믿음으로 산다는 것은 푯대이신 그리스도를 바라보며 산다는 것입니다. 가끔 목표가 눈앞에서 사라진 것처럼 보일 때도 있지만, 기어코 그 방향으로 나아가는 끈질김이 필요합니다. 달콤한 것들에 마음을 빼앗기는 순간, 영혼은 누추해집니다. 바울은 데살로니가 교인들이 유혹에 맞서 싸우며 참사람의 길을 걷기를 바랍니다. 마음의 빛이 어두워져 우울감이 안개처럼 우리를 감쌀 때일수록, 그리스도로 옷 입고 걸어야 합니다. 우리는 어쩌다 비틀거려도 넘어지지는 않습니다. 하루하루 조심조심, 신중하지만 즐겁게 사십시오. 모든 이들을 존중하는 마음을 잃지 않도록 노력하십시오. 길이 보이지 않거든 하나님께 길을 여쭈십시오. 나의 판단을 잠시 내려놓고 하나님의 마음에 접속할 때 우리는 마땅히 가야 할 길을 찾게 될 것입니다.

절망의 땅에 희망을 파종하며

지금 우리는 하나님의 거룩하신 현존 앞에 서 있습니다. 호렙산 떨기나무 아래 신을 벗고 무릎을 꿇었던 모세처럼, 두렵고 떨리는 마음으로 주님의 깨우치심을 기다립니다. 장마는 그쳤지만, 우리 마음에 드리운 먹구름은 걷히질 않습니다. 오히려 더 짙은 구름이 다가오는 것 같은 불길한 예감이 들기도 합니다. 별로 하는 일이 없어도 몸과 마음이 물먹은 솜처럼 무겁습니다. 저도 그럴진대 정말로 벼랑 끝에 선 듯 위태로운 나날을 보내는 이들이야 오죽하겠습니까. 난감한 상황에 부닥친 우리들을 하나님께서 꼭 붙들어 주시기를 빕니다.

얼마 전 TV에서 심각한 수해를 입은 화개장터 인근 주민들과 철원 주민들의 모습을 보았습니다. 혼곤한 잠에서 깨어나니 물이 침대 가장자리까지 차 있더라고 말씀하시더군요. 황급히 밖으로 빠져나오니 물이 더 차올랐고 아무것도 건질 수 없었다고 했습니다. 물이 빠진 뒤 집으로 혹은 가게로 돌아왔지만, 남은 것은 떠밀려 온

토사와 쓰레기뿐이었습니다. 망연자실茫然自失할 수밖에 없었습니다. 뭘 해야 할지 엄두가 나지 않았습니다. 그래도 주민들은 마음을 가다듬고 조금씩 집과 마을을 정돈하기 시작했습니다. 토사들을 밀어내고, 벽지를 뜯어내고, 세간살이들을 물로 닦고, 버릴 것은 버렸습니다. 넘어진 벼들을 일으켜 세우고, 끊긴 길들을 복구했습니다. 난감하지만 새로운 삶이 그렇게 시작되고 있었습니다. 어려운 시기지만 그들 곁에 다가서서 복구에 구슬땀을 흘리는 이들이 참 고마웠습니다.

오늘의 교회가 직면한 현실 또한 이와 다르지 않습니다. 교회가 무너지고 있습니다. 현장 예배를 드리지 못해서가 아니라 예수 정신을 상실했기 때문입니다. 이웃들을 위험에 빠뜨리면서 예배의 현장을 지켜야 한다고 말하고, 또 그것을 참 믿음으로 포장하는 이들 때문입니다. 예수님은 세상의 아픔과 상처를 당신의 온몸으로 받아 안으셨습니다. 정결법에 따라 부정한 자로 규정된 사람들의 몸에 손을 대심으로써 부정을 당신에게로 옮기셨습니다. 다른 이들을 살리기 위해 자기를 희생하는 것이 십자가입니다. 그 마음을 잃는다면 우리는 모든 것을 잃는 것입니다. 잎만 무성한 무화과나무를 저주하셨던 예수님의 분노가 자꾸 떠오르는 나날입니다.

척박한 땅을 갈아엎을 시간

비교종교학자 로드니 스타크는 초기 기독교 성장의 요인이 무엇인지를 사회학자의 시선으로 분석한 바 있습니다. 그의 책《기독교의 발흥》에는 주후 165년과 251년에 로마를 뒤흔든 역병 이야기가 나옵니다. 그는 로마의 급격한 쇠락이 도덕적 타락 때문이었다고 보는 기존 학설을 비판하면서 역병으로 인한 급격한 인구 감소의 결과가 아닌가 묻고 있습니다. 그 강고하던 로마의 군대조차 무용지물로 만드는 역병이 제국의 토대를 흔들었다는 것입니다. 그런데 재앙이 닥쳤을 때 기독교인들은 사랑과 선행을 통해 그 시대를 치유하려고 노력했습니다. 로마에 성행하던 다른 종교들이 역병 앞에서 무너질 때 기독교는 오히려 성장했습니다. 알렉산드리아의 주교였던 디오니시오스는 부활절에 교인들에게 보내는 편지에서, 다른 이를 돌보다가 목숨을 잃기까지 한 기독교인들의 노력을 치하하면서 이렇게 말합니다.

> 그들은 위험을 무릅쓰고 아픈 자를 도맡아 그리스도 안에서 모든 필요를 공급하고 섬겼습니다. 그리고 병자들과 함께 평안과 기쁨 속에 생을 마감했습니다. 그들은 환자로부터 병이 옮자 그 아픔을 자신에게로 끌어와 기꺼이 고통을 감내했습니다. 많은 이들이 다른 이를 간호하고 치유하다가 사망을 자신에게로 옮겨와 대신 죽음을 맞았습니다.[9]

아픔을 자신에게로 끌어와 기꺼이 고통을 감내하고, 사망을 자신에게로 옮겨와 대신 죽음을 맞이했다는 말 속에 복음의 본질이 있습니다. 이 마음을 잃어버려 교회는 맛을 잃은 소금처럼 길바닥에 버려져 짓밟히고 있습니다. 이제 다시 시작해야 할 때입니다. 그동안의 허장성세에 집착할 것 없습니다. 버려야 할 것은 버리고 붙잡아야 할 것은 굳게 붙잡아야 합니다. 척박한 땅을 갈아엎고 거기에 씨앗을 심는 농부들에게 배워야 합니다. 싹이 돋아나지 않으면 그 위에 움씨를 뿌리던 그 끈질김을 배워야 합니다.

출애굽 이야기는 극적인 이야기로 가득 차 있습니다. 이집트에 내린 열 가지 재앙, 홍해 바다의 갈라짐, 구름 기둥과 불기둥, 만나와 메추라기, 반석에서 솟아난 샘물, 가나안 정복과 땅의 분배 등. 하지만 성서고고학을 연구하는 이들은 그 모든 사건의 개연성을 인정하면서도 이스라엘의 정착 과정이 얼마나 험난한 과정이었는지를 밝히고 있습니다.

이집트에서 벗어난 사람들, 사회 가장자리로 내몰렸던 '아피루 *apiru*'라 불리던 계층 사람들, 가나안 땅에서 지주들의 억압과 착취를 견디다 못해 새로운 삶을 모색하던 이들이 함께 형성한 집단이 이스라엘이라는 겁니다. 그들을 하나로 묶어준 끈이 바로 야훼 하나님이셨습니다. 초기 철기 시대에 이들은 유다 산지, 곧 가나안 고지대에 새로운 거처를 세웠습니다. 지중해변의 저지대에서 상당히 떨어져 있어서 큰 방해를 받지 않았습니다. 그 척박한 땅에서 살아남으려면 올리브나 포도 같은 과일과 채소 등의 농작물을 재배해야 했습니다. 그들은 산비탈에 계단식 농지를 만들어 테라스 농법을 시작했습니다. 다랑논을 생각하면 되겠습니다. 돌과 자갈들을 걷어 내고, 그것으로 울타리를 쌓았습니다. 식량을 여퉈 두기 위해 곳곳에 사일로silo를 만들었습니다. 돌로 쌓아서 곡식을 오래 저장할 수 있게 한 것입니다. 10월부터 4월까지 내리는 비를 모아 두어야 1년을 지낼 수 있었기에 수조cistern를 파는 일도 소홀히 할 수 없었습니다. 바위 안쪽을 잘라 내고 회반죽을 발라서 물이 새지 않게 했습니다. 그들은 사람들이 지배자와 피지배자로 갈리지 않고 서로 존중하며 사는 새로운 세상의 꿈을 이루기 위해 어떤 어려움도 감내했습니다.[10] 지금 우리에게 필요한 것이 이 마음입니다.

비틀거려도 손을 잡아 주시니

시편 37편은 부조리한 세상에서 살아가는 이들이 어떻게 마음을 다잡고 살아야 하는지를 보여 줍니다. 1절에 이 시의 핵심 메시지가 나옵니다. "악한 자들이 잘 된다고 해서 속상해하지 말며, 불의한 자들이 잘 산다고 해서 시새워하지 말아라"(시 37:1). 마치 우리의 속마음을 다 들여다본 것 같지 않은가요? 세상에는 설명할 수 없는 일이 많습니다. 불평과 원망으로 세월을 보내기보다는 자기 삶을 충실히 살아 내는 게 현명한 태도입니다. 인생의 의미는 발견하는 것이 아니라 만들어 가는 것입니다. 해답 없는 삶이라 하여 함부로 사는 것처럼 인생을 낭비하는 일이 없을 겁니다. 악인들은 "풀처럼 빨리 시들고, 푸성귀처럼 사그라지고 만다"(시 37:2)라고 시인은 말합니다. 정말 그런가 하는 의문이 드는 게 사실입니다. 그러나 그들이 쉽게 사라지지 않는다고 하여 낙심할 것 없습니다. 시인은 믿음의 사람들이 꼭 붙들고 살아야 할 것들을 열거합니다. 그중에 몇 가지만 소개하겠습니다.

> 주님만 의지하고, 선을 행하여라. 이 땅에서 사는 동안 성실히 살아라(시 37:3).

> 노여움을 버려라. 격분을 가라앉혀라. 불평하지 말아라. 이런 것들은 오히려 악으로 기울어질 뿐이다(시 37:8).

주님만 의지하고 산다는 것은 낯설고 황량한 삶 속에서도 하나님의 사랑이 계속되고 있음을 신뢰한다는 뜻입니다. 그 근본적 신뢰가 바로 설 때 우리는 선을 행할 수 있습니다. 설사 보상이 주어지지 않는다고 해도 낙심하지 않습니다. 선을 선택하는 것은 우리가 받은 은혜에 대한 감사의 표현입니다. 선을 행한다는 것은 누군가의 요구에 응답하는 것입니다. 우리를 누군가에게 선물로 주며 사는 삶이 거룩한 삶입니다.

사람들이 나를 알아주지 않는다고 하여 낙심하지 마십시오. 불의한 이들을 보면서 분노하는 것은 당연합니다. 그러나 그러한 격분이 우리에게서 선을 행할 힘을 빼앗아 갈 수 있음을 잊지 말아야 합니다. 노여움, 격분, 불평을 멀리하라는 것은 그 때문입니다. 제가 이 시에서 제일 좋아하는 구절은 이것입니다.

> 우리가 걷는 길이 주님께서 기뻐하시는 길이면, 우리의 발걸음을 주님께서 지켜 주시고, 어쩌다 비틀거려도 주님께서 우리의 손을 잡아 주시니, 넘어지지 않는다(시 37:23-24).

바람이 불면 비틀거릴 수밖에 없는 게 인생입니다. 바람에 흔들리지 않는 것은 고사목밖에 없다지 않습니까. 이정하 시인은 〈바람 속을 걷는 법〉이라는 시에서 "산다는 것은 바람이 잠자기를 기다리는 게 아니라 그 부는 바람에 몸을 맡기는 것", "바람이 약해지는 것을 기다리는 게 아니라 그 바람 속을 헤쳐나가는 것"이라고 말합니다.[11] 찬송가 373장 2절도 같은 진실을 노래합니다. "큰 물결 일어나 나 쉬지 못하나 이 풍랑으로 인하여 더 빨리 갑니다." 지향이 분명하면 두려움에 사로잡히지 않습니다. 하나님의 동행을 믿기 때문입니다. 비틀거려도 하나님이 우리 손을 잡아 주시리라 믿기 때문입니다.

흔들릴수록 깊이 박히는 닻

오늘 본문에서 시인은 악인들이 뿌리째 뽑히는 모습을 보게 될 것이라고 말합니다. 큰 세력을 형성한 것처럼 보여도 그 흔적조차 찾을 수 없는 때가 온다는 것입니다. 시인은 또 흠 없는 사람과 정직한 사람을 눈여겨보라고 말합니다. 평화를 사랑하는 사람에게는 미래가 있지만, 악한 자들에게는 미래가 없다는 것입니다.

> 주님을 기다리며, 주님의 법도를 지켜라. 주님께서 너를 높여 주시어 땅을 차지하게 하실 것이니, 악인들이 뿌리째 뽑히는 모습을 네가 보게 될 것이다. 악인의 큰 세력을 내가 보니, 본고장에서 자란 나무가 그 무성한 잎을 뽐내듯 하지만, 한순간이 지나고 다시 보니, 흔적조차 사라져, 아무리 찾아도 그 모습 찾아볼 길 없더라. 흠 없는 사람을 지켜 보고, 정직한 사람을 눈여겨 보아라. 평화를 사랑하는 사람에게는 미래가 있으나, 범죄자들은 함께 멸망할 것이니, 악한 자들은 미래가 없을 것이다. 의인의 구원은 주님께로부터 오며, 재난을 받을 때에, 주님은 그들의 피난처가 되신다. 주님이 그들을 도우셔서 구원하여 주신다. 그들이 주님을 피난처로 삼았기에, 그들을 악한 자들에게서 건져내셔서 구원하여 주신다(시 37:34-40).

결국, 이 모든 일을 이루실 분은 하나님이십니다. 하나님이 계시다는 사실을 온몸으로 실감할 때 우리 삶은 이리저리 떠밀리지 않습니다. 히브리서 기자는 하나님의 약속이 반드시 이루어진다는 사실이야말로 '안전하고 확실한 영혼의 닻'(히 6:19)과 같다고 말합니다. 함민복 시인의 〈닻〉이라는 시에 나오는 한 대목입니다.[12]

파도가 없는 날
배는 닻의 존재를 잊기도 하지만

배가 흔들릴수록 깊이 박히는 닻
배가 흔들릴수록 꽉 잡아주는 닻밥.

정말 그러합니다. 배가 흔들릴수록 닻의 존재는 소중합니다. 때로 상처와 시련은 우리 인생을 힘들게 하지만, 오히려 닻이 되어 우리를 붙잡아 주기도 합니다. 시인은 "물 위에서 사는/ 뱃사람의 닻"이 무엇인지를 밝혀 줍니다. 짐작되십니까? "저 작은 마을/ 저 작은 집"입니다. 저기 내 사랑하는 사람들이 있다는 것, 나를 기다리는 사람이 있다는 것이야말로 뱃사람의 마음을 붙잡아 주는 닻이라는 겁니다.

우리에게도 이런 닻이 있습니다. 우리를 지켜보시는 하나님입니다. 하나님이 보고 계시니, 하나님께서 모든 일을 바로잡아 주실 것입니다. 그 하나님을 신뢰하기에 우리는 절망의 땅에 희망을 파종합니다. 우리는 패배할 수 있어도 하나님은 패배하지 않으십니다. 한 치 앞도 가늠하기 어려운 나날이지만, 아름다운 미래를 꿈꿀 수 있습니다. 우리가 바라는 모든 것이 이루어진다는 말이 아닙니다. 하나님이 우리를 선한 길로 인도하심을 믿는다는 말입니다.

교회의 잔해를 바라보는 것 같은 나날입니다. 아프고 쓰립니다. 그러나 우리는 다시 시작할 겁니다. 지배와 억압과 수탈을 통해 유지되던 로마 제국에 속해 살면서도 섬김과 나눔과 돌봄을 통한 평화를 꿈꾸었던 예수 그리스도의 하나님나라 꿈을 포기할 수 없기 때문입니다. 정신을 가다듬고 다시 파종의 노래를 부릅시다. 울면서라도 씨를 뿌립시다. 아프고 소외된 이들의 설 땅이 되어 주셨던 그리스도를 꼭 붙드십시오. 그것이 바른 예배입니다. 미래는 있는가? 이 질문에 삶으로 응답하시기를 빕니다. 토사를 밀어내고 벽을 다시 바르고 가재도구들을 물로 씻는 수재민의 끈질김으로 우리는 다시 일어설 겁니다. 주님이 밝혀 주시는 환한 빛을 보며 다시 시작할 용기를 내십시오.

코로나19가 주춤하는가 싶더니 다시 고개를 들고 있습니다. 엄중한 상황입니다. 교회가 감염병의 확산 통로가 되고 있다는 사실이 참담합니다. 이 질병은 소위 기독교 지도자연하는 사람들이 사회의 일반 상식과 얼마나 동떨어져서 살아왔는지를 여실히 드러내고 있습니다. 기독교인들이 비이성적이고 몰상식하고 반사회적인 사람들로 인식되고 있습니다. 정치적 입장에 따라 예수님조차 볼모로 잡힌 것 같습니다. 제발 하나님의 이름으로 하나님을 욕되게 하고, 예수의 이름으로 예수를 배반하게 하는 이들에게 미혹되지 마십시오. 씁쓸한 마음을 가눌 길이 없습니다. 이런 중에 평화운동가인 박노해 시인의 글과 사진을 만났습니다. 흰옷을 입은 농부 두 사람이 거친 땅을 일구는 사진 옆에 시인은 이렇게 써 내려갔습니다.

> 사막을 달구던 태양이 저물어가면
> 흰 잘라비를 입은 수단의 농부들은

나일 강물을 끌어다 이랑을 내고 씨앗을 뿌린다

거대한 모래폭풍이 한번 휩쓸고 지나가면
그동안의 노고는 흔적도 없이 사라지지만,
말라 죽으면 다시 심고 또 말라 죽으면
다시 심는 일을 원망도 불평도 없이 해나간다

그렇게 한 걸음 한 걸음씩 나일강 주변으로
'푸른 띠'를 이루며 넓어지는 농토와 숲
날마다 반복되는 농부들의 성사聖事 덕분에
오늘도 불타는 사막에 푸른 생명이 자라난다

나는 걸음마다 황무지를 늘려가는 사람인가
걸음마다 푸른 지경地境을 넓혀가는 사람인가[13]

어려울 때 투덜거리거나 원망하는 건 누구나 할 수 있습니다. 투덜거림은 약자의 버릇입니다. 하지만 곤경에 처해서도 묵묵히 자기 할 일을 하는 이들도 있습니다. 그들은 숙명론에 사로잡히지 않기로 작정한 사람들입니다. 역경을 좋아할 사람이 어디 있겠습니까? 그러나 역경은 언제든 불청객처럼 찾아와 우리를 괴롭히고 삶의 방향을 바꿔 놓곤 합니다. 모래 폭풍이 불어오는 것은 어쩔 수 없는 현실이지만, 말라 죽는 작물 위에 새로운 씨를 뿌리는 것은 인간의 강고한 의지입니다. 희망은 저절로 주어지는 게 아니라 만드는 것입니다. 농토와 숲이 푸름을 유지할 수 있는 것은 어리석어 보이는 농부들의 그런 끈질김 덕분입니다.

바벨론 땅 궁벽진 곳에서 포로 생활을 하던 이스라엘 동포들에게 예레미야는 편지를 보내 격려합니다. 얼마 지나지 않아 좋은 날이 올 테니 참고 기다리라는 듣기 좋은 메시지가 아니었습니다. 그곳에 집도 짓고 과수원도 만들고 그 열매를 따 먹으며 일상을 회복하고, 결혼하여 가정도 꾸리고 알콩달콩 살라는 것이었습니다. 심지어는 그들을 사로잡아 간 이들의 평안을 위해 기도하라고도 말했습니다(렘 29:4-7). 거짓 예언자들의 달콤한 말에 속아 섣부른 기대를 품었다가 더 큰 절망에 빠지지 말아야 할 일입니다. 삶은 어렵고 곤고합니다. 그렇지만 삶은 계속되어야 합니다. 불타는 사막에 푸른 생명을 움 틔우는 이들처럼 우리도 그렇게 검질기게 살아야 합니다.

자기 속에 갇힌 사람

오늘 본문은 하나님의 뜻을 알려고도 하지 않고, 그 뜻대로 살 생각도 없는 이들에 대한 심판 메시지가 끝나고, 참 이스라엘을 향한 가르침을 베풀기 전에 나오는 일종의 연결 부분이라 할 수 있습니다.

그 때에 예수께서 이렇게 말씀하였다. "하늘과 땅의 주님이신 아버지, 이 일을 지혜 있고 똑똑한 사람들에게는 감추시고, 어린아이들에게는 드러내어 주셨으니, 감사합니다. 그렇습니다. 아버지, 이것이 아버지의 은혜로운 뜻입니다. 내 아버지께서 모든 것을 내게 맡겨주셨습니다. 아버지 밖에는 아들을 아는 이가 없으며, 아들과 또 아들이 계시하여 주려고 하는 사람 밖에는 아버지를 아는 이가 없습니다." "수고하며 무거운 짐을 진 사람은 모두 내게로 오너라. 내가 너희를 쉬게 하겠다. 나는 마음이 온유하고 겸손하니, 내 멍에를 메고 나한테 배워라. 그리하면 너희는 마음에 쉼을 얻을 것이다. 내 멍에는 편하고, 내 짐은 가볍다"(마 11:25-30).

예수님은 먼저 감사 기도를 올리십니다. "하늘과 땅의 주님이신 아버지, 이 일을 지혜 있고 똑똑한 사람들에게는 감추시고, 어린아이들에게는 드러내어 주셨으니, 감사합니다"(마 11:25). 예수님은 하나님을 '하늘과 땅의 주님'으로 부르고 있습니다. 하나님은 인간의 지각을 뛰어넘는 초월적인 존재입니다. 하나님은 우리의 익숙한 세상을 뒤흔드는 낯선 존재입니다. 그분의 뜻은 다 헤아릴 수 없습니다. 하지만 하나님은 우리에게 당신을 드러내 보이시고, 당신을 선물로 주시는 친밀한 분이십니다. '아버지'라는 호칭이 친밀함을 드러냅니다.

예수님은 그 시대의 아이러니를 꿰뚫어 보십니다. 스스로 지혜 있고 똑똑하다고 자부하는 사람들은 하나님의 뜻에 무지하고, 배우지 못한 사람들, 그래서 어리석다고 취급되는 이들은 오히려 하나님의 뜻을 깨닫는 현실 말입니다. 상식을 뒤집는 이야기입니다만, 역사 속에서 반복되는 일인 것도 사실입니다.

며칠 전 소설가 이승우 선생도 한 신문 칼럼에서 이 문제를 다뤘습니다.[14] 그는 철학자 알랭 핑켈크로트의 《사랑의 지혜》에서 발견한 한 문장을 소개합니다. "어리석음이란 이와 같이 외부의 어떤 말에 의해서도 전혀 영향을 받지 않고, 방향을 바꾸는 일도 없이 침착하게 자기의 길을 가는 태도 속에서 발견된다." 얼핏 보면 이런 이들은 당당해 보이고 주체적으로 보이기도 합니다. 핑켈크로트는 어리석음의 특징을 '틀에 박힘'이라고 말합니다. 저는 이것을 '자기 속에 갇힘'이라고 표현하고 싶습니다. 자기가 옳다는 생각에서 한 치도 벗어나지 못하기에, 자기와 생각이 다른 이들은 다 틀렸다고 생각하는 이들이 있습니다. 다름을 용납하지 않기에 그들은 일쑤 폭력적입니다. 다른 사람을 배려하지도 않습니다.

핑켈크로트는 어리석음의 예로 '중세의 종교 교조주의', '근대의 이성과 과학 맹신', '혁명을 앞세운 정치적 연설'을 들고 있습니다. 편협한 종교도 어리석음일 수 있습니다. 예수님을 죽음에 이르게 한 사람들은 무지한 군중들이 아니었습니다. 전문적인 지식이 있다고 자부하던 사람들, 스스로 경건하다고 확신하던 사람들이었습니다. 성전 체제를 통해 누릴 것을 다 누리던 이들은 자기들이 서 있는 토대를 뒤흔드는 사람 예수를 용납할 수 없었습니다. 잘 알려진 〈춤의 왕〉이라는 노래는 이런 현실을 반영하고 있습니다. 작사자는 하나님의 구원 사역을 '하나님의 춤Divine dance'으로 표현합니다. 온 우주가 하나님의 창조 리듬에 따라 움직이는 것을 춤으로 본 것이겠지요. 2절 가사입니다.

높은 양반들 위해 춤을 추었을 때
그들 천하다 흉보고 비웃었지만
어부 위해서 춤을 추었을 때에는
날 따라 춤을 추었다

춤춰라 어디서든지
힘차게 멋있게 춤춰라
나는 춤의 왕 너 어디 있든지
나의 춤 속에 너 인도하련다

노자는 "아는 사람은 말하지 않고 말하는 사람은 알지 못한다知者不言 言者不知"라고 가르쳤습니다.[15] 바울은 "십자가의 말씀이 멸망할 자들에게는 어리석은 것이지만, 구원을 받는 사람인 우리에게는 하나님의 능력"(고전 1:18)이라고 말합니다.

주님이 주시는 쉼

주님을 믿는다고 하는 사람들은 여전히 홀가분한 자유를 누리지 못합니다. 왜 그럴까요? 안다고 하는 이들, 잘 믿는다고 하는 이들, 다시 말해 권력을 가진 이들이 우리 삶을 자기들 멋대로 규정하기 때문입니다. 사람들은 그들이 정해 놓은 삶의 규칙을 따라 살려고 노력합니다. 그러니 힘이 듭니다. 이런 상황에서 주님의 말씀이 떨어집니다.

> 수고하며 무거운 짐을 진 사람은 모두 내게로 오너라. 내가 너희를 쉬게 하겠다(마 11:28).

여기서 말하는 '수고하고 무거운 짐을 진 사람'은 누구를 가리키는 것일까요? 그저 인생살이에 지친 사람만을 지칭하는 게 아닙니다. 율법의 짐을 지고 허덕이는 사람입니다. 하나님의 백성들, 곧 거룩함을 지향하는 사람들이 지켜야 할 계명을 일러 미츠봇*mitzvot* 이라 합니다. 토라에 등장하는 미츠봇은 613가지입니다. 해야 할 일과 하지 말아야 할 일로 구성되어 있습니다. 거룩한 삶을 살려는 이들은 그 계명들을 잘 지켜야 합니다. 그러나 그럴 수 없는 이들도 있습니다. 직업, 건강, 가난이 발목을 잡을 때가 많습니다. 물론 인간 속에 깃든 음습한 죄의 욕망도 계명을 따라 사는 것을 어렵게 만듭니다.

문제는 그런 계명을 잘 지키는 이들이 그렇지 못한 이들을 조롱하고 정죄하는 현실입니다. 종교적 실천이 권력으로 작동할 때가 많습니다. 종교가 권력으로 작동하는 세상에서 정결치 못한 사람으로 낙인찍힌 채 산다는 것은 참 고단한 일입니다. 바로 이런 상황에서 주님은 사람들을 당신께로 부르십니다. '거룩'이라는 척도가 사람들을 가르고 정죄하는 세상에서 주님은 새로운 기준을 세우셨습니다. 그것은 '자비'입니다. 자비는 가르기보다는 품습니다. 옳고 그름의 경계를 흐려 놓지는 않지만, 사람들을 함부로 내치지 않습니다. 비록 거룩한 삶의 자리에서 멀어졌을지라도 그들이 소중한 사람임을 잊지 않습니다.

주님과 만난 사람들이 경험한 것은 따뜻함이었습니다. 깊은 공감이었습니다. 날 때부터 앞을 보지 못하는 사람을 앞에 두고 제자들은 그가 앞을 보지 못하는 게 누구의 죄 때문인지 물었습니다. 하지만 주님은 그를 통해 하나님이 하시는 일이 드러나야 한다고 가르치셨습니다. 자비의 시선입니다. 자비의 눈으로 보는 사람은 다른 이들의 눈에서 티끌을 빼내겠다고 덤비지 않습니다. 오히려 그들 뒤에 서린 눈물과 아픔을 봅니다. 주님은 외로운 이들에게 고향이 되어 주셨습니다. 주님 앞에서는 가면을 쓰지 않아도 괜찮습니다. 부끄러운 모습을 드러내도 괜찮고, 연약함을 드러내도 괜찮습니다. 지치고 상한 마음을 잠시라도 내려놓을 수 있는 곳이 고향이라면 주님은 모든 이들의 고향이십니다. 주님께로 나아간 사람은

'쉼'을 얻습니다. 이때의 '쉼'은 하던 일의 중지나 몸의 평안함이 아니라 구원 체험입니다.

멍에를 멘다는 것

그런데 그런 '쉼'은 지속되지 않습니다. 산 위에서 희게 변화되신 주님의 신비를 경험한 제자들은 그곳에 머물고 싶었지만 그럴 수 없었습니다. 그들의 삶이 이어져야 할 곳은 여전히 눈물과 아픔과 시련과 협잡이 넘치는 세상이었기 때문입니다. 그런 세상에 살면서도 '쉼'을 누리려면 주님께 배워야 합니다.

> 나는 마음이 온유하고 겸손하니, 내 멍에를 메고 나한테 배워라. 그리하면 너희는 마음에 쉼을 얻을 것이다. 내 멍에는 편하고, 내 짐은 가볍다(마 11:29-30).

'내 멍에'는 십자가입니다. 십자가는 누구에게나 무겁습니다. 사람들은 십자가를 벗어던지고 싶어 합니다. 하지만 주님은 십자가를 마다하지 않으셨습니다. 이유는 하나입니다. '사랑' 때문입니다. 예수님은 고통받는 사람들을 '남'으로 여기지 않으셨습니다. 세상의 고통을 당신과 무관한 것으로 여기지 않으셨다는 말입니다. 예수를 만난 사람들이 "선생님은 참으로 하나님의 아들이십니다"라고 말한 까닭은 기적을 체험했기 때문이 아니라, 가없는 사랑을 경험했기 때문이 아닐까요? 사랑하는 이를 위해 하는 수고는 고통이 아니라 기쁨입니다.

"나는 마음이 온유하고 겸손하니"라고 주님은 말씀하십니다. 자칫하면 오해하기 쉬운 말입니다. 스스로 겸손하다고 말하는 이들이 진짜 겸손한 경우를 별로 본 적이 없습니다. 여기서 '온유한'으로 번역된 헬라어 '프라우스*praus*'에는 기본적으로 '길들다'라는 뜻이 담겨 있습니다. 주님은 하나님의 마음에 조율된 존재이십니다. 요한복음에서 주님은 보내신 분의 영광을 구하는 것이 자기의 존재 이유라고 거듭 말씀하셨습니다. 온유함이란 그저 따뜻하고 부드럽다는 말이 아니라 하나님의 뜻에 따라 산다는 말의 다른 표현입니다. 겸손을 뜻하는 '타파이나스*tapeinas*'는 '바닥에서 멀지 않다'라는 뜻입니다. 겸손한 사람은 짐짓 자기를 낮추는 사람이 아니라 하나님의 자비하심을 향한 갈망을 품고 사는 사람입니다. 하나님의 선하심에 자기를 맡기는 사람입니다. 그에 비해 오만한 사람은 자기에게 도취한 사람이라 할 수 있습니다.

요즘은 보기 어렵지만, 과거에는 겨릿소가 밭을 가는 모습을 종종 볼 수 있었습니다. 소 두 마리가 함께 멍에를 메고 밭을 갑니다. 혼자서는 척박한 땅을 갈아엎기가 힘에 부치기 때문입니다. 일에 익숙한 소는 '안소'라 하고 일을 배우는 소는 '마라소'라 했습니다. 마라소는 안소의 움직임에 따라야 합니다. 성도로 산다는 것은 주님과 멍에를 함께 멘 사람이 된다는 뜻입니다. 주님을 믿고, 주님께 배워야 합니다. 주님의 마음과 접속될 때 삶이 쉬워집니다.

여전히 곤고한 삶이 이어지고 있습니다. 이럴 때일수록 믿는 이들의 역할이 중요합니다. 냉랭한 세상에 온기를 불어넣고, 냉소와 혐오가 넘치는 세상을 유머와 사랑의 기운이 넘치는 곳으로 바꿔야 합니다. 우리 각자가 서 있는 자리는 하나님이 우리를 부르신 자리입니다. 저 누비아의 농부들처럼 절망의 땅에 희망을 파종하십시오. 하나님의 춤을 추는 이들이 점점 늘어날 때 우울과 절망과 갈등이 줄어들 것입니다.

일어나서 가자

종려주일인 오늘 주님께서 느릿느릿 걸어 들어오셔서 우리 마음의 주인이 되어 주시기를 청합니다. 주님을 모시기 위해서는 높은 것은 낮추고, 구부러진 것은 곧게 하고, 지저분한 것은 다 치워야 합니다. 묵고 또 묵은 먼지를 털어 내고, 거미줄도 제거해야 합니다. 그러나 모실 마음만 있으면 주님께서 더럽다 아니 오실 리 없습니다. 많은 이들이 주님을 갈망한다고 하면서도 정작 주님이 다가오시면 멀찍이 멀어지려 합니다. 안일한 일상이 흔들릴까 두렵기 때문입니다. 일종의 고질병입니다. 낫기를 원한다고 하면서도 명의는 거절하는 격입니다. 아우구스티누스도 이런 고백을 했습니다.

> 물론 믿기만 하면 고쳐질 '나'이었습니다. 그 믿음으로 맑아진 내 영혼의 눈동자가, 항상 계시사 모자랄 리 없는 당신의 진리를 겨냥하여 갈 수 있었을 것입니다. 그러나 흔히 돌팔이 의원에 덴 사람이 명의에게 몸 맡기기를 두려워하듯이 내 영혼의 건강도 이

와 비슷하여 믿지 않고는 나을 수 없는 것을, 거짓을 믿을까 무서워서 낫기를 싫어했으니 신앙의 약을 손수 지으시사 천하의 모든 병에 뿌리시고, 게다가 위력을 붙여주신 당신 손을 마다한 것입니다.[16]

사순절은 명의이신 주님 앞에 우리의 참상을 아뢰고 치유를 청하는 기간입니다. 돈과 출세와 풍요와 편리와 승리, 그리고 정치적 입장이라는 우상에게 팔렸던 우리 마음을 거두어 주님 앞에 바치면 그만인 것을 우리는 여전히 주님을 외면하면서 찾는 사람이 아닌지요? 그렇기에 오늘 우리는 이 비상한 시기에 주님이 우리 마음에 오셔서 주인이 되어 주시기를 청합니다.

기꺼이 위험 속으로

사람들은 주님의 예루살렘 입성을 승리자의 개선 행진으로 받아들이고 싶어 하지만, 사실 그것은 죽음을 향한 행진이었습니다. 초라한 주님의 행렬과 대비되는 것은 위엄을 갖춘 로마군의 행렬이었습니다. 유월절이 되면 로마 총독은 로마 군단을 상징하는 깃발을 앞세운 기병들을 예루살렘에 보냈습니다. 혹시라도 반란이 일어날까 염려했기 때문입니다. 그 깃발과 기병들은 제국의 위엄과 무서움을 드러냄으로써 반란을 미리 방지하려는 로마의 책략이었습니다. 그런 위협적인 행렬을 보면서 이스라엘 사람들의 마음에는 더욱 메시아에 대한 갈망이 깊어졌을 것입니다. 그런데 예수님은 아이들 눈에 다락처럼 높아 보이는 말[17]이 아니라 나귀를 타고 예루살렘에 들어가셨습니다. 느릿느릿 걷는 나귀의 걸음걸이는 평화 시대의 상징입니다. 주님은 전쟁을 통해, 혹은 누군가를 제거함으로써 새로운 시대를 여시는 분이 아니라 사람들 사이에 드리운 적대감의 장벽을 허무심으로써 평화를 가져오시는 분입니다. 주님은 우리도 그 행렬에 동참하라고 요구하십니다.

1968년 4월 4일은 마틴 루서 킹 주니어 목사가 암살당한 날입니다. 그의 죽음을 돌아보다가 몇 해 전 미국 애틀랜타에 갔을 때 들른 마틴 루서 킹 주니어 기념관에서 읽은 글귀가 떠올라 찾아보았습니다. 마침 찍어 두었던 사진이 있어서 번역해 보았습니다.

> 몽고메리에서 멤피스에 이르기까지 마틴 루서 킹 목사는 인권과 시민권 획득을 위한 행진에 참여하도록 사람들을 독려하기 위해 행렬의 선두에 서서 용감하게 걸어 나갔다. 에벤에셀침례교회 강대상에서, 링컨기념관 계단에서 킹 박사는 권리를 박탈당한 이들과 짓밟힌 이들의 꿈과 소망을 대변하는 목소리가 되었다. 킹은 모든 사람에게 기본적인 인권을 부여해야 한다고 믿었다. 모두가 다 존엄한 존재였기 때문이다. 그의 종교 전통과 간디의 비폭력 저항이 결합한 이런 원칙은 인종 차별, 가난, 불공정한 노동 현실, 그리고 베트남 전쟁에 대한 킹의 '현실주의적 평화주의'의 밑절

미가 되었다.

안전하기 때문에 혹은 자기에게 이익이 되기 때문이 아니라, 그것이 하나님의 마음에 맞는 일임을 알기에 그는 기꺼이 위험에 뛰어들었습니다. 그렇기에 그는 하나님의 신실한 종이 되었습니다.

번민하시는 예수

오늘 본문은 겟세마네 동산의 기도로 잘 알려진 부분입니다.

그들은 겟세마네라고 하는 곳에 이르렀다. 예수께서 제자들에게 말씀하시기를 "내가 기도하는 동안에, 너희는 여기에 앉아 있어라" 하시고, 베드로와 야고보와 요한을 데리고 가셨다. 예수께서는 매우 놀라며 괴로워하기 시작하셨다. 그래서 그들에게 말씀하셨다. "내 마음이 근심에 싸여 죽을 지경이다. 너희는 여기에 머물러서 깨어 있어라." 그리고서 조금 나아가서 땅에 엎드려 기도하시기를, 될 수만 있으면 이 시간이 자기에게서 비껴가게 해 달라고 하셨다. 예수께서는 이렇게 말씀하셨다. "아빠, 아버지, 아버지께서는 모든 일을 하실 수 있으시니, 내게서 이 잔을 거두어 주십시오. 그러나 내 뜻대로 하지 마시고, 아버지의 뜻대로 하여 주십시오." 그런 다음에 돌아와서 보시니, 제자들은 자고 있었다. 그래서 베드로에게 말씀하셨다. "시몬아, 자고 있느냐? 한 시간도 깨어 있을 수 없느냐? 너희는 유혹에 빠지지 않도록, 깨어서 기도하여라. 마음은 원하지만, 육신이 약하구나!" 예수께서 다시 떠나가서, 같은 말씀으로 기도하시고, 다시 와서 보시니, 그들은 자고 있었다. 그들은 졸려서 눈을 뜰 수 없었던 것이다. 그들은 예수께 무슨 말로 대답해야 할지를 몰랐다. 예수께서 세 번째 와서, 그들에게 말씀하셨다. "남은 시간을 자고 쉬어라. 그 정도면 넉넉하다. 때가 왔다. 보아라, 인자는 죄인들의 손에 넘어간다. 일어나서 가자. 보아라, 나를 넘겨줄 자가 가까이 왔다"(막 14:32-42).

겟세마네는 '기름 짜는 곳'을 뜻합니다. 기드론 시내를 사이에 두고 예루살렘을 마주 보는 곳에 있습니다. 주님이 성부 하나님과 친밀한 교제를 나누곤 하셨던 곳으로 올리브나무 숲이 있었습니다. 주님은 베드로와 야고보와 요한을 데리고 조금 더 한적한 곳으로 가셨습니다. 그날의 광경을 회상하며 마가는 예수께서 "매우 놀라며 괴로워하기 시작하셨다"라고 기록하고 있습니다. 마가가 사용한 '놀라다'와 '괴로워하다'라는 단어는 우리에게 당혹감을 안겨 줍니다. 모든 것을 다 아시고 언제나 당당하게 도전에 맞서시던 주님이 비틀거리는 것처럼 보이니 말입니다. '놀라다'로 번역된 '엑탐베오 *ekthambeo*'는 사실 '압도되다' 혹은 '놀람에 사로잡히다'라는 뜻에 가깝습니다. 이런 주님의 모습을 우리는 상상하기 싫어합니다. 낯설기 때문입니다. '괴로워하다'로 번역된 '아데모네오*ademoneo*'는 '무거움에 짓눌리다'라는 뜻입니다.

겟세마네 동산의 기도를 낭만화할 수 없는 까닭이 여기에 있습니다. 주님도 살기를 원하는 사람이었습니다. 죽음이 다가왔을 때 빙긋 웃으며 "왔어요? 자, 이제 나를 가져가요"라고 말할 분이라고 생각하면 안 됩니다. 역시 죽음은 쏘는 가시입니다. 사람은 누구나 다 평범한 행복을 구합니다. 테겔 형무소에 갇힌 채 죽음의 공포 아래 있던 디트리히 본회퍼 목사는 남들이 보는 모습과 다른 자기 모습을 인식하며 솔직하게 고백합니다.

새장에 갇힌 새처럼 불안하고 그립고 병약한 나
목 졸린 사람처럼 숨을 쉬려고 버둥거리는 나
빛깔과 꽃, 새소리에 주리고
따스한 말과 따스한 인정에 목말라하는 나
방자함과 사소한 모욕에도 치를 떠는 나
좋은 일을 학수고대하며 서성거리는 나
멀리 있는 벗의 신변을 무력하게 걱정하는 나
기도에도, 생각에도, 일에도 지쳐 멍한 나
풀이 죽어 작별을 준비하는 자[18]

인생에서 정말 중요한 것은 뭘까요? 본회퍼는 세상의 명예, 권세, 돈을 말하지 않습니다. 위기의 시간에 그는 오히려 빛깔과 꽃,

새소리, 따스한 말과 따스한 인정을 그리워합니다. 어떤 이에게는 평범한 것들이 누군가에게는 가장 그리운 것이 됩니다. 그런 평범한 행복을 누릴 수 없다는 것처럼 비참한 일이 또 있을까요? 예수님은 죽기 위해 오신 것이 아닙니다. 주님도 평범한 행복을 누리고 싶지 않으셨을까요? 이 마음을 알지 못하면 구원의 신비와 은총의 깊이를 알 수 없습니다. 그럼에도 주님은 하나님의 뜻에 순명하고자 엎드려 기도하셨습니다. 얼마나 괴로웠던지 제자들에게 "내 마음이 근심에 싸여 죽을 지경이다. 너희는 여기에 머물러서 깨어 있어라"(막 14:34) 하고 부탁하시기까지 하셨습니다.

가야 할 길이라면

저는 이런 예수의 모습 때문에 실망하기는커녕 가장 깊이 감동합니다. 신학교 1학년, 정말 아무것도 알지 못하던 때, 채플 시간에 저는 이 놀라운 광경과 마음으로 만났습니다. 고난 주간 기도회였을 겁니다. 기도회가 진행되는 중에 4학년 선배 한 명이 청아한 테너 목소리로 찬송가 134장을 불렀습니다.

> 감람산 깊은 밤중에 별빛은 희미하여라
> 주 예수 고민하시며 외로이 기도하시네
> 주 홀로 깊은 밤중에 고민에 싸여 계시나
> 그 사랑 받던 제자도 스승의 괴롬 모르네

어쩌면 그날의 채플이, 아니 그 선배의 음성을 통해 들은 그 찬송가가 일평생 제 신앙에 색깔을 입힌 것이 아닌가 싶습니다. 주님의 외로움이 제 가슴에 사무쳐 왔습니다. 사랑받았음에도 스승의 괴롬을 모른 채 잠들어 있던 제자들의 모습이 바로 제 모습이었습니다. 그때 처음으로 예수님을 외롭게 하지 말자고 다짐했습니다. 살면서 늘 그렇게 살아왔다고 말할 수는 없지만, 그 다짐이 제 신앙의 원뿌리 가운데 하나임은 분명합니다. 기적을 행하는 능력 때문이 아닙니다. 세상의 모든 죄를 짊어지신 그 영웅적인 기개 때문이 아닙니다. 나와 다를 바 없는 성정을 지닌 한 사람이 번민의 숲을 지나 순명에 이른 그 여정에 감동했기 때문입니다.

주님은 땅에 엎드려서 될 수만 있으면 이 시간이 자기에게서 비껴가게 해 달라고 기도하셨습니다. "아빠, 아버지, 아버지께서는 모든 일을 하실 수 있으시니, 내게서 이 잔을 거두어 주십시오. 그러나 내 뜻대로 하지 마시고, 아버지의 뜻대로 하여 주십시오"(막 14:36). 다들 이 기도를 잘 알기에 한 호흡으로 외울 수도 있을 것입니다. 하지만 "이 잔을 거두어 주십시오"라는 간구와 "내 뜻대로 하지 마시고 아버지의 뜻대로 하여 주십시오"라는 기도 사이에는 깊은 심연이 가로 놓여 있습니다. '그러나'라는 접속 부사가 이 두 심연을 잇고 있습니다. 신앙은 이런 것입니다. 나의 바람을 내려놓고 아버지의 뜻을 받아들이는 과정이 기쁘기만 한 것은 아닙니다. 번민과 중압감에 짓눌릴 때도 있습니다. 주님은 이렇게 분투하고 계시건만, 제자들은 모두 깊이 잠들어 있었습니다. 똑같은 상황이 세 번이나 반복되었습니다. 마침내 번민의 시간이 끝났습니다. 주님은 제자들에게 "일어나서 가자. 보아라, 나를 넘겨줄 자가 가까이 왔다"(막 14:42)라고 말씀하십니다.

두렵고 떨리지만 가야 할 길이라면 피하지 않고 가는 것, 바로 그것이 십자가의 길입니다. "일어나서 가자." 영광을 누리기 위해 가자는 말이 아닙니다. 주님은 지금 우리를 어디로 이끌고 가시려는 것일까요?

돈과 쾌락을 위해 사람을 도구로 삼았던 세상을 바로잡기 위해 가자 하십니다.

지금 없는 것을 아쉬워하느라 이미 주어진 것을 누리지 못하는 어리석은 삶에서 벗어나자 이르십니다.

지금 설 땅을 잃고 절망의 심연에 빠져드는 이들에게 설 땅이 되어 주기 위해 가자 하십니다.

편협한 믿음에 갇힌 사람들, 광신적 믿음을 참된 믿음인 줄 알고 사는 이들에게 그리스도를 믿는 이들의 참 아름다움을 보여 주기 위해 함께 가자 하십니다.

차별과 혐오의 대상이 된 사람들이 더는 위축되지 않고 살 수 있는 세상을 만들기 위해 가자 하십니다.

하나님을 믿는다면서도 로마군의 행렬을 따르는 이들이 많습니다. 우리는 말을 탄 정복자가 아닙니다. 나귀를 타신 겸허하신 주님의 뒤를 따라야 합니다. 주님이 앞서가신 그 길을 따라가며 하나님나라의 씨앗을 뿌리는 우리가 되기를 기원합니다.

주註

들어가는 말

1. 사뮈엘 베케트, 오증자 옮김, 《고도를 기다리며》, 민음사, 2004, 133쪽.
2. 최종원, 《텍스트를 넘어 콘텍스트로》, 비아토르, 2019, 224쪽.

1부 얼음을 녹이는 봄볕이 되어

1. 니코스 카잔차키스, 《성자 프란체스코1》, 김영신 옮김, 열린책들, 2008, 76쪽.
2. 폴 칼라니티, 《숨결이 바람 될 때》, 이종인 옮김, 흐름출판, 2016, 148쪽.
3. 앞의 책, 261쪽.
4. Mary Oliver, "The Summer Day," *New and Selected Poems*, Boston: Beacon Press, 1992.
5. 게랄트 휘터, 박여명 옮김, 《존엄하게 산다는 것》, 인플루엔셜, 2019, 22쪽.
6. 미쉘 꽈스트, 조철웅 옮김, 《참 삶의 길》, 성바오로출판사, 1989년, 127쪽.
7. 김진혁, 《순전한 그리스도인》, IVP, 2020, 79쪽.
8. 헨리 데이비드 소로, 신재실 옮김, 《월든》, 삼협종합, 2012, 94쪽 참고.

9. 요한 볼프강 폰 괴테, 곽복록 옮김, 《빌헬름 마이스터 수업시대》, 동서문화사, 2016, 212쪽.
10. 아브라함 요수아 헤셸, 이현주 옮김, 《누가 사람이냐》, 종로서적, 1996, 104쪽.
11. 손택수, 〈먼 곳이 있는 사람〉, 《붉은빛이 여전합니까》, 창비, 2020.
12. 김현경, 《사람, 장소, 환대》, 문학과지성사, 2016, 192쪽.
13. 김종현, "숙주가 되지 않는 방법", 〈투데이신문〉, 2020. 03. 09.
14. 리 호이나키, 부희령 옮김, 《아미쿠스 모르티스》, 삶창, 2016, 402쪽.
15. 고정희, 〈상한 영혼을 위하여〉, 《이 시대의 아벨》, 문학과지성사, 2019.
16. 남영우, 《땅의 문명》, 문학사상, 2018, 102-103쪽 참고.
17. 칼 라너, 손성현 옮김, 《칼 라너의 기도》, 복있는사람, 2019, 35-36쪽.
18. Achaicus, 고대 그리스 남부의 땅인 아케아 사람이라는 뜻이다.

2부 그대가 있어 내가 있다

1. 네이선 D. 미첼, 안선희 옮김, 《예배, 신비를 만나다》, 바이북스, 2014, 21쪽.
2. 구자범, "맛을 기록하는 법", 〈한겨레〉, 2020. 7. 23.
3. 김수우, 〈천막〉, 《붉은 사하라》, 애지, 2005.
4. 데즈먼드 투투, 홍종락 옮김, 《용서 없이 미래 없다》, 홍성사, 2009.
5. 구상, 〈신령한 새싹〉, 《신령한 새싹》, 세명서관, 1990.
6. 황지우, 〈503〉, 《나는 너다》, 문학과지성사, 2015.
7. 게오르크 루카치, 김경식 옮김, 《소설의 이론》, 문예출판사, 2014.
8. 프리모 레비, 이현경 옮김, 《이것이 인간인가》, 돌베개, 58쪽.

9. 테오도르 러넌, 김고광 옮김, 《새로운 창조》, 기독교대한감리회홍보출판국, 1999, 115쪽.

3부 길 없는 곳에서 누군가의 길이 되길

1. 신경림, 〈파장〉, 《신경림 시전집1》, 창비, 2004.
2. 마르틴 루터, 최주훈 옮김, 《대교리문답》, 복있는사람, 2017, 89쪽에 실린 옮긴이 주 35번.
3. 빅터 프랭클, 김충선 옮김, 《죽음의 수용소에서》, 청아출판사, 2001, 149-150쪽.
4. 헨리 뉴엔, 성찬성 옮김, 《새벽으로 가는 길》, 성바오로출판사, 1992, 212쪽.
5. 카알 야스퍼스, 신옥희 옮김, 《철학적 신앙》, 이화여자대학교 출판부, 1979, 31쪽.
6. 플라톤, 박종현 옮김, 《국가·政體》, 서광사, 1997, 128쪽 각주.
7. 아브라함 요수아 헤셸, 앞의 책, 35쪽.
8. 존 웨슬리, 한국웨슬리학회 편, 조종남·김홍기·임승안 외 공역, 《웨슬리 설교전집3》, 대한기독교서회, 2019, 25쪽.
9. 칼릴 지브란, 《예언자》, 강은교 옮김, 문예출판사, 1979, 22쪽.

4부 푯대를 향해 뚜벅뚜벅

1. Jonathan Sacks, *Not in God's Name*, Schocken, 2005, p. 54.
2. 오세영, 〈그릇1〉, 《바이러스로 침투하는 봄》, 랜덤하우스코리아, 2006.
3. 파커 파머, 김찬호·정하린 옮김, 《모든 것의 가장자리에서》, 글항아리,

2018, 137쪽.

4. A. 아우구스티누스, 최민순 옮김, 《고백록》, 성바오로딸수도회, 2010, 제8권 4장.

5. 김승희, 〈세상에서 가장 무거운 싸움2〉, 《흰 나무 아래의 즉흥》, 나남출판, 2014.

6. 신동엽, 〈누가 하늘을 보았다 하는가〉, 《누가 하늘을 보았다 하는가》, 창비, 1989.

7. 디트리히 본회퍼, 김순현 옮김, 《나를 따르라》, 복있는사람, 2016, 29쪽.

8. 게랄트 휘터, 앞의 책, 22쪽.

9. 로드니 스타크, 《기독교의 발흥》, 손현선 옮김, 좋은씨앗, 2016, 129쪽.

10. 윌리엄 G. 데버, 《이스라엘의 기원》, 양지웅 역, 삼인, 2020.

11. 이정하, 〈바람 속을 걷는 법〉, 《너는 물처럼 내게 밀려오라》, 문이당, 2016.

12. 함민복, 〈닻〉, 《말랑말랑한 힘》, 문학세계사, 2012.

13. 박노해, 〈누비아 사막의 농부〉, 《단순하게 단단하게 단아하게》, 느린걸음, 2020, 24쪽.

14. 이승우, "틀에 박힌 사람", 〈국민일보〉, 2020. 08. 12.

15. 노자, 《도덕경》 56장.

16. A. 아우구스티누스, 앞의 책, 제6권 4장.

17. 정지용, 〈말1〉, 《정지용 전집 1: 詩》, 민음사, 71쪽.

18. 디트리히 본회퍼, 김순현 옮김, 《옥중서신-저항과 복종》, 복있는사람, 2016, 334쪽.

모호한 삶 앞에서

김기석 지음

2020년 11월 9일 초판 1쇄 발행
2022년 3월 25일 초판 2쇄 발행

펴낸이 김도완
등록번호 제2021-000048호
(2017년 2월 1일)
전화 02-929-1732
전자우편 viator@homoviator.co.kr

펴낸곳 비아토르
주소 서울시 종로구 삼일대로 428, 500-26호
(우편번호 03140)
팩스 02-928-4229

편집 이은진
제작 제이오

디자인 임현주
인쇄 민언프린텍
제본 다온바인텍

ISBN 979-11-88255-71-9 03230

이 도서의 국립중앙도서관 출판예정도서목록(CIP)은 서지정보유통지원시스템 홈페이지(http://seoji.nl.go.kr)와 공동목록시스템(http://www.nl.go.kr/kolisnet)에서 이용하실 수 있습니다.(CIP제어번호: CIP2020045586)